U0918456

中共青海省委党校、青海省行政学院、青海省社会主义学院出版资助项目

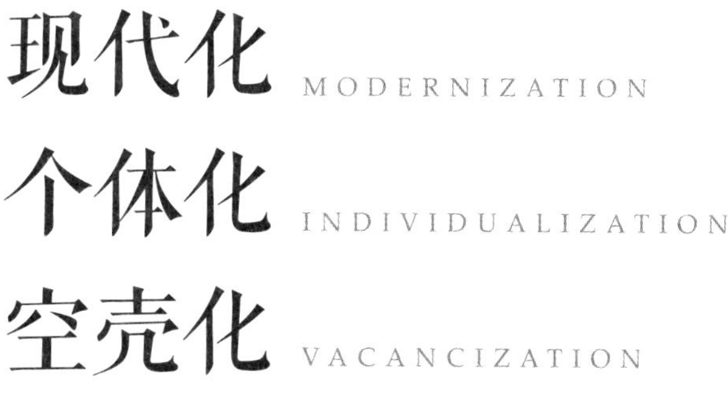

一个当代中国西北村庄的社会变迁

Contemporary Social Change in a Northwest China Village

解彩霞◎著

中国社会科学出版社

图书在版编目（CIP）数据

现代化·个体化·空壳化：一个当代中国西北村庄的社会变迁/解彩霞著.—北京：中国社会科学出版社，2017.11

ISBN 978-7-5203-1257-8

Ⅰ.①现…　Ⅱ.①解…　Ⅲ.①农村—社会变迁—研究—中国—现代　Ⅳ.①C912.82

中国版本图书馆 CIP 数据核字(2017)第 260532 号

出 版 人　赵剑英
策划编辑　吴丽平
责任编辑　刘　芳
责任校对　石春梅
责任印制　李寡寡

出　　版　中国社会科学出版社
社　　址　北京鼓楼西大街甲 158 号
邮　　编　100720
网　　址　http://www.csspw.cn
发 行 部　010-84083685
门 市 部　010-84029450
经　　销　新华书店及其他书店

印刷装订　北京明恒达印务有限公司
版　　次　2017 年 11 月第 1 版
印　　次　2017 年 11 月第 1 次印刷

开　　本　710×1000　1/16
印　　张　17
字　　数　278 千字
定　　价　69.00 元

凡购买中国社会科学出版社图书,如有质量问题请与本社营销中心联系调换
电话:010-84083683
版权所有　侵权必究

谨以此书献给我的父亲母亲！

谨以此书献给我的父老乡亲！

北堡子村全景图

倒塌的院落

基本农田保护区

等待已久的村庄公路动工

聊天的村民

打工的妇女们

老年妇女的新手工：门帘

进行农业劳动的妇女

目　　录

第一章

导论

第一节 研究的基本方面

一 研究缘起和意义

作为以研究为职业的研究者，为什么会选择研究此而不研究彼，为什么会用这样的理论视角和现实关注来研究这样的社会问题，或许说来都有很多机缘巧合，但正如任何事情都会有个前因后果，这就成为研究者选题的原因。

读博士前的暑假，在完成了中国西北一个中等城市城中村的调查之后，我做了一次较长时间的旅行，从青藏高原出发，到达祖国的西北边疆新疆，领略了塔里木盆地万亩枣树挂枣的壮观景象，而后到了美丽南国的江西婺源，观赏了白墙黑瓦的徽派建筑，又到了经济发达的江苏，参观了朋友建在自家村里的工厂，最后，带着孩子回到宁夏南部六盘山脚下的老家北堡子村。

这一圈行程，到后来逐渐反思过来，几乎覆盖了中国村庄发展的诸种模式，新疆塔里木盆地的亲戚，依靠种植枣树，在近十年内快速致富；婺源的村庄，依靠旅游业生存；江苏的朋友，办工厂发家；而六盘山下的村庄的景象是：可耕种的土地越来越少，村落内部院落空置，房屋倒塌，人口急剧减少，从事农业生产的人更少。7月、8月正是该地区的收获季节，记忆中全家男女老少齐上阵的收获的紧张和忙碌全然没有，留守村庄的老人们靠着墙角晒太阳，仅有的几个孩子满村子疯跑着嬉戏打闹，偶尔见到收割庄稼的中年人也慢慢悠悠地从身边走过。北堡子村属于典型的山地气候，雨热同期，在收获的季节也是雨水最多的季节，一个多星期的透雨，泥土和砖混结构为主的房子承担不了雨水的冲刷，纷纷倒塌，尤其那些久无人居住甚至无人看管的院落和房子已一片狼藉，当一户人家的上房在大雨中轰然倒塌之后，有些并不愿离开村子的人，打起了背包，远走他乡。而那些家庭房子质量不好却又无处可去的人们，有人到住房条件较好的人家躲避，有的干脆在外搭了帐篷居住。在接下来的要不要修新房的讨论中，人们说得最多的是“盖这房子划不来，花那么大的价钱和力气，到后来都没人住了”。塌了房子的人家，最终决定不去修房，而是到县城买房子，又一户人家要彻底搬走了。

村民们在感慨：“这个村庄30年后或许就没有了。”我的心头阵阵疼痛，30多年的人生，已经漂泊了十几年，而村庄如果真的消失了，我就成了无根的漂泊者，没有了生命的根基，何处寄托那偶尔袭来无法化解的深深乡愁。“有故乡的人回到故乡，没故乡的人寻找天堂”，如果没了故乡，也没有天堂，生命将失去质感和厚度，成为短暂而无常的平面人生。中国30多年来快速的发展，使多少人逐渐地没有了故乡，李培林说：“过去十年，中国的行政版图上，每天几乎有70个村落消失，每一年都有上万个村落消失。”[①] 冯骥才说：“中国总共消失了90万个自然村，每一天消失80—100个村落。”[②] 这些具体数据的不同可能和不同的统计方式有关，但村落的消失却是一个不争的事实。这些村落的生命和死亡的过程不外乎四种：第一种是因为发展乡镇和村企业使得村庄逐渐变成比一般乡镇更为功能齐全的“超级村庄”，主要分布在东南沿海等发达地区；第二种是城市近郊的农村，在城市扩张的过程中被城市化，村民顺利转变为市民；第三种是通过发展新的产业而顺利转产的村庄，比如发展旅游业的婺源、丽江等；第四种是由于大量人口外流而形成的“空壳化”村庄，起初是青壮年劳动力的外流，农村留下“386199部队”（妇女、儿童、老人）成了农业生产的主力军，后来，随着各项与农民、农村相关的制度实施和小城镇建设及城镇化速度的加快，人们纷纷在城市或租房子或买房子居住，举家搬迁，村庄人口急剧减少，这样的村庄主要分布在劳动力输出地的中西部省份。从本质上说，前三种村落只是改变了形态继续存在了下去，而第四种村落则是真正意义上“消失”的村落，这些村落因为经

---

① 李培林：《村落的终结——羊城村的故事》，商务印书馆2010年版，第1页。

② 冯骥才：《中国每天消失近百个村落，速度令人咋舌》（http://www.chinanews.com/cul/2012/10-21/4263582.shtml）。

济不发达，且经济分层不明显，村内缺乏经济能人和建立在经济成功基础上的权威，被贺雪峰称为“缺乏分层与缺失记忆型村庄”[①]。这样的村落在中国西部的分布极为广泛，若干年后，随着村庄老人们的逝去和年轻人的离去，会因为没有任何可以保留的历史记载而成为“传说中的村落”，在中国的地图上彻底消失。随着村落的消失，进入快速现代化、工业化和城市化的中国，必将有更多的人“无根漂泊”，没有故乡可以寄托乡愁，而更为重要的是，中国人依托土地和自然环境而创造出来的乡村精神、社区和村落文化、地域文化，将会同时被现代性的大潮冲刷殆尽。

改革开放以来中国社会的快速变迁引来了无数关注的目光，甚至有人断言社会科学研究的“中国时代”已经到来。中国的农村研究是所有研究中研究人员最多，学科分布最多，产生成果最多也争议最多的研究领域，中国的学者们努力地想在时代进程中留下点什么。在浩如烟海的农村研究中，针对发达地区的农村研究成果居多，村庄的变迁、转型，[②][③] 村民选举，村庄自治[④][⑤]等都是研究的主要关注点，而针对一个个具体村落的研究也颇多，周大鸣[⑥]对南景村的研究，折晓叶[⑦]对万丰村的研究，王铭铭[⑧]对美法村等三个村的研究，周怡[⑨]对华西村的研究，蓝宇蕴[⑩]对石碑

① 贺雪峰：《缺乏分层与缺失记忆型村庄》，《社会学研究》2001 年第 2 期。

② 参见周晓虹《传统与变迁——江浙农民的社会心理及其近代以来的嬗变》，生活 · 读书 · 新知三联书店 1998 年版。

③ 参见张乐天《告别理想——人民公社制度研究》，上海人民出版社 2005 年版。

④ 参见胡荣《理性选择与制度实施——中国农村村民委员会选举的个案研究》，上海远东出版社 2001 年版。

⑤ 参见贺雪峰《农民行动逻辑与乡村治理的区域差异》，《开放时代》2007 年第 1 期。

⑥ 参见周大鸣、高崇《城乡结合部社区的研究——广州南景村 50 年的变迁》，《社会学研究》2001 年第 2 期。

⑦ 参见折晓叶《村庄的再造：一个“超级村庄”的社会变迁》，中国社会科学出版社 1997 年版。

⑧ 参见王铭铭《村里视野里的文化与权力：闽台三村五论》，生活 · 读书 · 新知三联书店 1997 年版。

⑨ 参见周怡《转型经济中的后集体主义——华西村急剧分化之后的整合逻辑》，博士学位论文，香港中文大学，2004 年。

⑩ 参见蓝宇蕴《都市里的村庄——一个“新村社共同体”的实地研究》，生活 · 读书 · 新知三联书店 2005 年版。

村的研究等，这一系列的研究，为这些村庄的消亡或重生留下了重要的反思性史料。中国西北，传统上属于重要的农业地区，在改革开放以来的国家实践中，产生了与东部等地区完全不同的发展模式，如果说东部的发展是一个主动适应和投身市场经济并顺利地走向了现代化的发展之路的过程，西部则是一个被动地亦步亦趋跟随的过程，其后果是西部也在慢慢地被现代化的大潮所纳入，被城市化，乡村逐渐萧条、衰落甚至死去。地域上的劣势，经济上的欠发达，使得有着雄厚传统文化底蕴的西北，逐渐地在文化上也发展迟滞，西北村庄的消亡过程很少被研究者关注，成为社会科学农村社会研究涉猎较少的地域。

托夫勒在他的名著《第三次浪潮》中断言，“人类社会继农业文明、工业文明之后的以信息技术作为推动力的第三次浪潮正在发生”①。在幅员辽阔的中国，充满了传统守旧的西部农业地区、以较快的速度在发展的东部工业化地区和以“中关村”各种各样的高新技术开发区及高新电子城为代表的地区，这“三种浪潮”同时并存。中国能否成为顺利而快速地进入“第三次浪潮”的国家，并不取决于“第二”和“第三”次浪潮所处的地区，而在于仍旧处于“第一次浪潮”的贫穷落后的西北农村以何种速度和何种姿态加入到这个过程中来，对西北农村地区的研究和关注，就成为使其跟上“第二”和“第三”次浪潮的基础。

研究者18岁以前居住在该村，作为一个孩子，领略了村里的长幼之序、家门有别、贫富分化，参加日常的生产劳动、嬉戏打闹，耳闻目睹村庄邻里互助、琐事纷争、风流韵事。而18岁以后，回村居住的时间非常少，回到村庄做研究，占了“家乡人类学”研究的先得之便。但正是这十几年的时间差，最初给研究者带来了“文化震惊”：（1）人口急剧减少。在选择调查时间的时候，研究者主观判断认为春节期间和麦收的7月应该是人口最多的时候，所以在不同的3个年份的这两个时间段特意回村做调查，但结果令人失望，遇到最多不到10个人是特意春节回家过节的，而只有两个人在麦收季节特意回家。整个村庄平时居住的人口不到40人，按短期的人口流动计算，村庄人口峰值在低峰30人和高峰60人之间，而

① ［美］阿尔文·托夫勒：《第三次浪潮》，黄明坚译，中信出版社2006年版，第15页。

整个村庄的户籍人口显示有377人。（2）农业衰败。即使在麦收的季节，也不会超过30个人在从事农业劳动，大片的粮田被用来种植“河北杨”和松树的树苗，更多的耕地被荒废，杂草丛生。（3）村落精神的衰落。农业劳动有很强的季节性，在收获的季节必须尽快收割，加上当地的气候“雨热同期”，收割的季节正好是雨水最多的时候，要在很短的时间内抢收，才能保证成熟的庄稼真正成为收成，所以当地在收割季节的互助劳动源远流长。但近些年，这种互助已经消失，人们只能雇用麦客，甚至是同村的麦客来收割粮食。同时，村庄人对别人家事情事不关已高高挂起的态度，使研究者受到更大的震动。村庄，已经不是记忆中那个温暖的家园，也不是滕尼斯及其追随者念念不忘的“守望相助”的“精神共同体”了。（4）传统和仪式的消亡。节日和仪式是传统的最好载体，而当地一些地方性节日已经濒临消亡，而另一些节日的内涵和形式已经发生了根本的变化，各种仪式也发生了前所未有的变化。

为此，研究者想搞清楚，北堡子村这样的一个村庄，人口流动经历了怎样一个过程？哪些因素促进了人口的向外流动？人口流向了哪里？人口流动对村庄的文化传统产生何种影响？人口急剧减少的“空壳村”究竟和传统的“共同体”有何区别？在向现代化转变的过程中，“空壳村”与其他类型的村庄变迁不同的根本原因在哪里？研究者不得不重温那次长途旅行，不得不深刻地意识到，这个村庄的变化和我所见到的“城中村”“特色农业村”“旅游村”“工业村”等村落完全不同，它发生了“与众不同”却又“泯然大众”的变化，与众不同是指“空壳村”同以上其他形式发展的村落相比，它显然有不同的制度推动力和发展路径，而泯然大众则指，这个村落不是单独的个案，而是中国数量庞大的“空壳村”的一个非典型代表。

二 研究地点和研究方法

1. 研究地点

黄土高原上的黄土来自于西北部和北部的甘肃、宁夏和蒙古高原以至中亚等广大干旱沙漠区，这些地区的岩石，白天受热膨胀，夜晚冷却收缩，逐渐被风化成大小不等的石块、沙子和黏土，每逢西北风盛行的冬春季节，狂风骤起、飞沙走石、尘土蔽日，粗大的石块残留在原地形成戈壁；较细小的沙粒落在附近地区，聚成片片沙漠；细小的粉沙和黏土，纷纷向东南飞扬，当风力减弱或遇到秦岭山地的阻拦便停积下来，经过几十万年的堆积就形成了浩瀚的黄土高原。疏松的黄土层经过流水侵蚀，形成沟壑纵横的墚、峁，山、川、塬三大地貌类型是黄土高原的主体。黄土高原上的地块在长期的流水侵蚀下地面被分割得支离破碎，面积较小，且不平坦，一般都在10°—15°的斜坡上，不利于水利化和机械化。村庄规模是由土地规模和质量决定的，数量越多、质量越好的土地周围必然聚集着更多人口的较大规模的村庄。但整个黄土高原上的村庄规模一般不会太大，因为地块破碎，耕地不足，人们会自发地分散开来居住，以保证居住地的人口有足够多的土地来耕种。"村址会选择在向阳、向沟、向路、避风、避涝、离水源近，以利于人畜饮水的地方，形成三五户、七八户、十几户、几十户、上百户的家户数量不等的自然村落。村庄的命名一般是以最初的入住姓氏再加上地理环境特征，比如孙家崖、李家沟、张家洼、阳洼、阴洼等。"① 村庄的地理分布为树枝型结构，在河谷平原区，村庄规模较大，七八十户到上百户，好像树的主干；处于大河支流的川台地后缘及坡麓，一般分布五六十户的中等村庄，好像树木的主枝；而在诸沟谷（川道）与支沟交汇处往往有村庄形成，主要建于沟边两边的坡地上，一般不超过四十户，好似主干上的小枝；在墚峁坡地，有散居的农户，自然村一般有几户到十几户不等。

北堡子村位于黄土高原西北部，陇西高原，宁夏回族自治区南部，六盘山麓以西，"穷甲天下，苦甲天下"的"西海固"地区隆德县城西北部，海拔2000米。北堡子村地处两个墚峁之间形成的较为低洼、开阔和平坦的川地地块，地表覆盖着深厚的黄土，厚度在100—200米，因黄土的有机质少，黏粒不多，缺乏团粒，地表水渗入土中，土壤不能够把水分有效储存下来，抗旱性不高。北堡子村年平均降水475.2毫米，全年蒸发量在620—780毫米，蒸发量大于降雨量，一年两头旱、三年两头旱、大旱连三年等经常发生，人畜饮水困难，年平均无霜期只有129天。20世纪90年代以后，干旱几乎每年都发生，但因为有部分较平坦的土地和有

---

① 秦燕、董娟：《清末民初陕北黄土高原上的村庄与自然环境》，《甘肃社会科学》2008年第5期。

较多河流流经利于灌溉，在该县属于土地数量较多和质量比较高的地方。村民主要种植小麦、大豆、土豆、胡麻、荞麦、燕麦等农作物，面积大、质量高的土地基本上用来种植作为口粮的小麦、土豆和胡麻，大豆是主要的经济作物但也用来倒茬。当地的农业发展基本上属于粗放式耕作模式，农民期待广种薄收，并且尽可能地种植不同的粮食作物，以保证即使灾害发生也能够有收成。

北堡子村南部是隆德县境内著名的甜水河，甜水河发源于东部的六盘山区，河水从东向西流，形成10公里的河流灌溉区域，北堡子村和永红、团结、五星4个人口超过100户的较大规模的村落共同分享甜水河流域平坦的水浇川地。但是随着全球气候的变化，甜水河逐渐成了季节性河流，河流流域肥沃的土地被人们开垦出来耕种，后来弃荒，成为沼泽地。

北堡子村气温较低，年平均气温5.68℃，极端最低气温－27.3℃，极端最高气温32.4℃，昼夜日温差在19℃—22.4℃之间，气候夏雨集中，且多暴雨。

表1—1　　北堡子村全年每个月最高（低）温　　单位：℃

	1	2	3	4	5	6	7	8	9	10	11	12	全年
最低温	－0.7	1.5	7.5	13.8	18.7	22.0	23.9	22.9	17.3	12.2	5.6	0.6	12.6
最高温	－14.3	－10.9	－4.0	1.3	5.8	8.3	11.8	11.5	7.2	2.0	－5.1	－12.1	0.2

资料来源：隆德县地方史志编纂委员会编《隆德县志（1991—2000）》，方志出版社2005年版，第13页。

北堡子村距关山险要的六盘山麓西侧7公里，距省会银川400公里，距甘肃省省会兰州270公里，距陕西省省会西安300公里，在历史上分别属于陕西、甘肃管辖，该村人说秦语，唱秦腔，文化上属于秦文化和陇文化交汇之地。

北堡子村位于所属县城西北7.5公里，乡政府所在地以西2公里，与周围村落的距离在1—2公里，村庄南部有省道通过，交通相对方便。村庄和所有中原地区的村庄一样，有源远流长的历史。“早在新石器时期，已有人类繁衍，秦朝时，所在县城就有建制，属北地郡，宋有行政建制，设笼竿城，明朝设隆德县属陕西平凉府，名称沿用至今，中华民国时该县属甘肃陇东道。1956 年 3 月，设立甜水乡政府，红土路为乡镇所在地，1958 年 10 月 25 日宁夏回族自治区成立，该村所在的县整体由甘肃省平凉市所辖划归属于宁夏固原地区。”①

北堡子村共有 99 户，377 人，是黄土高原上常见规模的村庄。该村是以解姓为主的主姓村落。在新中国成立前，村落有解、刘两大地主，解姓地主的土地积累主要靠勤劳加上善于经营，而刘姓地主则是一位文化人，通过“外快”和“细祥”（指节省）而获得收入购买更多的土地，两户共占据本村土地的三分之二，但是刘姓地主却是更晚的时候从外地迁来的，只有一户，生了两个儿子，而解姓地主家却有很多血亲，最终发展成村庄中最大的家族。谢姓家族为了攀上大户，主动把自家姓氏改为音同字不同的解，使得村庄形成目前解姓 55 户，王姓 10 户，李姓 9 户，谢姓 6 户，少数几户郭、车、赵、朱等其他姓氏。村庄在 1980 年包产到户以后，就形成了只有村支书、村长、会计的村委会，在之后的 20 年没有任何变动，一直到 2000 年村组合并时，把北堡子村和其他五个村合并，一起称为永红村。原永红村的村长、书记及会计成了合并后的村庄的村委会领导班子，而从此以后，北堡子村先后换过七八位村小组长。村庄内部居住的基本上是老人、妇女和孩子，村小组长都由长期在外居住的人担任。

北堡子村民风守旧，人民不谙商贾，历代商业不兴，人民以物易物。“老婆孩子热炕头”是男人们最大的梦想，但是土地包产到户 30 多年来，男人们逐渐从农业劳动中走了出来，通过各种途径或个人或举家短期、长期、永久地离开生他养他的土地，出外谋生，女人们也逐渐地从男人农业劳动的帮手和家务劳动从业者的身份中走了出来，一批批逐渐成长起来的孩子，没有人再能安安稳稳地像祖辈一样守着“两亩薄田”度日，从而形成了全员向外流动的村庄形态。

“空壳村”，即指因为人口的大量外流而形成的只有房屋等外壳，作为填充物的人口却越来越少的村庄形态。“空壳村”的存在是中国特色发展模式的一个始料未及的后果，也是中国这样一个有着数量庞大的农民的

① 隆德县地方志编纂委员会编：《隆德县志（1991—2000）》，方志出版社 2005 年版，第 13 页。

国家的一个必须直面的社会发展问题。这种村庄发展是“城市”和“农村”二元发展的一个过渡状态，各地出现的“九人村”“两人村”甚至“一人村”就是很快要消亡的处在“空壳化”后期的农村，而更多的村庄则是“空壳化”的进行时。空壳村在中国的数量之多，很难轻易地估计出确切的数据，但作为中国21世纪前20年的一种普遍状况，或许是社会现代化的中国特色之一。正因为空壳村的数量之多，它们在空壳化过程中的动力机制、生发机制、历史进程都大为不同，作为全国一盘棋的国家力量的介入，在村庄的发展步骤中也会有完全不同的作用。本研究是在费孝通先生所说的“小型的社区”或“社会的时空坐落”里去研究一个贫困地区的村庄在面临社会的全面现代化转型过程中是如何或主动或被动地走上一条独特的现代化之路即“空壳化”之路的。

2. 研究方法

（1）个案研究或社区研究

费孝通认为：“为了对人们的生活进行深入细致的研究，研究人员有必要把自己的调查限定在一个小的社会单位内来进行，使调查者必须容易接近被调查者，以便能够亲自进行密切的观察。而社会单位也不宜太小，它应能提供人们社会生活的较完整的切片。”① 这也即是“在一个小范围的社区里进行研究，而将社区作为一个整体来设计研究的思路，通过详细地调查一个案例，来了解这一案例所属的整类个体的情况，在方法上被称为个案研究的研究方法”②。尽管个案研究在用个案推论整体的过程中面临许多风险，但在社会现象处在初始和积累阶段，个案研究是必不可少的也是最有效的方法。

村庄的概念一般有两种，村民根据自然条件而自发地或聚居或分散居住的自然村落和政治力量介入划分的行政村落。一般来说，人们生活的主要范畴是在自然村落里进行的。本研究的北堡子村在“家庭联产承包”（1980）之后到2003年之间是自然和行政重合的村落，2003年的村社调整时，北堡子村和乡镇府所在地的永红村合并，称为永红村，但是，即使

---

① 费孝通：《江村经济：中国农民的生活》，商务印书馆2001年版，第24页。

② 折晓叶：《村庄的再造：一个“超级村庄”的社会变迁》，中国社会科学出版社1997年版，第15页。

已经合并并变换名称10多年了，人们还是没有接纳这个新的称呼，也并没有和永红村的人有更多的互动，所以，本研究的范畴定在自然村落意义上的北堡子村，是因为在自然村落内，人们有足够多的时间和机会相互接触，才是真正意义上的“小型社区”。家庭联产承包时北堡子村内两个队（生产大队）的土地以队为基础而集中，一队分到了西边的土地，二队分到了东边的土地，但两队的居住却是“大交叉，小聚居”，两队之间的互动机会也是很多的。以土地为中心，尤其以打麦场为中心的互助劳动多在队内发生，包产到户以后两队分别建立了两个独立且相隔较远的打麦场，各队的人在各队的打麦场里打碾粮食，人们之间的交往更多地以队为基础，形成了一队人和一队人交往，二队人和二队人交往的格局。随着包产到户的落实，人们逐渐相信了这一政策可能的持续性，认识到自己对土地可能的支配权，有几家人小心翼翼地把自己家附近的土地改造为自己或家族所拥有的独立的打麦场之后发现没有人来干涉，这种小型的打麦场越来越多。最后使得村庄共有的打麦场的面积越来越小，只剩下几家离共有打麦场较近的家庭一起分享打麦场，围绕共有打麦场的互助劳动变成了围绕小型打麦场的家族内部的劳动互助。随着人口不断外流和耕种土地的人口越来越少，这种家族内部的互助格局被打破，在村庄内能找到互助的人就已经不错，互动格局进一步恢复到两个队之间的互助。这也正是本研究选择自然村落北堡子村研究的原因。

但是，在中国这样一个面积广袤，人口众多，文化多元的国家，选择一个特定社区作为研究对象的个案研究法，能否反映或代表中国农村和中国农民的实际状况。“费孝通先生以《中国农民的生活》为名出版的博士论文，就曾遭到艾德蒙特·利齐教授‘在中国这样广大的国家，个别社区的微型研究能否概括中国国情’的问题。个别如何反映或推论整体，费孝通先生采用的是类型比较法，黄宗智先生则采用的是‘以过去研究过的华北平原作为参照系’的‘参照法’‘历史比较法’去克服个案研究的困境①。”即便如此，个案研究的局限性仍旧不能被克服，但中国社会学和人类学对各种村庄的个案研究却从来没有间断，前文所提到的周大

① 周晓红：《传统与变迁——江浙农民的社会心理及其近代以来的嬗变》，生活·读书·新知三联书店1998年版，第23页。

鸣等人对一些个别村庄的研究，都是试图通过一个个典型村庄的研究，揭示中国现代化进程在各个地方的不同表现。这样的一个个个案结合起来，无数个个案结合起来，会构成一幅中国现代化进程中的村庄全貌，更大可能地接近于中国村庄的本来面目，这或许才是个案研究的真正意义所在。

个案的选择是由所研究的问题决定的，但同时研究的问题也是由个案的特征决定的。北堡子村位于中国西北黄土高原腹地，其规模和类型在黄土高原上是比较普遍的，在家庭联产承包以后，北堡子村经历了较为快速的社会变迁，人口大量外流，农业急剧衰落，消费快速转型，建立在传统农业和地缘基础之上的文化传统快速变迁，面临失传的危险，在这个过程中，个体从原先的群体（家庭、家族、村落）中顺利“脱嵌”而出，走上了一条自己对自己负责的个体化之路，同时也使村庄快速空壳化，形成比较典型的“空壳村”。所以，研究者在研究时，努力建构此类村庄空壳化的“理想类型”，以便能起到比较研究和“扩展个案”的效果。即便如此，本书也并不想以北堡子村为个案来推论中国大面积的空壳村的空壳化过程，甚至也不准备就此推论黄土高原上的村庄的空壳化过程，仅仅是想呈现一个普通的黄土高原上的村庄在面临社会个体化进程时的以空壳化表现出来的现代化进程。

（2）近似纵向研究

在具体的研究方法的使用上，本书运用了近似纵向研究的方法，也即通过横向的时间轴来推测纵向时间轴的研究方法。这是出于以下几个原因：首先，北堡子村人口历来文化水平不高，整个村庄除了几本不同时期、不同家族的家谱之外，再没有留下任何成文的历史记载。研究者想通过乡政府的有关部门去寻找该村的文字记录，得到的回答是“2008 年乡镇府修新办公大楼，以前的很多用不着的旧东西都被当作破烂扔掉了”。北堡子村所有可能的历史记载，都被当作垃圾处理掉了。其次，北堡子村的空壳化过程并不是一蹴而就的，而是一个逐渐变迁的过程，为此，除了研究对象的回忆性资料可以从逻辑上推理历史的变化，为了保证推理的合理性，“用不同代人之间的横向的调查资料的比较来类推历史的过程，也就是利用研究对象的不同年龄推论随时间推移而发生的变化的近似纵向研究方法”[①]。

（3）无结构式访问法以及参与式、非参与式观察

因为研究者出生于村庄又回到村庄做研究的特殊身份，就使得主位和客位两种身份同时存在，而这两种身份在不同程度上都会影响研究的客观性和有效性。比如在对某一熟悉的社会现象寻求解释时，人们会说：“你也是这里人，咋还问这问题？”言下之意是研究者应该对本乡本土的“地方性知识”非常熟悉，这个“地方性知识”的“常识”性假设，往往使研究者无法对某些现象不断追问，以寻求更多的答案。还有，每一个村庄又有很多公开的秘密，对这些秘密是不能打探的，研究者是“熟悉的村庄人”，是一个不安全的家庭秘密的“打探者”和“传播者”，被研究者忌惮秘密被会传播出去而选择三缄其口。在这样的时候，主位身份显然会给研究带来意外的阻碍。所以有时会选择“客位身份”，但“客位身份”也会给研究带来麻烦，比如有一次，研究者对一位老人认真地表达了想要“正式采访”她的意愿之后，发现老人非常紧张，并且极力表示她什么都不懂，就不要采访她了。当研究者说出“正式采访”的意愿的时候，研究对象也经常会为该如何“正确”地表达而绞尽脑汁，也会努力权衡而“提供”他们认为研究者需要的答案，这种研究的“客位身份”也给研究带来意外后果。所以，在整个的研究过程中，研究者发现，主位和客位两种身份带来的困扰始终是个难以完全克服的问题，所以在更多的时候，研究者不得不交替使用各种研究方法。那些对研究者比较信任的人，则进行了非结构式访谈、深入访谈、参与观察和非参与观察，而对研究者抱有戒心，不愿敞开心扉的，则只进行了程度较浅的访问和参与式观察。在最终的102份访谈记录中，也不是每一个采访对象都能提供同样多的信息。好在村庄有很多信息来源，不同的时间、地点和人物会对同一问题提供不同的答案，各种信息都可以通过不同的途径证实或证伪。

本书的资料收集对象是所有2011—2013年甜水乡人口统计部门提供的人口统计资料显示的所有户籍在北堡子村的人，还有一些曾经是北堡子

① ［美］艾尔·巴比：《社会研究方法》，邱泽奇译，华夏出版社2005年版，第76页。

村民，现在已经通过各种途径走出村庄的人。对许多不能见面接受访谈的，通过电话、网络等方式进行了访谈。

第二节 农村现代化、中国社会个体化及村庄空壳化研究

一 家庭联产承包以来中国农村现代化诸模式

30多年以前安徽小岗村13位村民大胆“托孤”，把全国范围内各种形式的承包经营方式写在了白纸黑字的承诺书上，并按下了红手印，“交够国家的，留够集体的，剩下的全是自己的”，开启了中国农村改革以至全面改革的序幕。而30多年的农村改革，学者们的研究认为①，自上而下的政策导入是乡村变化的一个主因，各地农村也因凭借的资源文化禀赋不同和政策制度不同，发生了完全不同的变化，可以总结为以下一些模式：

1. 快速工业化模式：“超级村庄”和“后集体村庄”

中国经济在改革开放以来30多年创造了奇迹，这奇迹主要指东部较快的经济发展速度，有几种不同的“模式”，比如“苏南模式”“浙北模式”“珠江模式”等。

首先我们分析“苏南模式”的农村发展。苏南是指江苏省长江以南的南京、苏州、无锡、常州、镇江五个城市所管辖的地区。所谓“苏南模式”就是发展以乡镇集体企业以促进非农化和市场化的模式。“改革开放之初，苏南地区通过区域内部农民自己投资兴办集体所有的乡镇企业，形成了‘满天星式’的企业空间布局”②，农民参与了村庄建厂和工业化的过程，打破了以种植业为主的单一化农业结构，带动了农村剩余劳动力的转移和农村小城镇建设，加快了农村从自给半自给经济向开放型、大规模的商品经济的转化。“‘农民办工业’打破了我国‘城市—工业，农村

① 参见李培林《村落的终结——羊城村的故事》，商务印书馆2010年版。

② 夏永祥：《“苏南模式”的演进轨迹与城乡关系转型思考》，《苏州大学学报》2011年第4期。

一农业’的城乡分工的传统格局”[①]，企业的部分利润用来建立学校、乡村养老院等。20世纪90年代以后，苏南地区为了摆脱乡镇企业发展的瓶颈，突破“集体为主”的所有制框架，苏南地区通过乡镇企业改制实行企业产权制度的大变革，股份合作制、有限责任公司、私营企业等成功转换了产权所有者，并通过引进、利用外资以及开发区建设等推动了中小城镇和城市的发展。但是在工业化和城市化对地方经济实力和财力做出较大贡献的同时，当地农民从中受惠有限，2003年以后苏南走向了“城乡一体化”发展的道路，实行工业反哺农业，城市支持乡村，使得农民收入迅速提高，农村居住环境和生活环境大有改善，横亘于城乡居民之间的身份差别鸿沟被填平，二元社会结构逐渐消失，农村户口的含金量甚至超过城市户口，出现以前“农转非”返回“非转农”而不得的情况。“‘苏南模式’的经济发展并没有使工业化、城市化的过程伴随农业衰落和农村凋敝”[②]，原因在于：工业起步于农业，在规模扩张与产业升级后仍然保留在农村，为农村的发展奠定了产业基础；存在于农村的工业，吸纳了大量农民在当地就业，使得农民转化为工人，大大提高了农民的收入，转变了农民的消费观念；工业的发展带动了服务业等相关产业的发展，极大地改变着村镇的面貌，促进了农村的城镇化。

在改革开放以后，全国农业生产包产到户方兴未艾，但江苏的华西村，河南的南街村和刘庄，天津的大邱庄，浙江的花园村等，它们执着地坚持集体经济并取得了持续实现经济增长的业绩，这一类村庄屈指可数，却成气候，是为“超级村庄”。“这类村庄极为擅长继续用原有的社会主义或共产主义的分配方式和集体经济来应对现有的市场实践，并成功完成自身从农业向工业的转型，它们自发而有意无意地在转型经济中追求集体不朽的道路，开创了各种集体经济模式。”[③] 周怡研究了这类村庄中的典型

① 顾松年：《从苏南模式的创新演进到新苏南模式的孕育成型》，《现代经济探讨》2005年第4期。

② 惠新：《“苏南模式”农村经济增长方式的变革——基于江阴的分析》，《山西财经大学学报》2007年第6期。

③ 周怡：《转型经济中的后集体主义——华西村急剧分化之后的整合逻辑》，博士学位论文，香港中文大学，2004年。

即中国江苏省江阴市华士镇华西村。华西村在集体化时期就以发展集体经济而成为全国同类型村庄中的排头兵，在家庭联产承包以后，华西村以“后集体主义”的独特的村庄发展模式和成功路径而成为“苏南模式”的典型，成为苏南农村发展模式的一个“超级样本”。该村庄由原来的农业社会自发转变成一个没有一亩耕地、没有一个真正意义上的农民却拥有上万打工者的城镇工业社会，同时它是一个高度分化又相当整合封闭的小社会。它的有目共睹的整体富裕，源于其社会内部一贯传承的毛泽东时代再分配体制下的高度整合，而它经常被忽略的内部分化，则来自外部市场经济体制的侵入，也来自于它本身的发展转型，从一个农业社会向工业社会的转型。在华西村孜孜以求保持“集体不朽”的荣耀的同时，它还坚持守着这份荣光继续原有的“土地集体资源”，建构了一种“后集体主义”的特殊社区形态。周怡认为华西村的逻辑起点是：“集体农业期间村庄在‘努力成为先进’的过程中积累的族群荣誉，以及工业市场化时期利用、依附族群荣誉和乡土集体资源而成功实现的农业工业化转型。华西村后集体主义的三大特征是：第一，工业进村后，小区的系统分化和阶层分化展开，但这些功能的、权力使然的分化并没有动撼村庄共同体团结的基础，村庄人共享的价值及行为认同并未分化。第二，作为乡村惯习的集体消费、频繁的内部流动和闲暇时间的控制，作为村庄制度的‘村规民约’，在制约个体自由和分化的同时，营造了村集体过度整合的紧张。第三，随村庄自治空间的扩大，村庄权威从法理向传统再向功利权威的过渡，家族精英实现了对村集体政权的取代。这一取代凸现了村庄集体产权与家族管理权之间的矛盾和村庄集体经济性质的模棱两可。其中，‘集体不朽’作为制度理念、‘不败的领袖权威’作为成就制度理念、集体利益的核心是村庄故事的主线，也是村庄急剧分化之后的整合逻辑。后集体主义在时序上是集体主义之后的概念，却在很大程度延续了传统集体主义的经验，经历过的东西作为一种价值理性总与正在经历的东西发生碰撞：或接纳或融合或反抗。华西村在后集体主义时代，应用集体主义时代的资源，顺利地使村庄完成转型和重生，使村庄以一种新的形态继续保存其特有的文化传承。”①

---

① 周怡：《转型经济中的后集体主义——华西村急剧分化之后的整合逻辑》，博士学位论文，香港中文大学，2004 年。

接下来看一下“浙江模式”。“‘浙江模式’发源于‘温州模式’，‘浙江模式’是被放大了的‘温州模式’，而浙江模式之内还包括‘义乌模式’‘台州模式’。”① 一般说来，“‘温州模式’是一种依靠民间力量、民营经济发展而成的‘自下而上’的区域经济发展模式，实现了从农业经济到工业经济的转型”②。通过大力发展民营经济和非农产业的“浙江模式”就是以农村为突破口，以家庭工业和专业化市场的方式发展个体私营经济，生产规模小、技术含量低、运输成本少的“小商品”，而建立面向全国的“大市场”的发展格局，从而有效地推动了农村的工业化。③④

曹锦清、张乐天和参与者们研究的陈家场，是钱塘江下游平原地区的“浙江模式”的典型村庄。“在浙北，乡村两级的行政领导首先利用公社时期的社队企业及较多的公共积累和设施，大力推动乡村‘承包者’阶层去承包为数众多，品类繁杂的企业，使人口的47%在乡村两级企业就业。乡村企业的发展，使村庄内部形成了阶层分化，以乡村行政领导和管理职位的‘上层阶层’；乡村集体企业的管理者或承包者构成乡村社会的第二阶层；个体企业主和私营企业主构成第三阶层；竹匠、木匠、泥水匠、理发匠等个体手工业阶层成为第四阶层；在乡村私营企业内工作，同时耕种自己的承包田的宜工宜农者构成村庄的第五阶层。即使村庄阶层分化，但因为当地的个体和私营经济的发展，使得本地文化得以保存，村庄在原来的地址上转化生计方式继续生存。”⑤

我们再来看“珠江模式”的农村社会变革。珠江三角洲历来是一个比较富庶的地区，气候温和，土地肥沃，人口稠密，河流纵横，交通方

---

① 徐明华：《从温州模式到浙江现象：过程与逻辑——兼论温州模式的历史地位》，《浙江社会科学》2009年第1期。

② 徐烁然：《“温州模式”、“苏南模式”与“江浙模式”的比较研究》，《时代经贸》2008第1期。

③ 罗卫东、许彬《区域经济发展的“浙江模式”：一个总结》，《中共浙江省委党校学报》2006年第1期。

④ 参见史晋川等《浙江省改革开放研究的回顾与展望》，浙江大学出版社2007年版。

⑤ 曹锦清、张乐天、陈中亚：《当代浙北乡村的社会文化变迁》，上海远东出版社2001年版，第26页。

便，农业和手工业发达。“在改革开放以后，该地区利用改革开放的政策优势，比邻香港的区位优势，与香港密切来往而形成的社会资本优势”[①]，利用本地的土地和劳动力资源，吸引了大量的资本投入，最初实行“三来一补”（来料加工、来料装配、来样加工、补偿贸易）形成“前店在港，后厂在珠”的经济发展模式。“比如东莞，一个经济基础以农业为主的地区，利用其处于香港和广州之间的区位优势，成为‘三来一补’加工工厂最发达的地区，成功为乡镇集体企业的发展积累了生产技术、人力资本、管理经验，使得农民职业向其他职业转变，地区经济发展方式也由农业为主转换为工业为主。而中山、顺德和南海分别以较发达的集体经济基础发展了以市一级、镇一级和村一级的吸引并嫁接外资企业到原来的集体企业之上的集体经济形式，形成较发达的集体企业。”[②] 这种大力发展集体经济的方式，并且主要依赖外资和外部市场的发展模式后来衍化成“华南模式”。

折晓叶研究的万丰村可以说是“珠江模式”农村发展的典型代表。“在这样一个当地农民‘离土不离乡，进厂不进城’的发展模式之下，在喧嚣的工业表层下面，时时可以感觉到保持完好的乡土生活的基本秩序和宁静，在具有现代特征的工业体制中，随处可以触摸到伸展着的村落组织脉络，在取代了农业的工业文明中，顽强表现出村社区文化和家族文化的韵味，传统的力量与新的动力对万丰村具有同等重要性，外来力量与村庄内在的经济和社会结构互相作用而共同推进了村庄的社会变迁。”[③]

可以看出，发展集体经济为主的“苏南模式”、发展个体私营经济的“浙江模式”和发展外资经济的“珠江模式”都顺利地推进了当地从农业经济向工业经济的转型。农民顺利地利用改革开放的政策优势和本地区的

① 谢涛：《珠三角企业面临挑战——论珠江模式的变迁及转型》，《中国国情国力》2010 年第 10 期。

② 费孝通：《珠江模式的再认识（上、下）》，《瞭望周刊》1992 年第 27、28 期。

③ 折晓叶：《村庄的再造：一个“超级村庄”的社会变迁》，中国社会科学出版社 1997 年版，第 23 页。

区位优势，通过参与、主导发展集体、个体经济，不用离开本村本土获得了更多的农业之外的收入，实现了从农业社会向工业社会的变迁，谋生模式转变为以工业为主、农业为辅或完全依赖工业的模式，身份也顺利地实现了从农民向其他职业身份的转变，并出现了明显的阶层分化。随着农业社会向工业社会的转型，建立在地方性之上的生产生活方式和人际关系、文化生活方式、地方性知识都会发生较大变迁，村庄得以在原来的基础之上转型或重生。这种村庄变迁是产业转型（从农业到工业和商业）和城镇化进程同时发生的农村现代化模式。

2. 急速城镇化模式："城中村"及其"改造"

"城中村"是中国城市化过程中的一种独特现象，跟西方国家城市化过程中形成的贫民窟不同。西方的贫民窟是在工业化和城市化的基础之上，城市中聚集了越来越多的流动人口，他们在城市租住临时居住点，形成过度拥挤、不安全的居住状态，而城中村是在城市大规模扩张，城市政府或开发主体为了规避高的经济成本和社会成本，而选择征用城市边远地区的土地而避开村落的迂回发展思路，形成被城市包围的"城中村"。"城中村"的居民是当地的原有居住者，在城市化的过程中被包围在城市之中，但却没有跟上城市自身的发展，被"边缘化"。

李培林认为"'城中村'是城市和村落之间存在的'混合社区'"，并研究了中国改革开放的前沿阵地珠三角广州的城中村"羊城村"的终结过程。认为这种"村落的终结是工业化、城市化和中国特殊的户籍制度混合的产物。为了获得较高房租收入，羊城村的村民们把住房建造成一户户的'水泥怪物'，形成'贴面楼''接吻楼'和'一线天'，村民和几万房客共同居住在拥挤且商业繁荣的村庄里，村落的氛围已经完全失去了传统村落和谐的人居环境的'文化意义'。城中村的生活方式已经城市化，'村民'居住在市区甚至是中心市区，他们已经完全不再从事或基本上不再从事属于农业范围的职业。身份意义上的'村民'和事实上的'市民化'生活，标志着传统的'村落的终结'"①。

蓝宇蕴研究了珠三角的城中村"珠江村"，认为"该村实际上的产

① 李培林：《村落的终结——羊城村的故事》，商务印书馆2010年版，第15页。

业与职业都已经转型，经济已经转变为非农经济主导，村社区的地理坐落已经‘走进’了城市”，这样的一个村庄蓝宇蕴称为“都市里的村庄”，并认为是“一个不同于以往的新的‘都市村社共同体’，这个类型的共同体是一个内含丰富社会资本等社会资源与多层面适应性功能的社会组织”。“都市村社共同体是一种走进城市生活的特殊‘村民’群体之利益与权益高度依附于其中的独特场域，是‘村民’群体及其所在社区谋求生存发展、实现城市融合的重要依赖，在大政府与弱势‘农民’群体之悬殊博弈力量的比照下，凝聚着这一特定社会群体行动逻辑的独特共同体组织是‘末代农民’逐渐‘脱胎’为市民，‘农村社区’逐渐转变为城市社区最便捷的中介与‘桥梁’，是农民城市化的一种新型社会空间。”①

20 世纪 90 年代以后，中国的城中村问题集中爆发出来。房屋结构混乱，基础设施不足，居住环境差，人员结构复杂，城中村成了各种社会问题频发之地，政府和学者们开始关注城中村的改造问题，其基本思路是通过各种方式，使城中村改变形态，跟上城市发展的步伐，从而使城中村整合进城市化的步骤之中。“拆迁—补偿—重新安置”的方式是城中村改造的一般模式，通过“房屋置换”“职业置换”“现金赔偿”等方式把“农民”变成“市民”，这也是促进这些村落“终结”的过程。城中村的现代化变迁是在城市化的动力推进之下实现的。

3. 农业转产模式：改变生计的村庄

另外一种村庄类型并没有受工业化和城市化的直接影响，而是受市场经济和资本发展的影响，凭借当地特殊的自然资源、文化禀赋，走上独特的现代化之路。随着中国经济发展的逐步积累，人们的生活水平逐渐提高，在基本生活需要之外的旅游、休闲、娱乐等需求逐渐显现，90 年代后半期，旅游人数迅猛发展，促生了比如安徽西递、宏村，江西婺源，云南元阳哈尼族村落、丽江古镇，广西阳朔县各古村落，新疆喀纳斯图佤族村落，福建土楼建筑群村落，浙江乌镇等依靠旅游而发展的村落。“这些村落的经济在旅游的推动下得到了迅速的发展，比如宏村、西递申遗成功

① 蓝宇蕴：《都市里的村庄——一个“新村社共同体”的实地研究》，生活·读书·新知三联书店 2005 年版，第 93 页。

后，旅游人数每年呈现100%的增长，在丽江古城被列入‘世界遗产名录’前，游客接待量和旅游综合收入分别为84.5万人次和3.26亿元，申遗成功后第一年，2009年，这两个数字增加到758.1万人次和88.66亿元，分别增长了8.97倍和27.2倍，丽江古城品牌对丽江社会、经济贡献率为63%。”[①] 但是这些村落也因旅游经济的发展而使得村庄衰落，原住民搬迁，村庄成为旅游的空壳之地。

另外一种村落类型属于农业结构转型成功的村落，这些村落村民改变传统的种植业结构，或者说改变原来以种植口粮为主的种植业结构，改为种植各种各样经济作物或者进行养殖，从而使村庄能够依靠农业继续存活下去，这些村庄比如新疆哈密地区依靠葡萄和大枣种植的村庄，阿克苏等地区依靠大枣种植的村庄，宁夏中卫、吴忠依靠种植枸杞、辣椒的村庄，青海依靠种植蘑菇、蒜薹的村庄，山东依靠种植白菜、大葱的村庄，浙江、福建、广东、云南依靠种植茶树的村庄，广东依靠种植荔枝的村庄，海南种植香蕉的村庄，云南、河南、贵州、山东、安徽等地种植烟草的村庄。这些村庄经过农业生产结构内部的转变，使得当地农民能够依赖土地的收入继续在村庄生活下去。当然这些村庄对水利、气候等自然条件严重依赖，抵御风险能力不高，也受市场供求关系的极大影响，农民的收入稳定性不高，但是这些村庄在农业经济发展的同时得以保存和发展。村庄在资本和市场的推动下，实现了产业转型，走上了现代化之路。

至此，不得不说如火如荼的新农村建设。新农村建设是对逐渐面临的农村问题的制度性反思和补救，新农村建设是内嵌于当地的农村和经济发展模式之中的，在农村经济发展较好的地区，新农村建设解决了农民的后顾之忧，给农民提供了基本的生活设施，促进了农村的发展。但对如研究者所调查的县来说，新农村建设并没有阻止农民向外流动和村庄空壳化的速度，因为农民生计是外向型，必须通过流动去实现，所以形成了无人居住的新农村，阻止不了村落空壳的过程。

以上各种类型的村庄现代化模式，第一种是在工业化的直接推动之下，农村顺利地实现了经济模式的转型，从而快速跟上现代化的步伐；第

---

① 解彩霞:《遗产何以可能?——一种现代性的反思》,《文化遗产》2013年第1期。

二种则是在城市化的直接推动之下，农民以土地资本为媒参与到了城市化的进程之中，从而实现了身份和生存模式的转型；第三种则是在资本和市场的直接推动之下，农民或主动或被动地实现生产模式的转型。以上的村庄类型，虽然在发展的过程中，都会遇到各种各样的社会问题，但都顺利实现村庄生计模式转型，从而保证了村庄能够在保证基本人口数量和结构的前提下，在保持当地的文化传统、地方性知识，保持村庄正常继替的情况下继续生存下去。正如吉登斯所说“任何研究和理论的解释都有情景性”①，以上各种农村现代化模式，其理论的解释维度会完全不同，而作为中国数量最多的村庄类型即“空壳村”来说，在发展的过程中有更为独特的力量的推动。

二　中国社会个体化研究

中国社会个体化研究的最早文献是阎云翔《私人生活的变革：一个中国村庄里的爱情、家庭与亲密关系 1949—1999》一书，阎云翔的研究发现：“在这 50 年之内，中国东北的村庄下岬村的私人化家庭和个体私人生活蓬勃发展了起来，表现在公共权力对家庭的影响力相对削弱，个人对其生活具有更大的控制力，伴侣式的婚姻和夫妻关系居于核心地位，以及对个人幸福和情感关系的强调，这一转型的本质在于个体的崛起而不是家庭规模或家庭结构。”② 在接下来的研究中，阎云翔发现：“择偶过程中的青年人的自主权的持续增加，是一个从包办婚姻到自主再到浪漫的过程，从而在日常的爱情生活里，获得了更多的自由、更多的个人空间与权利。并且通过性爱、情感和爱情的表达方式的变迁发现，夫妻恋爱过程中亲密关系显著增加，婚前性行为在某种程度上被社会接受，使得个体体验了婚前的浪漫和甜蜜温馨。而在家庭关系中，夫妻在大家庭中的独立性日益增加，同时女性在核心家庭内部权力的上升，使得家庭内部关系与性别角色发生重要变化。通过家庭内部私人空间的重新安排，使得家庭的私人

① ［英］安东尼·吉登斯：《社会的构成：结构化理论大纲》，李猛、李康译，生活·读书·新知三联书店 1998 年版，第 37 页。

② 阎云翔：《私人生活的变革：一个中国村庄里的爱情、家庭与亲密关系 1949—1999》，龚小夏译，上海书店出版社 2006 年版，第 163 页。

生活在围墙之内得以展开，也使得个体的私人生活通过家庭内部空间的重新分配而实现。通过分家和彩礼现象，年轻人顺利地控制了小家庭的经济问题。但在年轻人个体性上升的同时，出现了传统孝道的衰落，虐待老人和与老人的冲突时有发生，老人的社会地位在下降。下岬村的个人主义的发展，最集中地反映在：个人的独立自主性日益增加、个人的情感与夫妻间的亲密关系所占据的地位日益重要、个人欲望（最主要是物质欲望）日益强烈。这一切都导致了家庭的私人化，个体自主性尤其是年轻人的自主性的增加，但这种个性的发展既不全面，也不平衡，不全面是因为绝大部分变化都只局限于私人生活领域，不平衡是因为对个人权利的强调并没有带动对他人权利的尊重以及对公共社会的负责，形成的是个人极端自我中心的‘无公德的个体’。”①

阎云翔认为：“社会主义国家是实现农民主体性以及高度自我中心的个人之崛起的主要推动者，通过集体化，国家摧毁了旧的社会等级与家庭结构，将农民从家庭忠诚的成员变成原子化的公民，国家同时严格地控制着个人对公共生活的参与。80 年代以来，国家对私人生活的控制逐渐减弱，同时将主要的注意力放在了经济和政治的关键部门，而非集体化之后，国家的作用的急剧减少则对农民的私人生活有更为重要的影响。个性与个人主义的兴起是集体化时代国家对本土道德世界予以社会主义改造以及非集体化之后商品生产与消费主义的冲击所共同作用的结果。因此私人生活的转型是一个充满悖论的过程：第一，国家是一系列家庭变化和个性发展的最终推动者；第二，非集体化后国家对地方社会之干预的减少却引起了私人生活发展的同时而使公众生活迅速衰落；第三，村民的个性和主体性的发展基本被限制在私人领域之内，从而导致自我中心主义的泛滥，最终个人只强调自己的权利，无视对公众或他人的义务与责任，从而变成无公德的个人。”②

接着，阎云翔结集出版《中国社会的个体化》一书来专门讨论个体在社会实践中的崛起和社会关系结构性变迁导致的个体化进程。该书的主

① 阎云翔：《私人生活的变革：一个中国村庄里的爱情、家庭与亲密关系 1949—1999》，龚小夏译，上海书店出版社 2006 年版，第 169 页。

② 同上。

要部分也是来自于下岬村的故事，但有所扩展。阎云翔考察了下岬村的经济和政治变革，以及由此引起的权力关系的变革，发现“国家从农村社会中逐渐撤离，而村民的社会关系网络在日常生活中越来越重要，农民也逐渐地对传统的政治格局尤其是干部权威重新界定，形成一种带有个人权利意识的‘别管我’的政治心态；而新郎和新娘通过共同争取他们自己支配的彩礼，从父母那里获得更多的小家庭的经济积累，家庭生活中的父母与儿子关系为中心的模式逐渐被削弱，取而代之的夫妻关系的重心位置在家庭结构的转型中取得了决定性的胜利。”①

由北欧和中国学者共同组成的研究小组利用欧洲社会理论的个体化论点，特别是贝克夫妇的制度化个体主义框架，通过经验研究来回答中国社会究竟是否像西方社会一样，正在经历一种个体化的过程，研究成果结集出版，书名为 *iChina: The Rise of the Individual in Modern Chinese Society*，中译本《“自我”中国：现代中国社会中个体的崛起》，这是一部专门讨论中国个体化的著作，作者从不同的视角对中国社会的个体化做了研究。

贺美德和庞翠明从农村青年如何看待自己的家庭集体、工作单位、党组织、整个政府和作为个体的角色的角度研究了中国农村青年的工作，爱情和家庭，得到两个结果：第一是，年轻人表现出显著的个人责任感；另一个是，虽然个体自主性与家庭不断处于协商状态，然而家庭联盟的重要性却得到更多的强调。② 曹诗弟和泥安儒的研究显示山东农村的老年人单过成为一种被老年人普遍接受的选择，而且很多老年人喜欢单过给他们带来的自由自在，他们能够适应社会环境和家庭关系的变化并创造出新的生活方式。③ 约恩·德尔曼和殷晓清运用贝克夫妇的“自我政治”概念来解释新型的个人政治身份代理，用鲍曼的“挂钩式共同体”即叠加的、松散的临时网络来分析在国家和民营经济关系的亚政治进程中，个体化中的经营者在个体化、身份塑造以及重新嵌入的过程中是如何与新的集体主义

---

① 阎云翔：《中国社会的个体化》，陆洋等译，上海译文出版社2012年版，第35页。

② 参见［挪威］贺美德、鲁纳编著《“自我”中国：现代中国社会中个体的崛起》，许烨芳等译，上海译文出版社2011年版。

③ 同上。

结构相融合。[①] 茹兰兰针对海滨市的青年志愿者的研究显示：青年志愿者的志愿活动在不同人的生活中被赋予了不同的意义，在一个社会类别日益弱化的社会里，对志愿活动的参与起到了使个体得以重新嵌入社会的作用。海滨市的年轻人参与志愿活动并非完全“利他”的行为，而是一项“互惠”活动，志愿者也通过志愿活动来获得社会资本，从而能够利用其追求更多的个人利益，而中国大城市中人们对志愿社会工作日渐增多的参与，是对经济特区和稳定工作丧失这一集体遭遇的反应。[②] 魏安娜研究了中国当代文学中的个体。在“文化大革命”结束到 1989 年，将个体作为自主的人性自我，尤其 1989 年之后的去政治化和较大范围内社会生活的私人化，推动了个体化和多样化的浪潮，并推动了这一浪潮在流行文学领域爆炸性地发展，流行文学领域关注个人愿景，像隐私、私人化、个人化、个人性这些词汇是那个时代最突出的文学关键词。中国当代文学展示了对家庭这个集体的重视，使家庭式的个体的生存有了意义。90 年代到 2000 年的个人化写作，包括身体写作、私人化写作、另类写作和宝贝小说，这类文学作品数量巨大，并且展示了精神或身体畸形的问题个体。几乎所有的文本，不论明确是否，都标明叙述者或主人公要成为某个群体一部分和属于某个地方的愿望，但是这种愿望显然很少针对现存的确定的集体，许多故事处理的角色都脱离了先前清晰的社会结构如家庭或工作地点，寻求重新嵌入另外的真实或虚构的群体，再嵌入是一个未知的过程。[③]

鲁纳研究了中国知识分子思想意识中的个人自治与集体自由，即中国“第一现代化”时期，关于中国现今个人与社会之间关系的问题，本质上与中国第一次知识分子现代化过程中对个人权利和义务、利他主义、人权、自治和自律的认识和理解有关。中国传统将个人定义为不可逃避的社会属性，尽可能地用团体和社会去定义个人的职责，而五四运动之后到新文化运动之间，个人在中国的文学和政治环境中获得非常突出的地位，充

---

① 参见［挪威］贺美德、鲁纳编著《“自我”中国：现代中国社会中个体的崛起》，许烨芳等译，上海译文出版社 2011 年版。

② 同上。

③ 同上。

斥着绝对的个人价值与自由的论调。中国知识分子开始将个人作为中国公民重新整合进民族国家，个人价值达到最强的时代，通过研究梁启超及其同时代的人思想中的个体、个体权利、自由、集体和国家，个人主义在中国逐渐形成，但这种不成熟的个人主义无法将个人从救国救民的角色中解放出来。鲁纳认为，为了国家的强大，20 世纪 20 年代的知识分子，通过自治来牺牲家庭伦理，个人必须克服自私自利和关注个人利益的局限，对国家的强盛富负起一个公民的社会职责。① 余凯思研究了中国的法律与个体，在封建体系中也即 1911 年之前，虽然有一些模糊不清的条款考虑到个体，但主要是关注家庭和社会等级，而忽视个体，直到民国，法律体系才系统而明确地在不同层面上发现了个体。1949—1978 年，社会主义政府逆转了这种个体化倾向，重新注入了集体主义的理念。20 世纪以来中国的各个时期的政府都更多地视个体为义务承担着而非权利享有者。法律体系都强调了个人在刑事司法中的重要性，但是都没有发展出个人权利的概念，或者说保护个人不要过多地受国家权力的压制，而是个体被视为庞大的国家机器中的一颗螺丝钉，需要被监管和约束。②

李明欢研究了一个华侨农场的制度性改革及农场归侨职工的个体应对策略，给我们提供了一个在特殊的制度背景下产生的集体——华侨农场的一个“逃避”“拒绝”个体化进程的个案。在 1978 年的改革之后，领取固定工资的农场职工兴高采烈地成为自由的、独立的个体，1981 年的农场改制，使得农场职工成为失去全方位保障的个体劳动者，开始依赖于农田和市场求生存，并且随着改革，农场归侨职工经济上出现分化，个体差异越来越多，而伴随着这种分化带来的利益受损，归侨职工对集体化时期的美好生活的强烈怀念，为了在新的形势下获取更佳生存环境，以“爱国华侨”为象征的新型群体认同被重新构建，以便用特殊的身份争取特殊资源和优惠政策，并顺利地获得了政策的特殊优待。这样的华侨农场在个体化的进程中，走上了一条“反向”的道路，即“重新回到集体主义的旗帜下”，以群体的名义为群体争取利益。而这样的一个特殊的

---

① 参见［挪威］贺美德、鲁纳编著《“自我”中国：现代中国社会中个体的崛起》，许烨芳等译，上海译文出版社 2011 年版。

② 同上。

个案揭示出倒带的个体化过程。尽管具有世界性意义，但不同国家，尤其在不同的政治文化语境中，其表现形式是不同的，只有将中国的个体化进程置于“中国特色社会主义”情境中加以解释，方能得到接近事实之答案。①

沈奕斐的《个体家庭 iFamily：中国城市现代化进程中的个体、家庭与国家》一书是国内目前为止从个体化视角来讨论具体问题的唯一的专著。作者从个体化理论的视角，避开了传统的“扩大—核心”家庭的分类范式，建构了一种新型的城市家庭模型——“心形个体家庭”，在这种家庭中，个体成为家庭的中心，个体形塑了家庭的面貌，而不是家庭决定个体的生活；代际关系依然紧密，但是涉及的代际数目范围变小，新居形式与双边亲属关系越来越普遍；个体根据需要来建构自己的家庭，当独立的核心家庭更符合个体理想和利益的时候，个体家庭就是核心家庭的模式，当个体觉得大家庭更好时，就可能选择与父母亲属保持紧密的联系，个体家庭模式一个非常重要的特征就是妻子一方的家庭成为与丈夫的家庭体系同等重要的部分，也即女系和男系在家庭的建构过程中处于同等地位，且个体家庭是一种随时可以变动的形态，具有不确定性。沈奕斐认为中国家庭的真正变化是从家庭主义转向以多元和流动的家庭结构、经济和情感并重的家庭生活、亲子主轴倒置的家庭内部关系为主要特征的个体家庭。个体的选择形塑了家庭的框架，但是能够按照自己意愿塑造家庭和家庭生活的一般是有资源的个体，而不是包括所有家庭成员在内的权利个体。在这样的心形个体家庭中，在决策、家务劳动和经济安排中，年轻的妻子开始拥有了一定的权力，但这并非来自男性的让渡，而是来自老年人权力的式微，即年轻女性从老人处获得权力。②

从中国个体化的相关文献中我们可以看出，个体化在中国是一个持续的历史进程，尤其是在改革开放以来的国家实践中，个体化得以以较快的速度在社会的所有领域里展开，本研究将会揭示，个体化在村庄空壳化过

---

① 参见［挪威］贺美德、鲁纳编著《“自我”中国：现代中国社会中个体的崛起》，许烨芳等译，上海译文出版社 2011 年版。

② 参见沈奕斐《个体家庭 iFamily：中国城市现代化进程中的个体、家庭与国家》，生活·读书·新知三联书店 2013 年版。

程中起到的重要作用。

三 村庄空壳化研究

与在中国的现代化大潮中，跟上时代潮流，顺利实现工业化、城市化和产业转型的村落不同，更多的村落则是进行着“空壳化”的现代化变迁。这些村落没有跟上现代化的大潮，完成生产和生活转型，只有被动跟随在工业化、城市化、市场化之后，村民们为了获得更好的生活，以各种各样的方式离开村庄，使得村庄人口急剧减少，结构严重失衡，房屋年久失修，基础设施衰败，基层组织瘫痪，快速地“空壳化”。

1.“空壳村”及其相关概念

日本学术界在研究乡村变迁和城市化进程中，描述农村人口大量外流而形成的村庄形态的概念是“村庄过疏化”。这一概念指的是随着城市化进程而出现的城市人口越来越多，越来越密，而乡村人口越来越少，分布越来越稀疏的现象。田毅鹏认为：“走向过疏化的村庄，更面临着乡村组织的衰败，无力正常地回应来自中心城市的挑战，在失去了大量青壮年人口的同时，也丧失了社会再生产和自我调节能力，必然走向‘崩解’。”①

中国的学者对中国城市化和工业化进程中农村人口大量向外流动，村庄内部人口大量减少的现象有几种比较常见的叫法，比如空间地理学称为“空心村”“农村聚落空心化”“乡村聚落空废化”“住宅空心化”“空洞村”等。刘彦随等人认为“农村空心化本质上是在城乡转型发展进程中，由于农村人口非农化引起的‘人走屋空’，以及宅基地普遍‘建新不拆旧’，新建住宅逐渐向外围扩展，导致村庄用地规模扩大，闲置废弃加剧的一种‘外扩内空’的不良演化过程”②。程连升等人的界定更为局限，“指居住在平原地区村落的住户，在空间欲望驱使下，逐渐向周边新扩带迁居，导致原聚落成新度下降，非居住房屋增加，废墟面积扩大，人口密度锐减，并与新扩带形成强烈反差的一种聚落形态，原来是相对均值的聚

---

① 田毅鹏：《“村落终结”与农民的再组织化》，《人文杂志》2012 年第 1 期。

② 刘彦随、刘玉：《中国农村空心化问题研究的进展与展望》，《地理研究》2010 年第 1 期。

落，发展成为新旧二元结构的空心化聚落的过程称为聚落空心化”[①]。以上从空间地理学角度做出的概念界定是从村庄居住模式方面介入的，其主要关注点是村庄发展过程中新建住宅向外扩展，村庄内部旧的住宅被废弃，无人居住，人口主要居住在村庄外围的村庄类型，但这样的村庄的前提是村庄外围得有人口居住，如果村庄外围即使新建了住宅，但也无人居住的情况，则就不可以称为“空心村”。

2. 空壳村的成因

关于空壳村的成因的研究比较多，比如龙花楼等在研究村庄空心化时认为，造成空心化的原因有“资源环境因素、经济社会因素、体制制度因素、管理与政策因素”[②]。彭智勇认为：“村落空壳化甚至导致村落衰落的原因有：有些村落的衰落是因为地理位置不好，缺乏发展潜力引起的，那些处于深山，远离大城市，交通不便，通讯不畅，水电供应都比较困难，缺乏基本的生产条件的村庄，更缺乏进一步发展潜力；有些村落的衰败是由于当地的生态急剧恶化，环境持续破坏，资源耗竭引起的，尤其在老少边穷地区，人们靠山吃山，导致植被破坏，土地荒漠化，水土流失，生态恶化，人口大量外迁；有些村落的衰落是因为社区崩溃引起的，在一些地区，老社区被破坏，新社区没有建立起来；有些村落衰败是由于人才过度流失、缺乏发展后劲引起的；有些村落的衰败是正常城市化引起的。”[③] 也有人认为体制制度因素是空壳村形成的重要原因，因为城乡分割的二元体制，农民在工业化和城镇化的过程中向城镇转移，但乡村却没有跟上城镇化的速度，同时农民进城没有必要的生存保障，因而守住农村旧宅成为理性选择，而且乡村的房屋不能自由买卖，导致农民即使在城镇安居，宅基地只能长期闲置。一些村庄在非农化的过程大批农民外出谋生，村中只留下老人、妇女和儿童从事残存的农业，外出打工的汇款不仅成为补贴家庭农业最重要的来源，而且在某种条件下有可能取代农业，这

---

① 程连升、冯文勇、蒋立宏：《太原盆地东南部农村聚落空心化机理分析》，《地理学报》2001 年第 4 期。

② 龙花楼、李裕瑞、刘彦随：《中国空心化村庄演化特征及其动力机制》，《地理学报》2009 年第 10 期。

③ 彭智勇：《空壳村：特征、成因及治理》，《理论探索》2007 年第 5 期。

一类村庄中一般没有严格的内部结构和组织，村组织的解体和大量青壮年外出务工，使村庄变成了“空壳村”①。

可以看出，“空壳村”是因为中国现代化进程中城市化和工业化的发展，需要大批自由流动的劳动力来支撑，农民大量向外流动，从而造成了农村人口大量减少的现象。

本研究的“空壳村”是指村庄有外壳但无填充物或者没有内容，对村庄来说，房屋是“外壳”，人口是填充物，是瓤，是“内容”。当一个村庄的人口大量外流，急剧减少，只留下少数的老年人口，无法保证村庄人口生产的继替，使得附着于村庄的地方性知识、文化传统等随着村庄人口的外迁而不断消亡，这样的村庄就可以称为“空壳村”。从概念上来说，“空心村”是一种村民居住空间布局向外扩展的结果，而“空壳村”则是人口外流的结果，但事实上，随着现代化的进程以及城市（镇）化的发展，许多空心村最后都逐渐转变成“空壳村”，而许多村庄则是直接从“实心村”（即有能够保证村庄正常继替的人口）转变为“空壳村”的。

3. 空壳化的社会后果

贺雪峰把村庄分为：“面向村庄生活的村和面向外面的村庄。面向村庄生活的人，即使在外打工，并长期居住，人们也会在村里修两三层的住房，关注村庄公共建设，给村庄捐款捐物，修族谱，修宗祠，注重在村庄留下的影响，而那些面向外的村庄，人们急于摆脱与村庄的联系，很多村庄已经10多年都没有建新房。外向村庄人口流出使村庄未来预期难以建立，共同意识无从产生，历史感不能形成，传统的人际关系正在解体，现代联系又未建立，是一个典型的低度社会关联的村庄，是一种正在解体的村庄。”② 而在中国现代化的长时段中，农村人口流出和市场经济对传统文化的侵蚀，不断地造成村庄共同体意识的解体和村庄生活面向的外倾。如果是一个村庄集体占有大量经济资源、村民可以从村集体的再分配中获益的村庄，村民有更多的理由关心村庄，会以作为村庄的村民为荣，会更

---

① 刘彦随、刘玉：《中国农村空心化问题研究的进展与展望》，《地理研究》2010第1期。

② 贺雪峰：《村庄的生活》，《开放时代》2002年第2期。

加认同村民身份，相反，如果村民不能从村民身份获得好处，则会乐意放弃村民身份，如果生活又是面向外的村庄，村民就很容易隔断与村庄的社会联系和心理联系。他可能在村里居住，但对村庄生活毫不关心，村庄共同体也不再存在。人口向外流动，如果是面向外生存的，则会导致村庄建设的停滞，村庄人际关系淡漠，村民对集体生活的漠视，对公共生活参与度低，群体认同，具体来说是村民身份认同的模糊，最后导致村庄逐渐“空壳化”，解体的后果即“空壳村”的进一步发展结果就是“村落的终结”。

以上的文献梳理发现，中国农村因为不同的地理区位、文化环境、制度支持而出现了不同的发展模式，对先发展的地区来说，农民或多或少的依赖于政策支持，发展个体、私营和集体经济，获得了地区发展，从而在某种程度上促进了村庄传统文化的发展和村落精神的延续。而对大多数“空壳村”来说，没有一个成熟有用的集体可以依靠，也没有一个强大的家庭的支持，村庄人口的生计是外向型的。而随着城镇化的加速，人们能够在不同的地方购买到家庭可以承受的住房，人口逐渐地、大量地向外迁移，附着于地方的传统文化和村落精神也逐渐地消亡，走上的正是贝克所说的一条“自己依赖自己，自己为自己负责”且具有中国特征的“个体化”的村庄空壳之路。在“空壳化”的过程中，人们不断地从祖先生活的村庄“脱嵌”而出，从村庄的文化和地方性知识“脱嵌”而出，从村庄的人际束缚中“脱嵌”而出，逐渐摆脱地缘和血缘基础之上的社会资本、经济资本和文化资本，而发展和凭借业缘关系基础上的社会资本、经济资本和文化资本，这也是本研究应用个体化理论作为分析工具的原因。

四　文献启示

中国农村发展模式的文献揭示出，各地农村因地理位置、资源禀赋、交通条件、文化传统等的不同而经历了完全不同的现代化模式，也揭示出制度性因素是促进中国村庄变迁的重要条件。但是，不同地区的农村即使在面对同样的制度（政策）刺激也会产生完全不同的应对策略，对资源禀赋较好、文化传统更能适应快速发展的工业和商业社会的地区来说，农民会有效利用甚至创造性的利用制度所提供的空间，发展家庭和村庄经济，使得村庄快速实现工业化，甚至城市化，进而转变形态继续发展。而对资源禀赋较差，社会更为传统和保守，人口素质不能适应急剧社会变迁的地区，只能走向人口不断外流，为工业化和城市化发展较快的地区提供大量自由流动的劳动力的被动现代化之路，使得村庄以“空壳化”的姿态被动嵌入现代化的历程中，面临解体、分化、消亡的可能。

即使在“新农村建设”和“城乡一体化”的大发展格局之下，也阻止不了村庄空壳化的进程，这显然是促进农村发展的各项制度的意外后果。原因就在于，改革开放以来的一系列国家实践造成贫困地区的农民在某种程度上来说没有集体可以依赖，只能通过向外流动，通过个体努力去实现人生可能的成功。而这种成功，以离开村庄进入城市生活，进而摆脱城乡二元分割，实现人生价值的方式来体现，使得个体认识到，个人的成功与失败，贫困与富有，全依赖于自我的努力，一个“自己对自己负责”的个体化社会已经出现端倪，这更加剧了村庄“空壳化”的进程。

有关中国社会个体化的文献揭示，中国各个地方和领域都正在走向个体化道路，但也有文献指出同时也存在为了更好的生活条件而“再集体化”的相反的路径，① 也就是说，各个地方和各个领域走上的是完全不同的个体化之路，而这种道路的选择出自于“利益最优化”的考虑，但“个体化不是选择之路，而是命定之事”②，对本研究的北堡子村来说，更是如此。

① 参见［挪威］贺美德、鲁纳编著《“自我”中国：现代中国社会中个体的崛起》，许烨芳等译，上海译文出版社 2011 年版。

② ［英］齐格蒙特·鲍曼：《个体化社会》，范祥涛译，上海三联书店 2002 年版，第 81 页。

第二章

理论基础、研究视角和研究架构

第一节　个体化理论和研究的适用性

一　个体化理论脉络

1. 经典社会学理论中的个体

社会学的诞生是工业社会的后果之一，“社会学既是对自 17 世纪开始延续至今的人类现代化进程及结果的理解与阐释，同时其本身又是这种迅捷的社会变迁的必然结果”①，社会学必须面临的问题是工业革命以来农业社会向工业社会过渡，大批农民离开土地成为工厂工人，人们所熟悉的传统的社会被新来的一切所打破，人类社会逐渐走向了一条与以往完全不同的道路，从而使个体和社会的关系从传统的个体隐身在社会（家庭、家族、族群、宗教团体等）之后的自明状态转变到个体和社会关系需要重新认识的未知的新状态。正如贝克所说：“‘个体化’即不是一种自然现象，也不是一项 20 世纪下半叶的发明，相反，‘个体化’的生活方式和生活境况在文艺复兴时期，在中世纪的宗教文化中，在清教徒内心的禁欲主义中，在农奴从封建束缚的解放过程中就已经出现了，同样的状况发生在 19 世纪和 20 世纪早期跨代家庭的松散化过程中，发生在离开乡村和城市爆炸性发展的过程中。”② 社会学对这样一个过程有着更多的关切，

---

① 周晓虹：《西方社会学历史与体系》（第 1 卷），上海人民出版社 2002 年版，第 5 页。

② ［德］乌尔里希·贝克、伊丽莎白贝克—格恩斯海姆：《个体化》，李荣山等译，北京大学出版社 2011 年版，第 18 页。

“个体和社会的关系问题既是社会学研究的核心，也是社会学理论构建的基础”①。

美国著名哲学家杜威指出个体和社会的关系的三种观点：“即社会必须为个体而存在；个人必须遵奉社会为他所设定的各种目的和生活的方法；社会和个人是相关的，有机的，社会需要个人的效用和从属，同时亦需要为服务个人而存在。”② 这三种关系也即个体主义、社会整体主义和个体与社会有机关联的三种关系，也是社会唯名论、社会唯实论和社会互动论的个体和社会关系的三种观点。

涂尔干是社会唯实论的典型代表，涂尔干认为，在某种意义上“个体”并不存在于传统文化中，个体性也不被赞赏，只有随着现代社会的出现或更具体地说，随着劳动分工的进一步分化，分离的个体才成为人们关注的焦点。“个人越来越自立同时变得越来越依赖社会，这到底是为什么？为什么个人越来越个体化的同时越来越需要团结？这两个变化看似矛盾，其实是并行地、接踵出现的。”③ “涂尔干面对的是保护个体的各种中间组织逐渐解体，失去保护的个体与国家直接对峙，但是涂尔干所说的个人，并不是指具有独立人格的个人，而是核心家庭人格代表的家长，他所关心的是个人从同业组织的脱离而不是个人从核心家庭的脱离，19 世纪的个体化带有很强的核心家庭化倾向，当时的个体主义就是家长的个体主义。”④ 所以涂尔干更重视的是集体的规范和道德伦理对个人利己主义膨胀的遏制力量，认为一个社会必须有将个体之间维系起来的社会纽带，以保证个人不任意行事，这些纽带是有道德特性的集体意识和共同意识，个体应主动积极地遵守这些规范，从而使建立在社会分工基础之上的社会实现有机团结，以利于社会的整合。

齐美尔发现现代社会的进程在个体的解放和再束缚之间的悖论。“早

---

① 文军主编：《西方社会学理论：经典传统与当代转向》，上海人民出版社 2006 年版，第 20 页。

② ［美］约翰·杜威：《哲学的改造》，许崇清译，商务印书馆 2013 年版，第 73 页。

③ ［法］埃米尔·涂尔干：《社会分工论》，渠东译，生活·读书·新知三联书店 2000 年版，第 83 页。

④ ［日］武川正吾：《福利国家的社会学：全球化、个体化与社会政策》，李莲花等译，商务印书馆 2011 年版，第 112 页。

在 1917 年，齐美尔就出版了用个体—社会互动的视角专门讨论个人与社会关系的专著《社会学的基本问题：个人与社会》。”[①] 齐美尔最早用个体化和功能化的概念来概括现代社会的发展方向，认为“现代社会的发展使个性获得自由，并扩大了个人行为的活动空间和行动自由。但建立在专门化基础之上的个体化一方面解放了个体的能量，使个人摆脱传统的社会关系，和最亲近的人的结合的纽带变得松懈，赢得自由；然而另一方面也包含着社会和文化异化，即个体越来越需要一个复杂得多的组织和别人帮助才能满足。”[②] 现代社会个体摆脱了人身依附关系，但却更多地依赖于“专家系统”[③] 内的各种各样的人。“在一个以货币为媒介的陌生人社会，个体在获得最大的自由的同时，对他人的依赖不是减少，而是增多，但这种依赖只是纳入了个人完全特性中的某一方面，而不是全面的人格化的接触，个体越来越依赖社会的整体，却特别地不依靠社会的任何一个确定的成员。”齐美尔说道：“自由不仅指纯粹的与他人脱离干系，而是说一种与他者完全确定的关系，他者必须在那儿存在，必须感觉的在那儿存在，才会成一种无关痛痒的存在，自由，意味着依赖更多的他人。”[④]

韦伯对个体的重视体现在理解社会学始终把个体作为研究的出发点，集体仅仅被看作个体的派生物，不具有原始的实在意义。而理解社会学就在于对行动者赋予意义的行动进行解释性理解和因果性说明。[⑤] 韦伯把个体行动分为四种理想类型：习惯的行为；富有感情和充满激情的行为；价值合理性行为；目的合理性行为。[⑥] “这种方法论上的个体主义的视角和

---

① 杨心恒、刘豪兴、周运清：《论社会学的基本问题：个人与社会》，《南开学报》2002 年第 5 期。

② ［德］格奥尔格·齐美尔：《社会是如何可能的：齐美尔社会学文选》，林荣远译，广西师范大学出版社 2002 年版，第 44 页。

③ ［英］安东尼·吉登斯：《现代性与自我认同：现代晚期的自我与社会》，赵旭东、方文译，生活·读书·新知三联书店 1998 年版，第 244 页。

④ ［德］格奥尔格·齐美尔：《货币哲学（综合卷）》，陈戎女等译，华夏出版社 2002 年版，第 119 页。

⑤ 参见［德］马克斯·韦伯《学术与政治：韦伯的两篇演说》，冯克利译，生活·读书·新知三联书店 2005 年版。

⑥ ［法］雷蒙·阿隆：《社会学主要思潮》，葛志强等译，华夏出版社 2000 年版，第 334 页。

理论体系的个体主义视角是不同的，韦伯更强调方法论上的个体主义，即对个体行为的理解和解释。韦伯在研究工具理性的支配和理性化的后果的科层制时发现，每一个个体成为行政官僚体制中的一个个性能良好的齿轮”[①]，使得人的个性消失，这也正是个体化的悖论。

滕尼斯对个体和社会的研究沿用传统的二分法，认为传统社会和工业化以来的社会是不同的，在传统的生活中，个体是遵从发自内心的本质意志，而形成了一个没有个人主义的“共同体”，而在选择意志之上形成了个人主义的“社会”。滕尼斯共同体和社会的区别[②]：

表 2—1　　　　共同体和社会的区别

共同体	社会
共同意志	个人意志
成员的非个体性	成员的个体性
共同体利益支配	个人利益支配
信仰	原则
道德和习俗	时尚、时尚狂热和风尚
自然团结	契约团结，商业和交换
共同财产	私人财产

滕尼斯的共同体和社会的区别既是传统社会和现代社会的区别，更为突出的是，在共同体中，个体是掩藏在共同体之后的，而在现代社会，成员的个体性得到凸显。

个体化研究的起步伴随着对现代性的研究而进行，个体在经典社会学大师的研究中，已经不断地浮现出来，但是，这些研究无论是社会唯实论、社会唯名论还是社会互构论，都是在“个体—社会”二元视角下进行的，或者说总有一个个体和社会非此即彼的视角，这与个体和社会在西方第一现代性下的独特关系有关。而到了 20 世纪后半期，资本主义从战争的创伤中完全恢复了，但同时暴露出许多新的与以往完全不同的社会问题：资本裹挟着工业主义不可遏制地向全世界每一个角落渗透；交通网络

① 贾春增主编：《外国社会学史》，中国人民大学出版社 2008 年版，第 128 页。

② 参见［德］斐迪南·滕尼斯《共同体与社会——纯粹社会学的基本概念》，林荣远译，商务印书馆 1999 年版。

和信息技术的迅猛发展，使世界迅速地变为“地球村”；消费主义不可阻挡地对私人空间和社会空间的全面占领，随之而来的是，理性被怀疑，确定性被不确定性替代，整体性被碎片化代替，中心被消解而“去中心化”。理论家们对依照启蒙思想家的理性设计为基础而建构起来的现代社会或现代性社会进行反思和批判，认为现代性就是一项“失败的工程”，是一项“不可能完成的事业”①，这些理论在一般意义上被称为“后现代理论”。在这些反思中，吉登斯、贝克和拉什共同用“自反性现代化”来理解和诠释，而在自反性现代性理论中，个体化理论是重要组成部分。正如贝克所讲，西方从传统向现代的过渡是全方位的：资本主义的迅猛发展、科学技术的进步、现代思想的启蒙和成长、现代自由民主制度的建构等，这一进程瓦解了中世纪的有机共同体，促生了个体的自我意识和现代秩序的认同感，从而使个体与社会的互动关系从古典时代、中世纪以社会为轴心发展到现代的以个体为轴心的互动关系。在中世纪欧洲是用“整体”来指代社会，个体自然融合在整体中并成为其有机的组成部分，这种社会的结构、关系和价值的存在都早于个体成员，成员通过社会教育和角色适应才具有个体性。但在社会从传统向现代的变迁中，指代人的联合方式的 *universal*（词根意为人类）已经被 *society*（词根意为社会）所代替，而 *society* 是指个体成员通过契约而组合成的集体，在这种集体中，个体不再是先天地嵌入其中的，而是通过个体后天的各种努力可以选择加入或退出的。个体与社会的关系，或者说现代个体本身与传统的个体已然完全不同，也因此，个体化理论与经典理论中的“个体—社会”的二元关系完全不同，个体化理论把经典理论中被忽略的“社会促进了个体化进程”或曰“社会的高度现代化和个体化是同一进程”的视角纳入进来。科兹莫·霍华德区分了话语场域的个体化和个体化命题，话语场域里的个体化包括许多互相论辩的理论框架，而个体化命题则专指鲍曼、贝克、吉登斯以及贝克与贝克—吉恩斯海姆提出的个体化命题②，我们先来梳理一下在个体化理论做出重要贡献的思想家的贡献。

---

① 参见［德］于尔根·哈贝马斯《现代性的哲学话语》，曹卫东等译，译林出版社 2004 年版。

② 参见阎云翔《中国社会的个体化》，陆洋等译，上海译文出版社 2012 年版。

2. 个体化理论的兴起

(1) 埃利亚斯“历史进程”中的“个体”

诺贝特·埃利亚斯为其最后一本著作命名为 Individual of society，中译本名为《个体的社会》，埃利亚斯用“of”取代了“and”或“versus”，打破了霍布斯以来对个体和社会言说的常规，敏锐地捕捉到现代社会要把社会成员铸造成个体的新的特征。[①]

埃利亚斯“半个世纪以来一直关心个体和社会的关系”（指 1930—1989），《个体的社会》一书延续了《文明的进程》一书一贯注重历史发展脉络的写法，认为个体化的发展也是一个历史的进程。在社会发展早期较为严密和封闭的集体里，单个的个人与他出生于其中的群体组织的联系要密切得多，而且一般来说也稳定得多。因为对单个个人来说，首先既没有独立生存的可能性，也没有人有这种需要或能力，人们在那时大多终其一生或至少是长期较稳定地依附于各种前国家的社会单位，宗氏、故乡或部族里，因为这些组织单位使单个个人可以对之预期，在其生存面临极大危难时随时获得救助和保护。他的始终在场性，置身于他人中的毕生的和不可解除的归属感以及对他人的直接的敬畏感，使得群体规范对个体行为具有最大作用。在后来，亦即高度工业化的、人口众多和城市化的社会里，那些单个人，当他们长大成人时，就越来越脱离了原先较为密切的、地域性的和血缘的庇护群体，个体逐渐对从前他们那种必需的和终其一生的家庭、血亲族系、地域社团和其他这类集体组织的依附性减少了。而在那些更加庞大的、高度集中和不断城市化的国家社会里，单个人在越来越高的程度上要依靠自己谋生立业，他们的流动性增加了。同时，个体原先所属的群体和地域由于庇护和控制的功能日渐丧失，其自身的凝聚力也开始减弱，个体对它们的认同需要都在减弱。最后所有这些，起先只发生在有限的一些特殊群体内，后来在上百年的历程中也逐渐扩展到更广大的阶层，甚至扩散到乡村地区。而与此同时，个体顺利地把自己置于数量激增的各种不确定性面前。他们拥有某种更大的选择空间，可以在更大的程度上为自己做出决断，也就是，独立地为自己做出决断，或者提出自己的想

① 参见［德］乌尔里希·贝克、伊丽莎白贝克—格恩斯海姆《个体化》，李荣山等译，北京大学出版社 2011 年版。

法而不必总是考虑自己所在的群体，他们不但是能够，而且也必须在更高的程度上自立自足，他们别无选择。个人在众多的可能性中给自己做出选择，这已成为一种必然，而这种必然性从一开始就变成了习惯，变成了一种需要和理想。个人要独立地，并且很大程度上要凭借自身的奋斗和决断去争取实现自己的追求，这种可能性本身就包含特定的风险。单个人在其彼此联系中被分离和被隔绝，导致对感情的全面规范，对本能的放弃和改变。①

埃利亚斯认为“个体化”过程在人类发展的巨流中与社会功能急剧分化，人类之外的自然力量的控制的变化是不可分的，因此，不能将个体化理解成某种静止的和某种终极给定的东西，相反，“我们倒应该把它们看成某种生成性的和暂定的东西，看成是某一过程的某些方面”②。埃利亚斯已经触及了在贝克、吉登斯和拉什那里成型的个体化理论的基本方面，即个体化是在人类对自然有了更多的控制能力之后而渐成趋势的，个体化使得个体对原来所属的群体的依附性减少，个体必须独立面对各种可能，做出各种选择，承担各种后果，直面各种风险。

（2）鲍曼“流动的个体”

齐格蒙特·鲍曼在其《个体化社会》论文集中也集中讨论了个体化命题。鲍曼感慨现代性是“流动的现代性”，不仅个体在社会中的位置，就连个体可以获得的并可能有望固定于其上的位置都在融化消解、“被连根拔起”。“虽然对于个体而言，社会是个温馨的字眼，它使个体得以体味似乎在顷刻间便会失之交臂的快乐，社会也使个体得以品味永恒，消除对生命短暂的恐惧之感，但个体化是命定之事，而非可选择之事，在个体自由选择的范围内，逃避个体化和拒绝参与个体化游戏这种选择，都没有提上议事日程。”③

鲍曼认为现代化就是一个个体化和私人化的过程，现代性用强制性

---

① ［德］诺贝特·埃利亚斯：《个体的社会》，翟三江、陆兴华译，译林出版社2003年版，第139页。

② 同上。

③ ［英］齐格蒙特·鲍曼：《个体化社会》，范祥涛译，上海三联书店2002年版，第96页。

的、义务性的社会地位自决（self-determination），取代了社会地位的被决。个体从归属于自己通过遗传获得，与生俱来的社会属性等确定性中解放出来，只有在不断流变的世界中自己为自己负责，对其完整性负全部责任，个体化这一观念所承载的是现代性以强制和必需的自决权取代了社会身份的确定性。① 鲍曼认同约克·杨格"正是随着共同体的衰微，个体才得以创造"的论断，认为"'共同体'意味着的并不是可以获得和享受的世界，而是一种我们将热切希望栖息、希望重新拥有的世界，这种过去没有拥有，将来也不可能拥有的共同体，带来了巨大的不确定性"②。在一个迅速个体化，并快速全球化的世界中，已经不再能够获得"共同体"这种"自然的家园"了，个人旧有的结构、格局、依附和互动的模式都被统统扔进熔炉里，去重新铸造和形塑。"在这些共同体中，家庭和民族是现代时期曾经塑造起来可以使个体触及永恒的两座桥梁，供个体在有限性和永恒价值之间双向通行，但它们却在后现代时期逐渐崩溃。社会阶层最终由单个的社会成员所取代，社会阶层是个归属问题，而社会成员资格却要求人们在很大程度上取得成就，不像社会阶层，成员资格必须不断地在每天的行为中得到更新、再次确认和证明。"③ 在"流动的现代性"中，个体化在于将人的"个性特征"从"给定的"转变为一种自我"任务"，同时对这一任务的执行和后果承担责任，因为没有任何人为别人的苦难负责，个体只有在自己的散漫和懒惰中寻找别人坐视不管的原因，找不到解决问题的妙方，唯有愈加艰苦地努力④。

鲍曼断定，当今的个体化是一种强大而又不稳定的力量，根本无法预测谁会罹难，谁会得救。⑤ 个体化的个人根本不能为"共同的事业"拧成一股绳，虽然他们的困扰可能相似，但每一个个体都要独立地对付这些困

---

① 参见［英］齐格蒙特·鲍曼《个体化社会》，范祥涛译，上海书店 2002 年版。

② ［英］齐格蒙特·鲍曼：《共同体》，欧阳景根译，江苏人民出版社 2003 年版，第 58 页。

③ 同上。

④ 参见［英］齐格蒙特·鲍曼《流动的现代性》，欧阳景根译，生活·读书·新知三联书店 2002 年版。

⑤ 参见［英］齐格蒙特·鲍曼《现代性与矛盾性》，邵迎生译，商务印书馆 2003 年版。

扰。有其他受害者陪伴带来的唯一优势就是使人人相信，独立地与困境抗争是其他所有的人每天所做的，因而重新振作起来下定决心，继续重蹈覆辙，独立地抗争。

在个体化的同时，就像托克维尔所说“个体是公民的头号敌人”，单个的个体所关心的事情和当务之急占据着公众的领地，个体宣称是公众领地上的唯一合法居住者，把任何其他东西都从公众这一话语中逐出，“公众”被私人“殖民化”了。“被连根拔起”的个体，想要找到看起来非常坚固而能够“重新扎根”下来的“基床”，以便可以长期稳定地占据，但这已经几乎没有了可能。一个别无选择的、充满着不稳定性和不确定性的、没有稳固性可以“依附”的“流动”的个体化社会已经来临。

鲍曼的个体化主要表现为：个体化是一个强制的过程，个体化不是选择之事而是命定之事，是个被动的过程，是一个和流动的现代性一样的流动的个体化。个体化消解了阶级和阶层，个体再也不会团结起来形成稳固的有集体利益的“阶级”，也不会促进公民社会的发展。

（3）吉登斯的“结构二重性”与“自我”“自我认同”

吉登斯认为，现代社会制度的自反性已经形成，现代社会的个体化是一场实验，每个人无论是否乐意都得参加，这一点和鲍曼是高度一致的。但吉登斯是用结构二重性来解释个体行动者的行为和社会的结构性特征之间的关系，认为“行动者在受制约中创造了一个制约自己的世界，社会行动总是以较大的社会系统的结构性特征为依据，并通过自己的活动再生产后者。也即行动者和结构二者的构成过程并不是彼此独立的两个既定现象系列，即某种二元论，而是体现着一种二重性”。① 结构作为被反复不断地组织起来的一系列规则或资源，除了具有作为记忆痕迹的具体体现和协调作用之外，还超越了时空的限制，即对个人而言，结构并不是什么“外在之物”，结构作为记忆痕迹，具体体现在各种社会实践中，“内在于”人的活动，而不是像涂尔干所说的是“外在”的。吉登斯的重要著作《民族国家与暴力》是从社会结构原则和社会类型的概念出发探讨现代性的制度化，而《现代性与自我认同：现代晚期的自我与社会》则从能动性的概念出发

① ［英］安东尼·吉登斯：《社会的构成：结构化理论大纲》，李猛、李康译，生活·读书·新知三联书店1998年版，第68页。

展开对现代性的论述，从结果上来看，这正是结构二重性的两种“理想类型”的体现。

结构并不仅仅等同于制约，它同时对个体具有制约性和使动性两重作用。结构也是行动者对日常社会活动进行反思性监控的前提，但是行动往往产生持续不断的意外后果。从日常生活品质看，现代性的主要特征在于全球化和个人化这两极之间纽带的形成。现代性通过民族—国家和全球化的力量，对时间和空间进行了前所未有的重新组合，构筑了一种“抽离化机制”，促使人与人的社会关系从特定场所中解脱出来，进入一个远距离交往方式之中。吉登斯强调现代性的个人内在性，以及自我认同的塑造过程中外在的全球现代性制度的冲击与个体对这种冲击的吸纳和强化作用。

自我是现代性的独特产物，而实现个体的生活政治在个体的自我认同中有非常重要的作用即自我实现。吉登斯说，生活政治是一种生活方式的政治，是由反思而调动起来的秩序，是一种生活决策的政治，是一种自我实现的政治。要实现个体的生活政治，必须通过现代性的“脱域”和“解放”，个体才能从传统的僵化以及等级统治的状况中解放出来，获得依赖于“抽象系统”“专家系统”和“象征系统”的解放的生活。脱域指从时间和空间以及依附其上的所有的脱离，使得个体的生活和自我实现有了可能。①

表 2—2　　　　吉登斯解放政治和生活政治的区别

解放政治	生活政治
1. 把社会生活从传统和习俗的僵化生活中解脱出来。	1. 从选择的自由和产生式权力（作为转换性能力的权力）中得来的政治决策。
2. 减轻或消灭剥削、不平等或压迫。所关心的是权利与资源的差异性分配。	2. 在全球化背景下创造能够促进自我实现的道德上无可厚非的生活方式。
3. 服从于正义、平等与参与的伦理所具有的独断。	3. 在一种后传统秩序中提出有关“我们应该怎样生活？”这样的问题伦理，并抗拒存在性问题的背景。

① 参见［英］安东尼·吉登斯《现代性与自我认同：现代晚期的自我与社会》，赵旭东、方文译，生活·读书·新知三联书店 1998 年版。

解放政治包含了两个主要的因素，一个是力图打破过去的枷锁，另一个是力图克服某些个人或群体支配另一些个人或群体的非合法性统治。解放意味着通过让个体在某种意义上拥有在社会生活环境中自由和独立行动的能力，来把个体的生活组织起来，即自主性原则。解放的主要倾向是“脱离”而不是“朝向”，也即个体知道要摆脱什么却不知道要追求什么。

生活政治关心的是自我。在现代性情景中，个人的自我认同，一方面是新条件下追求自我成就感的表现，代表个体超离制度制约的努力；另一方面又只不过是现代性制度反思性的延展而已。个体对生活的有意识计划创造了自我实现和自我把握的方案，但与此同时也为原本外在于个体的现代性创造了力量延伸的空间。个体对生命历程的规划越自觉，现代性的控制力就会越大，个体经验则会逐步被存封起来，变得离事件和情景越来越疏远，同时个体又必须在抽象体系所提供的策略和选择中找到自己的身份认同。高度现代性下出现的生活政治，关涉的是来自于后传统的背景下，在自我实现过程中所引发的政治问题，在那里全球化影响深深地侵入到自我的反思性投射中，反过来自我实现的过程又会影响到全球化的策略。在高度现代性下“自我”和“社会”在人类历史中首次在全球性背景下交互联结了，个体必须要以一种合理而又连贯的方式把对未来的设想与过去的经验联系起来，以便能够把被传递的经验的差异性中所产生的信息与当地性的生活整合起来，构建一种自我认同的反思性秩序的叙述。

小社区和传统的保护框架在现代性之后被毁坏了，个体丧失了由更为传统的情境所能提供的心理支持和安全的世界。个体要“把握自己的生活”，必须准备与过去形成某种程度的彻底隔离，脱离传统的生活的个体，面对选择的多样性产生个人认同的深度不安，个体必须面临“我要成为谁?”的问题，这是现代性的独特品质。

总之，吉登斯的自我和自我实现的生活政治是高度现代性的后果之一，自我通过生活政治投身到生活中，这也是现代性发挥强制作用的结果。而制度性反思则使制度在对个体的型构过程中发挥了更为强制性的作用，个体在现代性的强大变迁中，不得不适应和习惯于各种各样的“个人的问题”，个人生活变弱了，失去了原有的固定参照，亲缘关系失去了在建构大多数人日常生活中曾经起到的作用，包括婚姻、家庭以及其他的亲密关系的个人的尝试和危机都要个人独立面对。[①] “高度个体化的生活并不意味着个体对生活政治的全面掌控，而是私人生活领域的过于制度化，创造出了自我压迫而不是自我实现的社会机制”[②]，这正是结构二重性所带来的独特的个体自我实现的体验。

（4）贝克的制度个体化理论

乌尔里希·贝克的“自反性现代性”或曰第二现代性理论有三个论断[③]：强制个体化命题、（世界）风险社会命题、多维全球化命题，三个命题遵循统一的论证理路并相互强化，代表着现代化动力的极端形态。而贝克早在20世纪80年代出版的《风险社会》一书中提出这三个命题，但在之后的研究实践中，风险社会命题因“风险在全球范围内扩展的飞去来器效应，无论富裕的还是有权势的人，谁都不可幸免”的论断和个体对风险的深刻体会而顺利脱颖而出，同时全球化的迅猛和全方位的发展也使多维全球化命题成为20世纪80年代以后的重要的理论。但是，我们要看到，关于自反性现代性的三个命题是当代社会发展的同一过程，三个命题所面临的社会问题共生共存，从不同视角对现代性以来的社会问题进行理解和阐释，三个命题的集合才是贝克意义上的“自反性现代性”，而贝克本人对个体化理论也经历了“提出——忽视——重新拾回”的过程。正如贝克所说，柏林墙倒塌之后，人们对风险社会，对全球化的影响都有了极为清醒的认识，但是《风险社会》一书的讨论，主要还是侧重有关风险的论述（第一部分），极少或根本就不关注有关个体化的论述（第二部分），而《个体化》一书是贝克为了弥补因为对个体化轻视形成的裂痕而重新重视个体化的结果。

贝克明确指出：“制度化个体主义意义上的个体化和新自由主义的自

① 参见［英］安东尼·吉登斯《亲密生活的变革——现代社会中的性、爱和爱欲》，陈永国、汪民安等译，社会科学文献出版社2001年版。

② ［英］安东尼·吉登斯：《现代性的后果》，田禾译，译林出版社2000年版，第100页。

③ 参见［德］乌尔里希·贝克《风险社会》，何博闻译，译林出版社2004年版。

由市场个体观念是不同的”[①]。贝克认为，新自由主义的假设是“独立的个体能够把握其生活的全部，能够从自身内部驱动，更新其行动能力”，但这却与工作、家庭、本地社区诸领域的日常经验明显不符，这些经验表明，并没有一个“自足个体”，在现代社会，个体化在全球网络和制度层面都是与他人的联系越来越多，而不是相反。也如斯科特·拉什在给贝克和贝克—格恩斯海姆的合著《个体化》一书写的序中提出，贝克在于维护一种关于个体范畴及“成为个体”之过程的观念，这种与占有式的、自我本位的个体主义明显不同，与当代全球自由市场的自由主义明显不同，甚至与启蒙运动中伦理的、利他的个体主义也截然不同。启蒙个体主义更多的是“作为个体”而非“成为个体”。启蒙个体主义发端于贝克所谓的“第一现代性”或“简单现代性”，而个体化则是“第二现代性”现象，也即“自反性”现代性现象。这个说法明确指明了贝克的个体化和古典自由主义、新自由主义的区别。贝克把个体化重新表述为现代化过程的一个方面，这个过程是连续的，并正在持续，它通过强制产生并令人难以摆脱，贝克也因而使埃利亚斯关于个体的出现的理论成为过去。“贝克和其他人的个体化命题不同，他强调的是一种新的张力，即一方面是不断增长的对个性、选择和自由的要求，另一方面是个体对社会制度的复杂而不可避免的依赖。”[②] 因此，贝克的个体化理论被称为制度个体化理论。

福利国家和民主是制度个体化理论的两个制度条件。现代社会的核心制度，包括基本的公民权利、政治权利和社会权利，以及维系这些权利所需要的有薪工作、培训和流动，是为个体而非群体配备的，而这些都是透过福利国家和民主这两个制度层面的保证而得以实现的。贝克总结了现代化导致的三重“个体化”：脱嵌，即从历史的、规定的、在统治和支持的传统语境意义上的社会形式和义务中脱离（解放的维度）；实践知识、信仰和指导规则相关的传统安全感的丧失（去魅的维度）；再嵌入，亦即一

① ［德］乌尔里希·贝克、伊丽莎白贝克—格恩斯海姆：《个体化》，李荣山等译，北京大学出版社 2011 年版，第 3—5 页。

② ［挪威］贺美德、鲁纳编著：《“自我”中国：现代中国社会中个体的崛起》，许烨芳等译，上海译文出版社 2011 年版，第 2 页。

种新形式的社会义务（重新整合的维度）。

贝克的个体化被理解成一个社会学的范畴，指一种生涯模式的和生活境况的社会学的转变。个体化进程因而有四项基本特征：（1）去传统化；（2）个体的制度化抽离和再嵌入；（3）被迫追寻“为自己而活”，缺乏真正的个性；（4）系统风险的生平内在化。

在贝克看来，脱嵌和去传统是同一过程的两面。首先，伴随着教育和可支配收入的普遍提高，个体从基于身份的阶级中脱离。第二个关键点在于妇女境况的变化。妇女从传统婚姻供养关系即从对家庭和男性的物质依赖中脱离出来，在制度的保障下实现了‘个体化’。第三个维度是生产领域的工作的灵活化和工作场所的分散化。阶级差异和家庭并没有真正消失，而是退到生涯规划“中心”的后台。拥有同样收入水平的人们，或者说同一“阶级”中的人们，可以甚至必须在不同的生活方式、亚文化、社会纽带和认同中做出选择，从一个人的阶级地位出发，我们不再能够确定其观点、关系、家庭地位、社会和政治理念认同。①

个体从传统的义务和支撑关系中解放（脱嵌）出来的同时，代之以劳动市场的生存束缚和作为一个消费者而拥有的标准化控制，使得生存变成了纯粹个体的事情，这迫使人们为了自身物质生存的目的而将自己作为生活规划和指导的中心，个体自身成为生活世界中的社会性的再生产单位。但是正因为如此，个体状况的分化绝不等于个体成功的解放，个人主义并不标示着通过个体的复兴而开始的世界的自我创造。相反，它伴随着一种朝向生活方式的制度化和标准化的趋势。解传统化的个体变得依赖于劳动市场，并因此而依赖于教育、消费等一系列社会制度——控制的特殊模式，从而使系统的问题转化为个人的失败。

个体被迫追寻“为自己而活”，寻求再嵌入的方式和路径则是在脱嵌之后的唯一选择。个体在失去传统的所有保障之后，必须过上“自己为自己负责”的人生，也必须重新嵌入到这种生活之中，这直接导致了所有系统性的社会风险都要个体独立面对，教育、培训、就业、失业、爱情婚姻、家庭、疾病，甚至环境问题等都内化到个体的生活之中。

---

① 参见［德］乌尔里希·贝克《风险社会》，何博闻译，译林出版社2004年版。

阎云翔在研究个体化命题时有三个主要观点：第一是吉登斯所说的“去传统化”（detraditionalization）或贝克所说的“脱嵌”（disembedment），即个体日益从外在的社会约束中脱离出来，这些约束包括整体的文化传统以及其中包含的一些特殊范畴，如家庭、血缘关系和阶级地位。第二是鲍曼所指的“强迫的义务的自主”这种自相矛盾的现象。现代社会结构强迫人们积极主动并成为自己做主的个体，对自己的问题负全责，发展一种自反性的自我。第三是“通过从众来创造自己的生活”，意思是倡导选择、自由和个性并不必然会使个体变得与众不同，相反，对社会制度的依赖决定了当代的个体不能自由地寻求并构建独特的自我。①

至此，我们必须区分第一现代性下的个体化和第二现代性下的个体化的差别，也即涂尔干的个体化和贝克的个体化的差别在哪里？首先，第一现代性下的个体化是建立在社会分工和职业分工以及劳动力的自由流动之上，这个阶段的个体化以促进核心家庭内部团结的方式促进了家庭中家长的个体主义；而第二现代性下的个体化则是以第一现代性的个体化为基础，通过福利政策和民主制度来解体家长个体主义（福利政策大多数情况下针对个人而不是家庭，民主则是个体权利的体现），使得个体化推及到家庭的每个成员，即妇女和孩子。其次，第一现代性下的个体分化和个体化，是一个伴随着工业化和市场化的发展，个体努力争取和期望获得的过程；而第二现代性下的个体化，是“强制或强迫的个体化”的，是自反性的，个体在实现权利的同时更多地被约束在现代性制度的框架之内，实现了“没有个体性”的个体化。

二　个体化理论的适用性和本研究的个体化理论

1. 个体化的中国特征

贝克的制度个体化理论是建立西方福利国家和民主的发展两个制度性保障的基础之上的。但世界各地并不是在上演“不同演员参与的同一出戏”，而是各种现代性和个体化进程之间有不同的差异，贝克因此从经济

① 参见阎云翔《中国社会的个体化》，陆洋等译，上海译文出版社2012年版。

生产和再生产（资本主义）、政治权威的性质、社会文化整合（个体化、普世化和宗教）几方面，把个体化分为四种理想类型：[①]

类型一：欧洲现代性——调控型或协调的资本主义，高度发达的民主，制度化的个人主义（福利国家），世俗化社会。

类型二：美国现代性——自由的或不协调的资本主义，高度发达的民主，制度化的个体主义和后世俗宗教信仰。

类型三：中国现代化——国家调控的资本主义，后传统权威政府，不完整的制度性个体化和多元宗教社会。

类型四：伊斯兰现代性——调控型资本主义，传统极权政府，单一宗教社会禁止个体化。

阎云翔认为，中国的个体化是一个发展的过程，其背景特点包括国家的管理、民主文化和福利体制欠发达，以及古典个人主义的发育不充分。他认为贝克的个体化理论抓住了西欧社会中具有本质性的社会关系变迁的模式，但它在许多方面与中国的变迁模式不同。阎云翔区分了中国的个体化和西欧的重要差别：首先，脱嵌。在西欧，脱嵌主要是指因社会群体不再界定个人身份而发生的转变，个体从以前的社会范畴中脱离出来，个体在脱嵌的社会中重新界定和产生社会关系，例如那种新型的、纯粹的亲密关系。而中国的脱嵌主要表现在解放政治领域，即生活机会和社会地位的日常政治，个体努力实现自我的首要目标是提高生活水平，西欧的个体化只是众多因素的社会流动性，但这在中国的个体化案例中却发挥了至关重要的作用。其次，文化民主和福利国家体制的存在或缺失构成第二大差异。在西欧，个体化所依赖的“文化民主化”意识是民主已被广泛接受，并且作为一种日常生活和社会关系的准则而得到长期的实践，而在中国并不存在。再次，西欧目前的个体化浪潮具有第二现代性或自反现代性的特点，它既是与工业化、城市化和自由主义化（即第一现代性）相联系的早期个体化趋势的发展，又是对早期个体化的反应。个体主义的诸多分支如宗教个人主义、政治个人主义、经济个人主义、浪漫个人主义、功利个人主义早在第一现代性时期便已经崛起为主流思想，并为第二波个体化奠

---

① ［德］乌尔里希·贝克、伊丽莎白贝克—格恩斯海姆：《个体化》，李荣山等译，北京大学出版社 2011 年版，第 5 页。

定了坚实的基础，而在个人主义传入中国社会时，它仅仅被理解为功利个人主义或简单的自私自利。最后，中国的个体化进程在很大程度上是在国家的管理下展开的。所谓国家管理的个体化，并不是国家只在推动体制变迁方面发挥作用，更重要的是，在中国，国家还用软性管理的方式处理个体、市场、社会群体和全球资本主义各方面的相互作用，引导个体化的走向。比如“利益导向”，指国家用诱人的经济或政治回报来引导个体选择那些对国家有利的行为方式，并在国家已经设定好的边界内发挥自我控制或自我管理的能力。①

在中国的个体化过程中，身份政治和制度变迁发挥了关键作用。在西欧，社会个体的权利与自由一直作为既定事实而受到政治民主的保护；福利国家严格控制着社会不平等的增长；个体身份认同越来越由生活方式和自我理解来确定，而不是由类似家庭或社会阶层等外在的社会团体来定位。结果，日益离不开社会制度的个体必须依靠福利社会提供的安全和财富来维持其“本体性安全”。而中国的个体化的特点是，由于身体和社会这两方面的流动性不断增强，现在个体可以打破社会团体的约束，在新的社会背景下寻找自己的发展之路，看得见的手——国家在按照自己的方式刺激经济发展和改变社会结构，看不见的手——市场在促进流动性方面发挥决定性作用。虽然中国传统的儒家道德规范是认可个体能动性的，但不能用某些个体的能动性和行动来代表个体—群体—国家关系的总体结构安排。去传统化、脱嵌、通过书写自己的人生来创造属于自己的生活，以及无法抗拒的更加独立和个人主义的压力，这些西欧个体化的特征同样发生在中国个体的身上。在中国模式里，作为认同政治的核心，个体身份认同更多地与要求个人权利和重新界定个人—群体—制度之关系相关，而不是与寻求自我相关。西欧个体化依赖于教育系统、社会安全、医疗保健、就业和事业津贴，中国的个体化进程确实给个体公民带来了更多的流动、选择和自由，但国家却没有给予其想要的制度保障与支持。中国的个体化为了寻求新的安全网，或者为了再嵌入，被迫回到家庭和私人关系网络中寻求保障，等于又回到脱嵌的地方。在没有福利国家制度保障的情况下，中

① 参见阎云翔《中国社会的个体化》，陆洋等译，上海译文出版社2012年版。

国的个体化进程也加速了社会经济分化，导致经济和社会地位意义上的两极分化，而不是仅仅是在身份建构和生活政治意义上的社会多元化。而中国的个体化的个人发育不良，只是个人主义仅仅被理解为功利主义和自私自利，扩大了个体化的负面影响，造成残酷的个体竞争和社会信任的下降。

在全球化和个体化迅猛发展的当代社会，个体难以适应原有的各种共同体，并在意识和行为上都表现出对“想象的共同体”的向往，所以在20世纪八九十年代以来，“民族—国家”“民族主义”“共和主义”“共同体主义”“世界主义”等成为西方学界的讨论亮点。“但由于全球化和个体化的逻辑都是向前发展的，重返原有的共同体形式都显得步履艰难。”①不管充斥于生活中的是幸福还是厄运，一个人只能感谢或责备自己，日趋分化了的个体在力争给自己的生活赋予意义和目的的时候，他们曾经所依赖的共同体已经土崩瓦解。即使抗拒个体化的行动，在个体化的强大发展势头面前也无能为力。而中国正在走一条与世界各国尤其是西欧完全不同的个体化的道路。

2. 去集体化之后的社会和个体

人们会在两种语境中讨论集体主义概念：一种是作为价值行为体系的术语，集体主义与个人主义相对应；另一种属于社会经济形态领域里的概念，集体主义或社会主义与资本主义相对照。集体主义规定为：首先它不是私人或家族占有和经营的生产单位，而是由地区、小区或组织控制生产数据、决定怎样生产、生产什么以及谁该得到什么的那种社会组织；其次它具有个人依附于集体、依附于集体权威的价值传统。毛泽东时代再分配经济体制下的城市国有企事业单位、集体企事业单位以及广大乡村的人民公社集体模式，都归为集体主义之范畴。而“后集体”也有两种意义，第一种是指人民公社集体模式之后又发展出来的各种形式的“集体主义”，比如华西村、南街村等依托集体经济的基础，村民共同投资，新建和发展新的集体经济形式；另一种后集体主义是一种时间维度，指农村集体经济改革以来或联产承包责任制以来的社会阶段，也即是说“集体时

---

① 郭台辉：《齐格蒙特·鲍曼思想中的个体与政治》，博士学位论，复旦大学，2006年，第46页。

代之后即后集体时代”，在这个意义上，后集体时代也被称为去集体之后的时代。

改革开放以前，我国的社会结构是总体性的，国家几乎掌握全部重要资源。这种资源不仅包括物质财富，也包括人们生存和发展的机会（就业）及信息资源。改革开放以来，中国社会结构最根本的变化是由总体性社会向分化性社会的转变，这一变化的根本动因是体制改革，农村经济体制改革和国有企业的“分权让利”使社会产生了自由流动的资源，即不受国家统一控制和分配的劳动力、资金、产品、原材料、技术等，中国社会分化的速度大大加快，经济发展越快，分化速度越快。传统社会是先赋性整合，改革开放前运用行政性整合而改革开放后则强化契约性整合，个体化变成了党和国家采取的发展策略。即使如此，也因改革开放，在中国国家内部有一个发展的梯次，先开放经济特区，再开放沿海城市，再开放东部地区，最后形成全方位的开放格局，这最终的结果并没有使各个不同地区在不同的时间走上相同的道路，而是在相同的时间走上不同的道路，所以才会有中国各地不同的农村现代化模式。并且各地还出现了各种各样的“再集体化”的过程，比如华西村、南街村，以及更多为了发展集体企业而再次联合起来的村庄。而对后发展的中国西北部地区来说，是以完全不同的方式参与进来的，比如全球资本所需要的自由劳动力，大部分是由不发达地区的农业劳动人口组成的，北堡子村就是一个青壮年劳动力持续外流的村庄。而同时，农民不可抗拒地被卷入全球消费市场，成为或主动或被动的消费者，随着农民传统上所赖以生存的土地状况发生变化和农民自身对现代化大潮的无力抗拒，他们渐渐失去了土地带来的保障和由传统家园提供的安全感，使得农民越来越被迫成为“自己为自己负责”的人，走上了一条被迫“个体化”的道路。

3. 本研究的个体化

中国改革开放以来的发展，虽然动力和方式与西方国家不同，但是全球资本的快速涌入、世界市场的迅速形成、信息时代的到来、全球一体化的步伐加快、风险在世界范围内的快速扩散等历史背景是相同的。中国社会后集体时代的来临，国家在诸多方面放开了对社会的管制，并且通过各种手段来促进社会变革，这种变革促进了“个体”的诞生，从而使一个“个体化”社会得以形成。

本研究的个体化，是一种从“传统”到“现代”的过渡，是包含着第一现代性和第二现代性的混合。正如许多研究者所认识到的，充满文化民主化观念和后福利国家的社会保障条件之下发展的个体化过程并不符合中国的状况，中国的个体化路径是在一种与众不同的路径上展开的。

（1）个体化意味着制度化、强制化和标准化

中国正在走一条独特的个体化之路，这一路径上显然有贝克所强调的制度作为主要外力推动的因素，但这不是福利国家和民主制度，而是与发展经济和社会建设相关的一系列社会政策，这些政策的设计目的并不是为了促进个体化，但却从客观上促进了整个社会的个体化进程。

在中国改革开放以来的国家实践中，对集体化之下的“个体”的重新解放成为制度发展的重要动因。“并通过经济上从计划经济向市场经济体制不断转变，使市场在资源配置尤其是在人们的经济活动中起到基础性作用；在社会管理上，曾经由国家控制全部资源，通过单位制、人们公社制、阶级分类制、户籍制度对社会生活各个方面进行全方位的管理的‘总体性社会’逐步弱化，社会管理主体多样化，自主的民间组织开始发育，个人权利得到逐步确认；在福利制度上由再分配完全负责的社会保障向国家、市场、个人三位一体承担制转变；在意识形态上，以特定政治诉求为目标的传统意识形态转向更广的社会价值体系的覆盖。”① 这样一个全面的制度转型，也是个体化的制度基础。

在城市和农村的社会变迁中，对个体的解放体现在城市国有经济改革和农村家庭联产承包，这两项制度变革，使人口从原来的固定的束缚中解放出来，成为自由的流动者，个体而不是家庭成为再生产的单位。农民从固着在土地上到自由流动和出卖劳动力的转变是工业化制度需要自由劳动力和消费制度需要独立的有消费欲望和能力的消费者共同促进的结果。成为独立的、自己对自己负责的生产者和消费者是社会发展的需要，也是制度催生的结果。

自由流动使得每个人的生涯都从预定的命数中解脱出来，并被人们自己所掌握，社会预定的生涯转化成自我生产并将不断生产的生涯。同时，

---

① 李友梅等：《改革开放 30 年：中国社会生活的变迁》，中国大百科全书出版社 2008 年版，第 32 页。

自由流动也使个体从既有社会形式，比如阶级、社会地位、性别角色、家庭、邻里等范畴中解放出来，也意味着国家认可的原有的人生参照图式和角色模式的崩溃。个体必须通过自己的努力重新塑造自己的生涯模式并以新的方式和角色重新嵌入社会。

传统的制度往往对人的行动严格限制甚至禁止（比如限制流动等），现代西方国家的制度性压力则倾向于提供服务或激励人们行动，比如福利国家的失业救济、助学金或抵押贷款免税。现代社会新的要求使控制和限制被强加给了个体，个体必须在制度的尺度内发挥自己的极大可能去实现自己，并通过制度提供的教育、就业、医疗保障、退休金等全面地规划自己的人生，也即是说，制度既要求实现最大化的自己对自己负责的个体，也制约个体，要求个体必须在制度许可和规划的路径上去实现。现代制度下个体化的个体，必须做点什么，必须积极努力，必须获胜，必须懂得在竞争有限的资源时维护自身——不是一次，而是日复一日，在制度化的个体化过程中，个人对社会的依赖不是减少，而是更多，这也是制度个体化的强制性所在。

个体化伴随着高度的标准化，现代国家通过劳动力市场、消费市场、教育制度、福利制度、大众传媒等共同作用来塑造高度标准化的个体生活。被解放了的个体变得依赖劳动市场和消费市场，也必须通过教育制度获得个体成功的资本。大众传媒是进行标准化的重要手段，大众传媒使得个体的生活越来越孤立化，所有人在家里各看各的电视，出现了一群孤立的大众隐士，人们在夜晚相聚在电视的村落里，观看着新闻，成了全球标准化媒体网络的一部分。我们在独自吃晚饭的时候，同样是“马航失联客机”景象的旁观者，而大众传媒所塑造的生活成为人们生活的标准，使个体在越来越孤立的世界中越来越标准化的生活。

（2）个体化遵循着“脱嵌——稳定性的丧失——再嵌入”的逻辑

脱嵌，不仅仅指从原来生活的村庄进行身体的脱离，也指一种生活方式的转化，还指从与地方性相连的地方性生产生活知识和传统文化中的脱嵌，更指从与个体出生以来就密切相连的家庭、家族、村民等群体中解放出来。但伴随着个体从村庄以及与其相关的一切中脱嵌出来的是稳定性的丧失，即个体很少能再从传统的共同体中找到依赖和安全感，即使重新依赖于此，也是不稳定的状态。从村庄脱嵌，意味着要重新“再嵌入”，这在高度个体化的社会中，却不是一个通过个人能力就能够解决的问题，个体在不断寻找再嵌入路径的时候，不得不面临现代风险社会带来的所有不安全的因素，对本研究的村民来说，个体从固态的社会共同体中脱嵌出来，很难找到重新嵌入的“温床”，只能再嵌入到一个个体无法把握的现代风险社会之中。

（3）个体化意味着生活全方面地依赖市场

个体化意味着生活全方面地依赖市场，个体谋生的关键在于劳动市场，进入劳动市场的条件需要教育提供，任何无法进入这些领域的人面临的将是物质上的匮乏。个体确实从传统的义务和支撑关系中解放出来，但取而代之的是劳动市场的生存束缚。个体化实际上在一种普遍的甚至相比以前更缺少个体自主生存的社会境况下发生。

为了更好更快地发展目标，个体作为自主的消费者成为制度建设的重要目标，通过各项制度措施，使得每个人都变成消费社会需要的有潜在消费能力和意愿的消费者，在消费意愿低迷的时候，国家会通过一系列的制度刺激，使人们认识到，一个有消费能力的消费者是现代社会需要的而不是相反。

（4）个体化意味着对传统的脱离、重新界定和再利用

脱域和去传统是并行不悖的同一过程，个体不断地从原先生活的较小区域和人群中脱域出去的过程，也是和传统逐渐脱离的过程。但并不是所有的传统都被否定、被抛弃，一些传统会被重新挖掘，重新界定，以在新的社会里重新利用。

（5）个体化是流动的、自反性的

个体化并不是已经实现了的目标，而是不断流动变化的。在个体化的同时，公民社会被腐蚀和瓦解，因为作为单个人的个体所关心的事情和他们的当务之急占据了公共空间，并宣称自己是公共空间的唯一合法的占据者，把其他东西都从公共话语中挤出去了，“公”被“私”给殖民化了，公共利益退化成了关于公众人物私生活的奇闻逸事，公共的生活的艺术也缩减成了私人事务的公开展示和私人情感的公开表白①。个体在不断努力

① 参见［德］于尔根·哈贝马斯《公共领域的结构转型》，曹卫东等译，学林出版社1999年版。

掌控自己生活的同时,成为自己对自己负责的个体,却因制度本身的自反性和制度带来的不可控制的后果导致个体并不能完全通过个体的能力掌控自我的生活,越是高度个体化的社会,个体却更多地依赖制度、依赖社会,个体不能真正地掌控自己的生活,这也是个体化的自反性之处。

第二节 制度—生活视角及其应用

一 两层结构社会的形成

传统的中国,较低的官民比例使官员的数量保证国家在广阔的范围内有效地干预地方事务实际上是不可能的,所以官府鼓励地方自治,地方社区也期望照管自己的事情。而在中国注重家族的地方,如"多属聚族而居的华南,宗族用自己的方式维持内部的和平"①。孙立平用国家、民间统治精英、民众模式讨论了中国改革前后社会结构演变的脉络,认为传统中国存在着国家、民间治理精英和民众三种基本结构因子。②

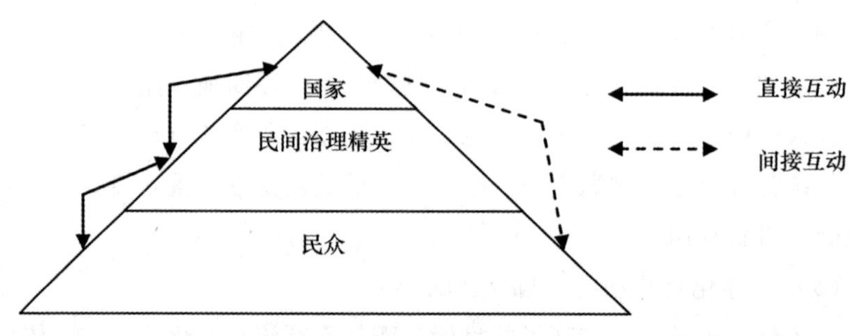

图 2—1 三层结构的互动关系

国家、民间治理精英和民众三者之间的互动是:民众是国家和民间治理精英抽取资源的共同对象,民众与民间治理精英的互动关系是直接的,

① [英]莫里斯·弗里德曼:《中国东南的宗族组织》,刘晓春译,上海人民出版社 2000 年版,第 145 页。

② 孙立平:《转型与断裂:改革以来中国社会结构的变迁》,清华大学出版社 2004 年版,第 184—189 页。

而与国家的互动往往是间接的，形成一种民众和国家通过民间治理精英间接互动的三层结构。

1949 年以后，“新的行政系统无孔不入地伸向社会基层”①，“绝大部分稀缺资源被置于国家的控制之下，民间已经不存在掌握重要稀缺资源的社会力量，中国社会便只剩下两个结构因子，国家和民众，形成比较独特的社会结构”②。

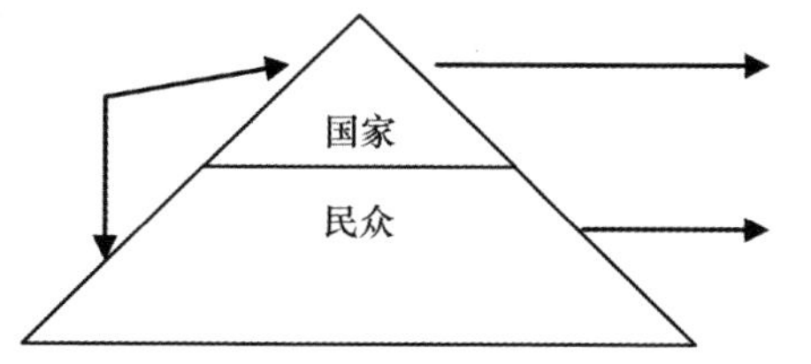

图 2—2　两层结构互动关系

在两层结构中，民众直接面对国家，再没有任何中介力量，也就是说，国家制定的任何制度措施，都是直接对民众发生作用，制度不用通过中介物，而直接形塑民众的生活，因此，本研究用“制度—生活”分析框架来研究中国西北农村空壳化的社会实践。细究本研究运用“制度—生活”分析框架的原因在于：首先，西北农村地区是传统的纯农业地区，生计模式和发展模式受当地自然生态条件的限制，是一个守旧、落后、发展和变迁速度缓慢的，呈现“千年平衡”的发展状态的地区。1949 年到 1980 年土地包产到户以前，该地区虽然经历了各种制度和生活的互动，但并没有从根本上改变农业地区的发展势态。但包产到户 30 多年以来，这一地区发生了飞速的社会变迁，包括生计模式、消费模式、日常生活、社会心态、家庭规模和模式、村庄人口、传统文化等全方位的变迁，而这一切都是在一系列国家发展的制度和农村制度的推动下产生的。其次，在对各种个体化社会类型的研究中，中国模式是其中非常重要的独特的一部

① 黄树民：《林村的故事：1949 年后的中国农村变革》，素兰、纳日碧力戈译，生活·读书·新知三联书店 2002 年版，第 18 页。

② 孙立平：《转型与断裂：改革以来中国社会结构的变迁》，清华大学出版社 2004 年版，第 190 页。

分，贝克和许多研究者一同指出，中国社会的个体化有和其他国家个体化过程中极为相似的部分，那就是全球资本的全面扩张、劳动力的自由流动、消费主义的全面渗透。对中国西北地区来说，无论以何种姿态加入这样的一种潮流之中，都是在市场经济发展和国家制度的推动下实现的。最后，在村庄“空壳”化的过程中，我们其实可以看到各种“制度”性的因素对农民行为的要求和期待以及农民对这些制度性因素的反应，这成为村落变迁的两种相互纠结的力量，但是制度的力量无疑是农民的力量的前提，农民只是在制度设计的框架内进行“理性选择”，“空壳化”村庄的产生是“制度”对“生活”塑造的副产品。

对中国来说，个体化也是命定之事，唯一明确的是在没有完善的福利制度和民主制度的保障之下，中国的个体化将是极为独特的。但是不能否认的是，在国家力量更强大的地方，个体化的路径必然跟制度发生更多、更直接的关系，而在制度无法找到中介物而直接和个体生活发生作用时，制度在政治个体化、经济个体化方面所起的作用完全不同，在农村地区，制度的个体化更体现在经济领域，而政治领域的个体化仍旧没被提上日程。

本研究并不是自上而下地梳理北堡子现代化以来，具体指包产到户30多年来的各项制度变迁，而是从北堡子村农民自身的视角出发，通过“自下而上”的审视来看20世纪80年代以来影响北堡子村社会发生变迁的重要制度，并着眼于对大多数农民生活有切实影响的各项社会制度，检视各项制度的始料未及的后果，以期发掘北堡子村发展的特殊性，“并与特殊性中发掘农村发展的普遍性”①。所以本书研究的制度有村民“自诉”性质，也就是说，研究不会从理论假设出发去设定哪些制度对农民生活产生重要影响，而是从北堡子村农民自己“口中”了解到对农民生活有重要影响的制度设置，所以我们会发现，一些在理论上对农民生活产生重要影响的制度比如“取消农业税”等并没有成为本研究的重点，理由在于，一个村庄的发展，可以说是国家政策作用下千万个农村的缩影，但由于当地的自然地理条件、文化传统、人口素质、地方惯习等综合作用，同样的

① ［加拿大］朱爱岚：《中国北方村落的社会性别与权力》，胡玉坤译，江苏人民出版社2004年版，第6页。

制度在不同的地方会有完全不同的效果。为了照顾一般而舍弃特殊，是个案研究不可取的思路，因为个案研究最终的结果并不能“代表”类似的村庄。

二 “制度—生活”视角的应用

“制度—生活”的分析框架是李友梅等人在研究中国社会生活变迁的过程中构建出来的不同于“国家—社会”的分析框架。因为传统的“国家—社会”分析框架建立在西方公民社会理论和国家—社会良好互动的发达公民社会基础之上的研究前提与中国改革开放以来的国家实践存在张力。中国的改革开放是在一个强国家力量的推动之下，以制度变迁来推动整个国家形态的转型，形成了“强国家—弱社会”的状况，而“社会”在改革开放的过程中逐渐式微，其后果是社会各个层面的发展状态甚至人们的日常生活都是由国家的制度设计直接形塑的。“制度—生活”分析框架并不背离“国家—社会”分析框架，也不否认社会力量约制国家权力的企图，它努力分析在一个强国家—弱社会的力量格局下，和一个“公民权利”意识没有发育好的社会中，制度与生活之间的力量关系以及二者如何相互影响的。

本研究的制度主要指正式制度，是指调节社会成员行动的各种规则和方式。主要指国家或地方政府主体制定，经由各级地方政府实施的一切与农民、农村、农业相关联的“制度丛”，包括各种关于土地的制度（包产到户、农业税收、退耕还林、一村一品、土地流转）、人口制度（计划生育、人口流动）、教育制度（义务教育、营养工程、教育资源调整）、福利制度（新农合、优抚安置、最低生活保障、新型养老）、城市（镇）化等，这些制度并不是本研究的关键，关键之处是制度对村庄“空壳化”的影响。

第三节 研究架构

一 研究思路

本研究将首先梳理农民“自诉”性质的各项制度，可能是国家宏观政策也可能是地方政策，接下来将描述农民对这些政策的反应和应对策略，以及最终导致的社会后果。当然这种分析面临着一个巨大困难，就是一种后果的发生，并不直接是某种原因导致的，也即一果多因和多果一因，社会科学不是实验研究，所以本研究并不是要找到何种制度导致何种生活的一一对应模式，本研究只是从北堡子村农民的视角去看各种制度产生的社会后果，并不追求“类推”的效应。

在这些制度中，国家力量是重要的制度，但必须要面临的是取舍，在“全国一盘棋”的制度推动下，所有的制度会在全国各地展开，但制度在实施过程中会与当地的文化、习俗以及政策执行者产生化学作用，以至同样的制度，在各地实施的效果是完全不同的，本研究将会主要选择村民认为对自己的生活产生重大作用的政策。比如对北堡子村人来说，针对土地利用的三种政策：土地包产到户（1980 年第一次，1998 年第二次）、退耕还林（2003 年）、土地流转（2010 年）对他们的生活产生了重要影响，并影响到了农民外流的速度和村庄“空壳化”的速度。教育的相关政策，村校合并（撤掉村里小学，合并到乡）和教育资源整合（撤销乡里中学，合并到县）明显地影响了农民生活。消费的相关政策，尤其是“家电下乡”“农资补贴”等刺激消费的政策对农民的消费行为和消费观念产生了很大影响。这些制度将在相关章节进行梳理。

二　篇章结构

本书将分九个部分。其中研究的基本方面包括选题、研究缘起、意义、研究地点、研究方法和相关文献述评等将在导论部分呈现。

第二章主要讨论本研究的理论基础和研究视角，即制度个体化理论的演变和对本研究的适用性，以及本研究的研究视角“制度—生活”视角的适用性、可行性以及应用，并确定本研究的“叙事框架”。

第三章和第四章讨论村民“脱嵌”过程中的两股力量，即农民向外流动和消费社会的形成对农民从村庄“脱嵌”的作用。

具体来说，第三章将在制度—生活视角下，对村庄空壳化的过程进行实证研究。这一章重点讨论农民在制度的推动下成为自由流动和出卖劳动的劳动力的过程，在一系列制度推动下农民的流动“从选择到命运”的演变过程，也即农民是怎样地成为一个个“自己对自己负责的个体”的过程，农民或主动或被动地实现了个体化的“脱嵌”过程，这是村庄空壳化的第一个动因。从村庄的“脱嵌”意味着要有“再嵌入”的合适地点，在城镇化的推动之下，脱嵌的农民顺利完成了“农民造县城”的“再嵌入”，但这种再嵌入是临时的、变动的和不确定的，随时面临着因失业等引起的更大的风险。

第四章将讨论随着消费社会的到来和在有关消费制度的推进之下，个体从自我和家庭“自我抑制型”向“被动消费者”甚至“主动消费者”过程的转变，这部分将通过消费的代际比较来实现。可以发现，制度塑造下的“消费者”的消费动机和需求，直接促进农民更多的流动需求，进一步促进“脱嵌”过程的实现。

第五章和第六章讨论村庄共同体凝聚力的逐渐减弱，传统的血缘共同体和地缘共同体对个体的庇护作用日益减少，人们很难再从传统的家庭、家族、村庄共同体中找到稳定的支持，使得个体对村庄的依赖性大大减少。

具体到第五章，将着重讨论“脱嵌”引起的婚姻和家庭的变迁。传统的镶嵌于地域和血缘基础之上的“婚姻圈”的作用逐渐式微，因人口的流动对流动的个体产生了完全不同的影响。有更多社会资源可以获得的男性和大多数女性，顺利地从传统婚姻圈之外获得爱情、婚姻，而拥有较少社会资本的男性则要依赖传统的婚姻圈。家庭向着越来越“个体化”的家庭模式变迁。

第六章将通过节日庆典和仪式来讨论村庄传统的变迁，也即制度个体化的“去传统”。这部分将通过考察节日庆祝方式和仪式的社会变迁，来分析北堡子村村民是怎样一步步地在以祖先、村庄、家庭、家族等地缘为基础的社会关系网络中相互疏远，同时建立在地方性基础之上的节日和仪式逐渐被“抽象化”和“标准化”，使得传统传承集体记忆、促进群体认同、保障个体认同的社会功能逐渐弱化，并导致传统的“共同体”的瓦解。

第七章主要讨论在个体不断“脱嵌”之后，村庄的社会形态，即传统守望相助的“共同体”的瓦解和一种临时性的“挂钉共同体”的形成。

第八章将讨论在一个高度个体化的社会，农民所面临的由个体选择和社会系统两方面所带来的各种社会风险，以及农民对个体生活失去掌控的状况。

最后是结论与讨论，回顾整个研究，讨论中国西北村庄以空壳化的方式表现出来的现代化进程，这是在制度推进的个体化和快速现代化的历史进程中的一种独特的村庄现代化形式，是为个体化的独特中国案例。

第三章

人口外流及去向:农民造县城

农民流动是20世纪80年代以来中国最重要的现象之一，这个现象引起了几乎所有社会科学的持久关注。早在19世纪80年代，美国学者埃内斯托·乔治·莱文斯坦就在《移民的规律》一文中提出移民受到推力和拉力双重作用，中国学者也使用“推拉理论”研究了农民外流的动机，认为“农民向外流动是由村庄的推力和外出就业预期收入的拉力两种力量共同作用下形成的”[①]。而城乡“二元结构”理论认为，农民向外流动是摆脱二元经济束缚的有效途径，黄平[②]则利用吉登斯的结构二重性理论来解释农民外流不仅仅是制度安排的阻碍或推动，也并非简单地只是个人追求利益最大化的经济理性选择，还是主体与结构二重化的过程。文军用理性选择理论来研究农民流动，认为农民流动经历了“从生存理性选择到经济理性再到社会理性”[③] 的过程，因人地关系紧张而形成的“生存压力”使农民面临向外流动的“生存理性选择”，但由社会制度等结构性因素而造成的结构性压力的松弛是20世纪80年代以后形成大规模人口外流现象的主因，对“80后”等新生代农民工来说，社会理性选择则是向外流动的主要因素。

北堡子村的人口流动无疑也是制度实施和农民“理性选择”二重化

---

① 袁亚愚:《中国农民的社会流动》，四川大学出版社1994年版，第5页。

② 参见黄平主编《寻求生存——当代中国农村外出人口的社会学研究》，云南人民出版社1997年版。

③ 文军:《从生存理性到社会理性选择：当代中国农民外出就业动因的社会学分析》，《社会学研究》2001年第6期。

的结果，但对一个在历史上“封闭落后”，人口流动性很低，即使在改革开放之后也是很晚才加入到全国人口流动大潮之中的村庄来说，人口外流也是不同“推力—拉力”作用的结果，即最初的因“内卷化”[①]对农业生产而引起的生存压力导致基于生存理性选择的人口外流，而对80年代及以后出生的农民来说，向外流动更多出于追求城市生活的“社会理性”。但农民作为“个体行动者”在流动过程中的“理性选择”并不能促发整个村庄所有年龄结构的人向外流动。对北堡子村来说，农民向外流动的制度性的外力推动作用，成为比农民理性选择更为重要的因素。正如李友梅所说，“制度建构的直接目标就是安排生活，通过调控生活主体的自主能力和行为取向，使生活处于社会秩序之中”[②]。可以说，以建构生活为目标的制度安排，促进了农民的流动，农民在制度提供的可选择的范围内进行“理性选择”，这正是北堡子村“空壳化”过程中的结构性张力，也正如贝克的制度个体化理论所揭示的，农民通过不同阶段的流动，顺利地实现从传统的村庄生活中“脱域”出去，从而实现由制度化、强制化和标准化来推动的“自己对自己负责”的个体化社会的形成。

本章首先分析促进北堡子村人口流动的各项制度设置，包括人口流动的宏观制度设置和跟北堡子村农民流动密切相关的土地制度的变迁，以及城市化的发展和教育资源调整。对北堡子村这样没有人口流动传统的村庄来说，这样的制度设置是农民流动的重要前提，农民是在这些制度设置之下进行流动和决定流动到何处去的。接下来分析不同类型的人口流动模式，即各种从村庄“脱嵌”出来的方式，这种“脱嵌”是身体脱嵌和身份脱嵌同时进行的，而制度性的强大作用，使得农民“脱嵌”之后，造成了“农民造县城”的结果。

---

① 参见［美］黄宗智《长江三角洲小农家庭与乡村发展》，中华书局1992年版，第12页。

② 李友梅等：《改革开放30年：中国社会生活的变迁》，中国大百科全书出版社2008年版，第12页。

第一节　农民流动的制度设置

一　农民流动的宏观制度设置

农民是世界上最古老的职业。在狩猎和采集时代，人类逐食物而居，人们用频繁的迁徙来保证能够获得充足的果实和猎物。人类学会了刀耕火种，从此步入了通过生产粮食和饲养家畜来保证食物供应，在一定程度上摆脱自然界限制的农业文明的时代。人们用自己的劳动，把植物的种子掩埋在地里，辛勤耕耘，等待收获，但也因此耕作的农田捆住了人们的手脚，从而使人口从流动的人口变成不流动的人口，也使农业文明成为到目前为止持续时间最长也最稳定的文明状态，造就和延续了农民这种稳定的职业身份。在农业文明时期，会有一小部分手艺人（比如铁匠、剃头匠、商人）通过从事非农劳动获得农业以外的收入，但这些职业作为农业的补充是显而易见的，即使那些有大片土地的靠地租生活的地主，其收入主要也来源于农业以及与此相关的领域，通过农业之外手段谋生的只占社会人口很小的比例。但到了工业社会，大多数人可以通过农业之外的劳动获得收入，甚至人们的生活来源不再主要依赖农业而是工业的时候，农民的生存成为一种社会问题。正如费孝通先生指出的："游牧的人可以逐水草而居，飘忽不定；做工业的人可以择地而居，迁移无碍；而种地的人却搬不动地，长在土里的庄稼行动不得，侍候庄稼的老农也因之像是半身插入土里，农民因没有农业之外谋生的机会，土地又不能移动，只能像长在土地上的庄稼，不能移动。"①

农民不仅是一种职业，在中国还具有社会身份的意蕴。而在形塑农民社会身份方面，经历了一个较长的过程。传统的中国"皇权不下县"，"地方上的士绅或豪门会成为中央和平民百姓之间的桥梁，他们可能会滥用职权，但因为地方精英和农民之间有多重亲属关系，滥用职权的情形不至于太严重，农民只要量入为出，勤俭奋发，总有可能过更好的日子"②。

① 费孝通：《乡土中国生育制度》，北京大学出版社 1998 年版，第 10 页。

② 黄树民：《林村的故事：1949 年后的中国农村变革》，素兰、纳日碧力戈译，生活·读书·新知三联书店 2002 年版，第 163 页。

农民作为一种职业身份，可以世袭继替，但也可以通过科举等途径去选择新的职业身份。因为传统社会对农业的依赖和对农民的依赖是双重的，农民并没有被作为与某种身份对立起来的社会身份。

新中国成立以来，“为了摆脱近代以来延续的‘总体性社会危机’和建设一个理想中的‘新中国’，共产党选择了城市‘单位化’和农村‘人民公社’的路径”①，通过国家力量的全面控制来保证经济、政治和社会的发展。“1958 年开始实行的户籍制度将城镇人口与农村人口明确区分开，农村人口不经政府有关部门许可不得变更农村户籍，与之配套的则是在全国普遍实行的生活资源按户籍定量，用票证供应，城市的单位档案制度和农村的‘公社’社员制把社会成员都置于强有力的行政控制之下从而建构了城乡对立的‘二元分割社会’，使农村的资源几乎单向流入城市，而农村的人口却是除了国家特殊需要之外，没有流入城市的正常渠道。”②“农民和市民成为两种对立的‘社会身份’，城市里社会地位最低的居民其社会地位也高于农民”③，从而造成了“农民—市民”两种对立的社会身份。

1954 年的宪法规定中国公民有流动自由的权利，其中并没有农业户口和非农户口的区别，1984 年 10 月，国务院发布《关于农民进入集镇落户问题的通知》，这是“文化大革命”后我国对户籍制度做出的一次较大幅度的调整，逐渐形成了目前以居住地和职业划分农业和非农业户口，“建立以常住户口、暂住户口、寄住户口三种管理形式为基础的登记制度”④。在改革前的户籍体系下，中国公民没有个体身份证。他们都是以家户成员的名义进行登记的——可以是常规的家庭也可能是“集体户”的成员。在城市里每个家庭有一个户口本，内含所有家庭成员的身份信

① 田毅鹏、漆思：《“单位社会”的终结：东北老工业基地“典型单位体制”背景下的社区建设》，社会科学文献出版社 2005 年版，第 143 页。

② 李友梅等：《改革开放 30 年：中国社会生活的变迁》，中国大百科全书出版社 2008 年版，第 77 页。

③ 王汉生、张新祥：《解放以来中国的社会层次分化》，《社会学研究》1993 年第 5 期。

④ 李友梅等：《改革开放 30 年：中国社会生活的变迁》，中国大百科全书出版社 2008 年版，第 211 页。

息。外出，一个人可以带着户口本作为身份的官方文件。“但是在特定时间内，每户人家只能有一个人外出旅行，其他人不得不在这一段时期内保持没有身份的状态。没有与父母住在一起的未婚者会有麻烦，因为他们都是集体户的成员，而集体户口是保存在工作单位的。所以城里人用工作单位颁发的工作证代替户口本出门旅行或用于其他用途。”① 1985 年全国人民代表大会通过法案，要求给所有中国公民发放身份证，身份证的发放使得个体逐渐从家庭、社区、工作单位的束缚中解放出来，从而有了在自己国家流动的可能。

1980 年的农村改革，即家庭联产承包责任制，使农民得到了两个相当重要的权利，一是土地耕作和经营的相对自主权，二是对自身劳动力的支配权，这两项权利的获得立即带来了农业生产的繁荣。家庭联产承包责任制事实上恢复了以家庭为基本生产单位的农业生产，也标志着从公社到生产队的纵向控制的瓦解，国家开始直面无数的个体小农，从而出现了农村家庭单元管理的井井有条与农村公共事务管理的混乱和无人负责鲜明对比的局面，农民获得相对自由的同时丧失了组织的保护。对于个体农民而言，人民公社的解体意味着他们失去了集体的保护，而这种集体保护的缓冲性的丧失，使农民更容易屈从于中央政府的命令。“失去保护，使农民不仅在面对市场时是脆弱的，在面对国家的代理人时也是脆弱的。”②

家庭联产承包也不是全国一种模式，在集体经济和宗族势力较发达的地方，土地顺利被承包下去，同时农民以各种方式如用土地作为资本重新加入到集体经济的发展之中，比如前文的华西村、珠江村、羊城村。而北堡子村所在的黄土高原，人们“不懂商贾，只事稼穑”，历史上也只有最简单的编背篓等手工业和磨面、榨油等加工业，没有工业和商业的任何基础，在全国发展集体企业的高潮阶段，也没有形成一个集体企业，以家庭为单位的个体小农，“交够国家的，留够集体的，剩下的全是自己的”，

① 阎云翔:《中国社会的个体化》，陆洋等译，上海译文出版社 2012 年版，第 28 页。

② 孙立平:《改革以来中国国家与社会关系的演变》，《中国社会科学季刊》（香港）1992 年第 1 期。

直接面对各种国家力量，没有中间环节，个体不得不通过家庭和自己的努力，去获得生活中的各种可能。

传统的中国，被认为是一个宗族的社会，村民聚族而居，形成众多传统的村落。但是这种村落的南北差异非常大，一般来说，南方的宗族比较发达，而北方的宗族则很弱。在久远的宗族脉络中，个体仅仅代表祖先与后裔之间的一个临时点，而中华人民共和国成立以后，个体被国家从宗族和社区的权威中解放出来，然后又被重新嵌入社会主义大家庭的再分配系统中，由此每个人属于国家在政治控制和经济上管理的组织——农村的集体或城市的单位。集体化之后，南方的宗族势力重新得到提升，而北方却走上了完全不同的道路，北方集体经济不发达甚至没有集体经济的村落完全分裂成一个个独立化、个体化的小农家庭。正如马克思在《路易波拿巴的雾月十八》里所说，农民取得生活资料多半是靠与自然的交换，而不是与社会的交往，而集体化之后的家庭联产承包责任制，便从集体主义和国家整体价值中脱离出来的人们，有能力通过家庭成员的努力，从自然界中实现家庭利益，使得农民重新有条件把家庭成员的生活限制在个体家庭之内，使得单个的家庭重新拥有家庭生产和生活资料，重新拥有了家庭生产、分配和消费的决策权，这样以户为单位的经营模式，使得家庭中的家长拥有了最大的决策权和支配权，包产到户之后首先实现的是“家长个体主义”①。

随着改革开放的进程，社会对大量的产业工人的需求，给北堡子村这样没有任何工业基础的地方的农民一个成为产业工人的机会，个体的流动性越来越高和劳动力的市场化，使每个个体都有可能把自己的劳动潜力变成可以用来出卖和赚取劳动报酬的劳动力，从而实现劳动力的价值，这就摆脱了传统的需要通过家庭共同资产即土地等生产资料来获得最终劳动报酬的限制，“个体在实现劳动力的价值的同时顺利地保证了个体对劳动所得的处理权利”②。这一系列关于农民流动的宏观社会政策，使得一个个

① ［日］武川正吾：《福利国家的社会学：全球化、个体化与社会政策》，李莲花等译，商务印书馆2011年版，第112页。

② 解彩霞：《道德失范的社会生产——基于现代性视角的反思》，《科学·经济·社会》2014年第1期。

体越来越依赖自己，高度分化的、自己对自己的未来负责的社会逐渐出现。

二　三份合同和土地价值变迁

北堡子村的人口流动与人口流动的各项制度设置和没有家族、集体等可以依赖有重要的关系，但对耕种土地的农民来说，跟土地利用方式和价值的变迁有更直接的关系。

2012 年 8 月，村庄又一户人家的 4 亩水浇地给别人承包去种河北杨树苗了，人们说：承包出去了好，至少一亩有个 360 元的收入，各人家（指自己）种，一年白苦（白白辛苦）了！现在的人把地当害着呢！能承包出去的都承包出去了，承包不出去的，少的（部分）（指土壤条件较好、道路状况较好的土地）被转送给还耕种土地的人种着，多的（部分）撂荒了。这几年还有几家种地，再过几年，估计都没人种了。人们的感慨，反映了村庄土地的重要变迁。

1. 1980 年和 1998 年的土地承包合同：最彻底的包产到户

北堡子村 1980 年年底土地包产到户。村庄没有任何集体经济，土地是唯一需要分配的部分，包产到户时担任大队长的现年 80 岁的 XZX① 说：土地承包的时候，耕种的熟地、川里的地都划成一片一片地给每家都分到，山上的熟地也是一亩一亩地分给了各家各户，就连没有开（发）出来的荒地，也划成块，都落实到了每一户。南山、北山和河湾里的树林也分划成小片，分了。连路边长的大大小小的树，都分给了每一家。到最后就剩下路和大队部（指村委会的小院）没有分。这种土地分配的方式是最彻底的包产到户，几乎没有留下任何属于集体的部分，土地被分割成很小的碎块，按人头，从刚出生的婴儿到耄耋老人，每人平均分到 3 亩土地，并且土地承包权属于家庭，人口出生、死亡，女性外嫁和嫁入等因素并不影响家庭对土地的承包。北堡子村的土壤贫瘠程度相差很大，有水浇川地、半坡地、坡地，分配土地的时候，每一个家庭分到的并不是一整块的农田，而是分散在很多地方的小块农田，据说全村最大的一块农田也只

① 本书引述内容均是笔者访谈得来，出于保护隐私的考虑，文中人物均用缩写代替。

有4亩，极度分散的土地分配使得某一质量的土地不至于全部为一个或几个家庭所有，“从而减少了任何一个家庭颗粒无收的可能”[①]。因为不同的土质适合种植不同的农作物，使得农民可以通过作物轮作而从土地上得到更多的回报。

北堡子村和黄土高原上的村庄一样，没有形成较大的宗族村落，而是主姓村庄，历史上也没有公共土地比如“学田”“村田”和“族田”，随着这种最彻底的包产到户的实施，使得个体家庭摆脱了强大的集体“公社”的束缚，开始对家庭成员生活负全部的责任，没有任何集体可以依赖，也没有任何他人可以归罪，家庭生活的贫困还是富裕，全赖于家庭成员的共同努力，家庭生产的积极性和人们对饥饿的记忆犹新，使得农民在包产到户最初的几年有高涨的劳动热情，因此，在包产到户之后的三年内，几乎所有的家庭都顺利解决了温饱问题。

1980年起一直到1998年土地重新承包，土地状况并没有发生大的变化。这并不是说土地没有变动和流动，而是变动和流动的数量和规模都非常小。变化最多的是开荒种地，在包产到户后的三四年之内，几乎每片土地都被慢慢扩大，把熟地周围的荒地都变成粮田，甚至有的土地会比原来面积扩大两三倍，到后来，开荒演变到开垦荒山、树林、沼泽地等以前都不是用来耕种的土地。20世纪90年代初，村庄的土地已经到了没有任何一片荒地可以开垦，耕种土地的总体数量达到最大化。而另一种变化则是分地，在一家有几个儿子需要分家时，则把土地分成更小的块，以便每个儿子都有相近似的面积和质量的土地耕种。还有一种土地变化是“兑换”，如两户人家正好有土地面积大小、土壤条件、水利状况，道路设施等相近的土地，则会发生兑换，形成面积较大的耕地，但这种兑换发生的较小，并且在耕种几年以后总会有人觉得“吃了亏”，想要回原来的土地，会发生纠纷，村民们会尽量避免这类事情的发生，所以30多年，这类土地兑换数量不多。更多的是为了某种特殊目的的兑换，比如某家需要在某一块土地修新的院落，但自家的土地面积较小，则会不计成本，甚至用较好的“川地水浇地”来兑换并不太好的土地，这类土地兑换发生较

---

① 杨懋春：《一个中国村庄：山东台头》，张雄、沈炜等译，江苏人民出版社2001年版，第15页。

多。这些较小规模的土地使用状况的变化，并没有影响土地利用形式的变化，种植口粮是土地最高的价值，因为家庭拥有的土地面积较小且产量较低，加之农民对饥饿的深刻记忆，这一阶段农民最喜欢的事情是“存粮”，存粮的多少是一个家庭富有的标志。

1998 年起，村庄的土地在新一轮土地承包政策之下，发生了一些变化：那些因为考学和以其他途径获得了“吃商品粮”身份（非农户口）的人的土地被收回，分给包产到户之后重新建立的耕地较少的家庭，这个阶段收了十几个人的土地，重新分配给十几户人家。这是对人地关系的一次官方调节。

我们看看一户人家的土地变更：1980 年，土地承包时共分得 6 口人的土地，包括夫妻俩中妻子的土地（丈夫是非农户口，没有分得土地）和大儿子、大女儿、二儿子、三儿子、四儿子的土地，共计 18 亩。大儿子 1982 年考上师范，毕业后在中学教书，1992 年，父亲把三儿子和四儿子的户口转成非农户口，1995 年女儿出嫁，到 1998 年，这家大儿子、三儿子和四儿子的土地都被收走，剩下母亲、大女儿和二儿了三个人的土地，共计 9 亩。这 9 亩地要分给没有非农职业的老大媳妇和老二一家，每家只有 4.5 亩土地。另一户人家土地面积变更：1980 年土地包产到户时分得 6 口人的土地，包括夫妻俩，三个女儿和老母亲，每人 3 亩地，共 18 亩土地，其中川地 2.4 亩，山地 15.6 亩，1981 年，小儿子出生，1982 年，老母亲去世，母亲的土地转到儿子名下。1996 年第一个女儿出嫁，1997 年第二个女儿出嫁，当地的规定，出嫁女儿的土地不收回，1998 年，这户人家的土地没有变化，仍旧签订了 18 亩的土地承包合同。

1998 年的土地调整，使得 14 户人家的土地减少，10 户人家的土地增加。这种变化并没有从根本上改变土地利用的性质。20 世纪 90 年代初开始，土地承包者和土地实际耕种者并不是同一个人的情况越来越多，也就是土地的转租现象日益明显，下文提到的以各种方式向外流动的家庭，会把土地转租出去，一般会根据亲属关系，给同族的人家耕种，并收取一定粮食作为“实物地租”。2000 年，有一户人家把土地无偿给别人家耕种，从此以收取粮食的方式收取的“实物地租”的土地租赁方式逐渐被取消，土地由愿意耕种的人无偿耕种，没人耕种的则只能撂荒，正是这种土地使用价值的变化，使接下来的退耕还林政策实施异常顺利。

2.2003 年的退耕还林：恰逢其时的制度

对北堡子村的村民来说，极端异常的天气和自然灾害是经常遇到的问题，干旱、冰雹、暴雨、低温霜冻、沙尘暴、病虫害等成为最常发生的灾害。特别是干旱，因为黄土的“保墒”性能不强，加之降水量少，蒸发量大，当地经常发生为“三年两头旱”的情况。冰雹也频繁发生，在1991—2000 年的 10 年中，就有 8 年经历了较为严重的冰雹灾害，冰雹发生在每年的 5 月到 7 月，正是本地粮食成熟的季节，冰雹灾害经常导致粮食减产甚至绝产。当地雨热同期的气候特征，导致在 7 月、8 月常发生暴雨灾害，不仅造成水土流失，粮食减产、绝收，当地村庄的土木结构的房屋也经常倒塌，人们的生命财产安全受到威胁。而 4 月、5 月则是低温霜冻发生的季节，地里返青的庄稼，经常在霜冻的季节被冻死。20 世纪 90 年代以来，沙尘暴——当地俗称“土雾”，成为北堡子村每年春天都得面对的问题，农民用俗语“土雾落秧禾，禾叶多枯黄，天旱无甘霖，农夫哭恓惶”来形容沙尘暴带来的严重影响。每年还有不同的病虫害威胁农作物，灰穗病、小麦锈病、白腐病、薯类环腐病等是因为蚜虫、钻心虫、灰飞虱等虫害引起的，鼠害也是常见的农业生产的威胁。

我们从县志上发现如下记录：“1991 年，春旱，不时出现浮尘天气，而后出现强冷空气降温，5 月 1 日温度降至 -8.4 摄氏度，全县 3 万多户受灾，6 月，三个乡遭受冰雹灾害，粮食大幅度减产，6 万人口因灾缺少口粮。1991 年 9 月至 1992 年 6 月，连续 10 个月无有效降水，8 月 8 日开始连降暴雨，水库遇险，道路中断，农田淹没，9 月 7 日，三个乡受冰雹袭击，冰雹如鸽卵，厚积 6 厘米。1993 年，春旱，16 个乡遭受冰雹灾害，粮食、油料作物大面积减产。1994 年，半年滴雨未降。1995 年旱情加重，人畜饮水困难。1996 年，春夏干旱，4 月下旬，大面积发生麦蚜虫、叶蝉、鼠类咬禾苗灾害，三个乡有发生‘灰飞虱’，麦苗连片死亡，6 月到 7 月，发生 4 次冰雹灾害，核桃大小冰雹粒积 20 厘米，8 月，特大暴雨使人员死亡，学校、民居倒塌。1997 年春旱。1999 年，大旱，自年前入秋，持续无降水，北风扬沙，土雾弥漫，8 月 22 日，出现雷雨、大风、冰雹天气。2000 年，春夏大旱，持续 147 天无有效降水，4 乡 26 村 76 组遭受雹灾。”①

极端异常气候和高频率发生的自然灾害，成为北堡子村所在县所有农民经常面临的困难。当地大面积的开荒造田和越来越严重的生态环境恶化，干旱和气候异常等现象，使农民不得不面临虽然辛勤劳作但收入极不稳定的处境，农业生产充满了更多风险。2002 年的退耕还林在距离重要生态地区六盘山 7 公里的北堡子村进行试点。

退耕还林在北堡子及其附近村的推进极为顺利，村民自愿的退耕还林行为和历史上大规模的开荒种地行为形成鲜明对比，人们自愿放弃自家的山地，参加到平整土地和种植山杏、苜蓿等退耕还林作物的种植中，原因在于：(1) 生态环境的恶化，如因生态破坏而带来的“三年两头旱”的切身体验，使农民意识到，耕种土地并不能保证有效的农业收入；(2) 青壮年劳动力的大量外流，老年人成为农业劳动的主力，无法再继续耕种陡坡山地；(3) 农业生产的投入越来越多，包产到户以来，北堡子村民为了提高粮食产量，而不断加大土地上的化肥农药的使用量，使得每亩土地的生产成本越来越高，土地劳动投入并不能持续增加家庭收入；(4) 发放 8 年粮食和补助的退耕还林政策使得农民看到了比自己耕种还可能划算的未来。到 2005 年，北堡子村所有能够退耕还林的土地都退耕了，而更多的家庭则希望退耕更多的不想耕种的土地。

表 3—1　　北堡子村退耕还林面积和兑付款金额

	最小值	最大值	均值	标准差	样本数
退耕土地面积	2.20 亩	28.79 亩	9.4418 亩	4.65148 亩	99 户
兑付金额	207.00 元	2917.00 元	935.7089 元	469.61531 元	99 户

资料来源：甜水乡退耕还林面积花名册。

3. 2010 年的土地流转：受农民欢迎的土地利用方式

2010 年，北堡子村大面积的“水浇川地”被流转给种植河北杨树苗（一种乔木）的公司。而这之前的“一村一品”工程是促进北堡子村民下

① 隆德县地方史志编纂委员会编：《隆德县志（1991—2000）》，方志出版社 2005 年版，第 153—157 页。

定决心把土地流转出去的重要“导火索”，“一村一品”工程在北堡子村民心目中只有负面作用。村民FSP对此有很深的怨气：

我们两个（指夫妻俩）前几年还在村里种着地，到后来公社里（人们习惯沿用集体化时期的称呼来指称乡政府）叫在川地里种一样的东西（指一村一品工程），有一年种玉米，有一年种洋芋，有一年种豆子（指蚕豆），你不种不行，人家（指乡政府）让种洋芋，你种了麦子，人家就开着车，把你麦子耕了。

你说咱这地方的农民，就指望着几亩水浇川地过日子，你把最好的地用来种别的东西，那口粮就要在旱地里种，这几年的气候，旱地里种啥啥不成，到后来口粮都是个问题。再说，本来地就不多，山地都退耕还林了，人家这么弄，种地想倒个茬[①]都没地可倒，你说气人不气人，就不让你好好种地么。那时候我就不想种地了，就出来打工了。家里的几亩地，我媳妇种了几年，2010年，人家要把地承包给外地人种树，咱也折腾不起了，庄里人就一起给承包出去了。

旨在促进村民致富的“一村一品”工程，因基层工作的不到位，在村民心里成了乡政府为了“好看”而采取的形象工程。

2010年，村民和村委会签订了《土地流转合同》，以每亩350元的价格出租给村委会用于“育苗”，而村委会又把土地整体出租给了承包公司，合同的公证方是甜水乡政府（见附录二）。从表3—2可以看出北堡子村土地流转的数量：

表3—2　　北堡子村土地流转面积

	最小值	最大值	均值	标准差	样本数
流转土地面积	1.5亩	11.2亩	3.93亩	4.1522亩	99户

资料来源：甜水乡土地流转面积花名册。

① 倒茬：指同一土地每年种植不同种类的农作物。

土地流转是农民较为欢迎的土地利用方式，原因在于：（1）能够从事农业劳动的人越来越少，不流转也得荒废，土地流转，避免了农民不种地而把土地撂荒的尴尬；（2）耕种土地的收入越来越少，投入却越来越多，种地不划算，土地流转，避免了自己耕种土地带来的负收入的可能；（3）土地流转之后，农民可以获得每亩地每年 350 元的有保障的现金收入，少部分人，基本上是中青年女性可以在流转掉的自家的土地上打工，种树、育苗、除草、施肥、浇水等，获得每天 30—50 元不等的却高于种地收成的现金收入。

4. 土地数量、质量和价值变迁

家庭联产承包以来，北堡子村民赖以生存的土地，随着上述一系列的土地利用制度和使用方式的变化，数量和质量都发生了较大变化，更为重要的是，作为家庭种植口粮的土地，转租，再到撂荒，土地的价值也已经发生了根本性的变化。

如果用 1998 年的土地承包合同书上的数量，减去 2003 年退耕还林和 2010 年的土地流转的数量，可以发现，许多家庭仅剩余极少的土地，甚至有的家庭的土地数量成为负数。原因是，农民退耕还林的土地除了包产到户时分给农户的少部分的山地外，大部分是在包产到户之后十年内开发荒地而形成的土地，这部分土地的数量是没有计入土地承包合同里面的土地面积里，这些土地的总量甚至超过了土地承包合同书上的数量，所以用土地承包合同上的土地数量减去退耕还林的土地数量就出现了负数。土地流转又使北堡子村几乎每户最好的水浇川地都承包了出去，但我们不能简单地得出结论，认为北堡子村的村民已经没有地可以耕种了。

可以说，北堡子村最差的土地和最好的土地在退耕还林和土地流转之后已经不再由农户自己经营，剩余的由农民自己经营的土地则是道路交通状况和水利设施不好的土地。因北堡子村在包产到户以后对土地面积的任意扩大，原有的道路被各家顺利地扩展成为自己的土地，导致许多土地根本没有通达的道路，在之后几十年也没有有效的农田基础设施建设，而且作为人力的延展和替代的牲畜，因养殖成本过高，也逐渐被人们出售，不再养殖。这导致剩余的这部分仍旧可以用来耕种的土地不得不肩挑手扛来耕种，种地成了一项更为艰巨的身体劳动，想耕种土地的老人，干不了这么艰巨的劳动，而年轻一点的人，宁可去远一点的地方打工，也不愿意这么辛苦地耕种土地。土地数量和质量的下降，使得即使一直以种地为生的60岁以上的老农，也认为“就那么点赖地，能种出啥来?”

一直在上升的成本也是农民放弃土地的重要原因。村民说：“现在的土地你不上肥料不行，上得少了也不行，全靠肥料长着呢。”根据村民们的回忆，土地肥料的使用是越来越多，包产到户后，每亩地12斤二胺，8斤尿素，再上点农家肥，产量就一下上升了。但后来肥料的使用越来越多，到现在每亩地100斤二胺，50斤尿素，还有其他的化肥，产量才能保证。牲畜养殖量的减少，使得农家肥大幅度减少，工业化肥成为粮食获得丰收的唯一保障，这大大增加了耕种土地的投入。种一亩小麦的成本估算，从耕地开始，旋耕50元，种子60元，耕种70元，化肥200元，锄草100元（人工费），打药15元，收割220元，打碾10—100元（打碾粮食按袋计算，一袋10元），种一亩小麦的成本是700—900元，而当地的小麦亩产量最高是1000斤/亩，平均300—500斤，每斤市场价格在0.8元到1.2元之间，种地是负收入，根本不划算。

土地数量和质量的变化是促进农民放弃耕种土地向外流动的重要动因，但土地价值的变化，更是影响了农民和土地的关系。包产到户伊始，土地成为北堡子村村民家庭的重要收入来源，家庭的口粮由土地中获得，少量种植的胡麻和蚕豆、土豆成为重要的经济来源，而家庭养殖业也成为家庭重要的“现金收入”的来源。随着农民外流的数量越来越多，外出打工的收入逐渐地成为家庭重要的收入，而越来越多的外出就业机会，使得北堡子村人逐渐主动放弃耕种土地。

农民从充满热情地种地，到只是因为没有更好选择地种地，深刻地反应了土地价值的变化：土地从作为基本的生产资料，满足全家人的生活的生产资料，是村庄人的“衣食父母”，到进入了要素市场，在资金的推动下，质量高的土地成了生产资本，可以出租，而质量差的土地，则成了人们无法抛弃的“鸡肋”。2013年调查期间，除了5户60岁以上的老年人仍旧在耕种土地之外，还有10户左右的40—60岁的人毫无热情地耕种土地，因为他们在附近能赚得打工收入，因此对耕种家里的土地并不上心，只是把种子撒到地里，再不用去管，到收获的季节，多少能收一点就行，而以前的播种、除草、浇水、施肥、打虫等一切工序都被减掉。土地的收入成了家庭中可有可无的部分，成了打工之外的“副业”，而更多的土地则被外出的人撂荒，免费耕种也没有人愿意要。

土地是包产到户以来农民获得的一种“确定性”，土地的不流动和人口的较少流动使村庄农业生产在几年之内曾有稳步提高。但人口流动的制度设计，给人们看到另一种希望，即通过个人努力打破地域、出身等先赋身份的限制进而获得自己想要身份的可能，20 世纪 70 年代以后出生的人都走上了以打工为生的道路。而一系列土地政策的实施和土地利用所引起的后果，使得即使对土地有深厚情感的老人们，也逐渐地不愿再耕种土地，而随着子女去过流动的生活。农民摆脱了土地的束缚，同样摆脱了土地带来的确定性，从而获得了在流动中掌握个体和家庭命运的自由。

三　小城镇建设与教育资源调整

北堡子村的人口从改革开放之初就开始向外流动，但农民以家为单位向外迁移，进而形成村庄空壳化的契机是各地小城镇建设的开展。中国现代化建设的春风，在 21 世纪之后吹到北堡子村所在的贫困地区，各地的小城镇建设如火如荼地展开，商品房的大量开发和较低的房价，使得一些有稳定职业和一定购买能力的农村居住者，如长期在外打工的流动的农民，即在城乡二元体制和巨大的城乡差异之间过着无法定居城市也无法回到农村的“双重边缘”生活的“农民工”，有了实现“准市民”身份和享受城市生活的折中选择，大量的农民得以在县城买房居住。

1995 年，北堡子村所在县第一批商品房开始修建。2010 年，县城人口达到 3.14 万，比 1995 年增加了近 10 倍，城镇建成区面积 3.80 平方公里，比 1995 年扩大了 4 倍，根据《宁夏回族自治区城镇化发展“十二五”规划（2011—2015）》至 2015 年，城镇人口稳定达到 4 万。而为了达到这一人口聚集的目标，采取的做法是：放开中小城市、小城镇户籍制度，特别是县城和重点镇的落户限制，使符合条件的农村人口转移到城镇落户并享有城镇居民同等权益，把在城市拥有稳定职业并达到一定居住年限的农民工逐步纳入城镇住房保障体系，进而加快人口从乡村到城镇的转移步伐，使大量人口向城镇集聚。根据该规划，北堡子村所在县人口大量地迁移到自然条件较好的“沿黄（河）”地区，2011 年向外迁出人口 3100 人，2012 年累计迁出 6100 人，2013 年累计迁出 9200 人，2014 年累计迁出12100人，2015年累计迁出15900人。① 这一系列措施，促进了农民向外流动，尤其是到各类县城定居。

在人口大量外流，村庄学龄儿童减少的情况下（见图3—1），北堡子村所在县进行了教育资源的调整，采用了“整合高中教育到县城，集中初中教育向县城，适当保留小城镇”的做法。改变全县乡镇中学高中建制，改建成寄宿制初级中学，新建隆德县高级中学，设计容纳3000名在校学生和建制60个教学班，撤并四个乡镇的高中部，合并隆德中学和隆德三中。这使得中学的格局发生了根本性变化，全县1995年有普通中学22所，其中完全中学（指初中、高中都有的中学）5所，县城有2所中学，1所完全中学，其余20所中学和4所完全中学都在乡镇，经过教育资源调整，到2013年，普通中学13所，完全中学3所，县城5所中学，2所完全中学②，位于县城的中学容纳了全县80%以上的中学生。小学教育向乡镇和县城归并，将各分散的小学向乡镇机关所在地归并，实现四、五、六年级寄宿制，中心小学容纳乡镇学生总数的70%以上。

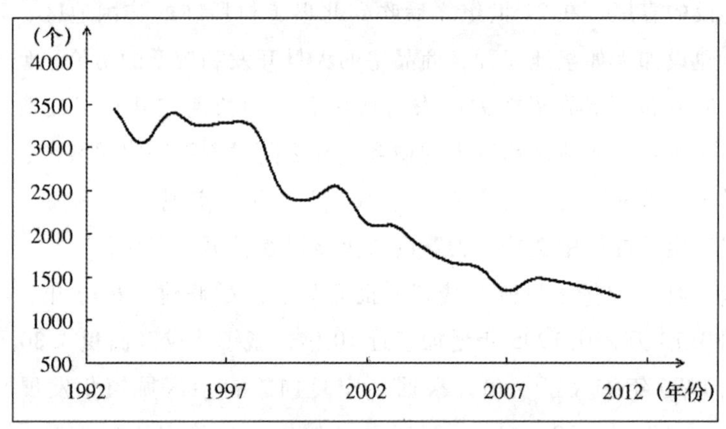

图3—1　1992—2012年全县出生人口坐标

资料来源：隆德县教育体育局《隆德县基础教育统计分析资料（2011—2012学年初）》。

① 宁夏回族自治区发展改革委员会、宁夏回族自治区人民政府：《宁夏回族自治区城镇化发展“十二五”规划（2011—2015）》，2013年。

② 隆德县教育体育局：《隆德县基础教育统计分析资料（2011—2012学年初）》，2012年。

2003年，位于宁夏回族自治区首府银川金凤区的六盘山高级中学开始招生，该校是为了提高宁夏南部山区的教学质量和人口素质而在银川专门成立的学校，招收宁夏南部山区包括北堡子村所在县在内的9个县（区）学习成绩优秀的学生。随后，银川的各类高级中学也面向全区开始招收品学兼优的学生。教育资源的开放，使得北堡子村所在的宁夏南部山区的孩子有了获得较好教育资源的条件，北堡子村先后有5位学生去银川的各类中学上了高中，这5位孩子的家长，无一例外地都去了外地，开始了长时间的打工，以支持孩子上学。

教育资源的调整，是政府在乡村人口和适龄儿童越来越少的情况下的一种调适，但是这种大规模的向县城的集中，进一步促进了人口向县城的大量集中。当地家庭普遍有两个孩子，且孩子的年龄多相差在四岁以上，当年龄大的孩子需要到县城上中学，年龄小的孩子还在上小学，为了照顾两个孩子，更多的家庭于是选择在县城租房居住，而把年龄小的孩子也转到县城的小学上学，这是近些年人口大量向县城聚集的另一个重要原因。

可以看出，土地政策、土地利用方式的变迁以及小城镇建设和教育资源的调整，成为当地农民离开村庄，向外流动的重要推动力，而不同年龄段、不同状况的农民的具体流动方式是不同的。

第二节　农民的身体和社会流动

流动一般分为两种类型，即身体流动和社会流动。身体流动是指人们身体的空间改变，即从此地到彼地的空间转换，而随着人口的身体流动，可能发生的是社会流动，即人们的职业身份、阶层地位等发生的向上或向下的变化。在北堡子村人口向外流动的历史上，社会流动发生的比例一直比较低，社会阶层地位的上升，主要通过接受高等教育的方式实现，更多的是改革开放以来以农民工形式实现的农民身体的流动，从“农民”到“农民工”并没有伴随着阶层地位的变化。

一　非农职业[①]带动的流动："逆序脱嵌"的人口流动

改革前中国社会结构的明显分为城乡两大社会群体和城市内部干部、知识分子、工人群体，这种划分不仅造成职业和阶层的差异，更是造成身份等级的差异，身份等级界限分明，进出规则清晰，社会成员暂时的分化带有很强的"先赋性"而不是"自致性"。1958 年后，从乡村向城市的人口流动暂时基本结束，村民被牢牢地束缚在生产队的土地上，对许许多多想脱离乡村的青年人来说，要想转变职业身份，实现向上流动，留给他们的一是通过招工进入社队企业，或成为国有企业的临时工；二是参军，入党提干，或留部队，或复员转业"吃商品粮"；三是上大学，毕业后分配到城镇工作。北堡子村当地经济发展滞后，直到 1991 年，在发展乡镇企业的号召之下，当地开办了具有历史意义的地毯厂，地毯厂从乡镇招聘年龄在 16—18 岁的女孩，共有 14 名女孩就业，北堡子村有一位女孩通过关系，在地毯厂里就业。但手工织毯速度极慢，3 个月才能织成一张毯子，成本极高，加之销路不畅，工厂 3 年就倒闭了。而当地的集体或国有企业发展严重落后，通过国有企业工厂招工而进城就业的几乎没有。

北堡子村民实现向上流动主要通过考大学和参军两种途径。这两种人口流动方式一直存在，但比例较低，并且这两种类型的人口流动存在一个比较波折的过程。考大学的方式：北堡子村从包产到户到 2000 年的 20 年间，共计考上各类大中专院校 15 人，其中女性 5 人，这 15 人都在国家公职部门、事业单位任职。而 2001 年到 2011 年 10 年间，因为高考扩招政策和大学生就业政策的影响，考上大中专院校的人数有大幅度提升，共计有 17 人，但在国家公职部门、事业单位任职的比例明显降低，有 1 人在银行系统工作，1 人是小学教师，另外 15 人大学毕业后，在各地不同行业打工。通过考大学而获得稳定非农职业的比例严重降低，这部分人口的流动不计入非农职业带动的流动中，将在后面有所讨论。

在 70、80、90 年代，当地通过考学等方式在非农领域稳定就业的男性的比例高于女性，北堡子村是 3∶1 的比例。70 年代，只有一位女性考

---

① 此处的非农职业指伴随着户口性质转变的在国家公职部门和企业、事业单位的就业。

上了中专院校，在教育部门工作。80 年代，全村有两名女性通过考学而分别到县城的税务部门和教育部门就业。90 年代，有两名女性考上了大学，获得了非农职业。女性在非农领域就业的人数很少，使得男性找到非农职业的“双职工”配偶的可能性比较低。北堡子村 70—90 年代大中专院校毕业的男性，只有一位找到了有非农职业的配偶。而有关户籍的政策显示，作为一种限制城乡流动的方式，农村孩子通常因袭其父母一方是农村户籍的户籍。一般有两种情况，第一种是父亲是非农户籍，母亲是农业户籍，孩子则承袭母亲婚嫁之前地区的户籍，即使父亲是非农户籍，但农业户籍的母亲决定了孩子的农业户籍。第二种情况是父亲是农业户口，母亲是非农户口，则会因袭其父亲的农业户口，后一种情况在北堡子村并没有发生过，因为女性通过考学获得非农职业的人数较少，她们都能够找到非农户口的配偶。

北堡子村 70—90 年代有非农职业和户籍的男性，他们的配偶和孩子并没有取得非农户口，而靠一个人的非农收入，并不能养活整个家庭，所以大部分人仍旧把家安在农村，依靠农业为生，只有非农职业的从业者个人是外向生存的，这种外流是一种不完整的社会流动。家庭被分为两种户口，即有非农职业的男性的非农户口，和以妻子为户主的整个家庭的农业户口，在人口登记簿上，女性作为户主的家庭都是这种情况，从而使得家庭可以获得非农和农业两份收入。而后来，随着城市化进程，当地小城镇的建设首先吸引了这部分人举家向外流动。

XXJ 的经历，就很能说明问题：

> 我 1978 年考上了固原师范，那时候还在“公社”里，庄里人帮忙给我转了公购粮。我师范毕业之后，就被分配到了东店中学教书，后来别人给我介绍了我媳妇，我们在 1983 年结的婚。结婚后我媳妇一直在家里种地，我妈生我小弟的时候去世了，我是老大，家里的弟弟妹妹都还小，我爸没法照顾，我媳妇就当了传说中的“嫂娘”（笑，那也没办法啊），一直照顾了十几年，他们都大了些，我爸又去世了，弟弟妹妹们都出去自己混了，我就把媳妇和孩子接到我身边，在东店（乡政府所在地）给她办了个小卖部，给她和孩子混点零花钱，孩子也在当地好上学。我一直待到 2004 年，又调动到了咱

甜水乡中学，我媳妇又在咱红土路（乡政府所在地）开了个小卖部。2011年，县上教育资源调整、整合，甜水乡的中学被撤了，我们这些中学老师要转到小学，那时候我正好有人能给三中办学校的那个江西老板说上话，我就到了三中。我媳妇也就把小卖部转了，跟着我到县城，现在在给人家打工。我们家两个孩子都考上学了，大的儿子在银川，小的女儿在北京，孩子们的工作还都不错。我们到了县城，就想应该买房子了，以前咱没想过，工作调来调去的，都不知道在哪里落脚，最后还是把村里的房子好好盖了，准备老了回去住，这又调到城里了，又没个地方住，我眼看也就几年就退休了，想想也和别人一样在城里买个房子，就这样买了。

以前我媳妇在村里，种着地，家里的口粮是地里产的，这几年，住在城里，我不爱吃买的面，地也一直种着，但真不划算，你要雇人种，雇人收，还要打碾，辛苦地很，我就先不种了，地也不给人租，也没人愿意种，就先荒着去。以前经常工资发不出了，那时候还是必须种地的，没工资了至少有吃的，这几年，国家政策好，工资也不拖欠了，就不愁了，地再不种了。

村里的房子现在就我小弟住着，我小弟是个残疾人，带到城里不方便，他在村里自己住着也挺方便的。我媳妇的户口我也没迁，还在农村，县城买的房子就写着我的名字。

XXJ的经历是当地在20世纪90年代及以前通过考学而拥有非农职业的人口及其家庭的典型流动过程。最初，只是拥有非农职业的个人单独外向生活，而整个家庭还是在农村，女性在农村的农业收入是家庭重要的收入来源和口粮保障，而到了后来，农业收入的下降，非农职业的收入有所提高，也有保障，县城的住房建设首先吸引的是拥有稳定非农职业和收入的他们。

教育资源的调整是这个家庭决定在县城买房的重要原因，而在小家庭在县城生活之后，需要父母的帮助，父母也在老年之后，离开了村庄，村庄里的老房子倒塌，土地荒废。

XQ的经历：

我 1973 年生人，1990 年考上固原师范，毕业后被分配到沙塘小学教书，1995 年结婚，媳妇没有稳定职业，在乡政府（所在地）办了个小卖部，那时候人家小卖部的收入比我的工资高，都靠人家养家着（笑）。到后来，办小卖部的房子调整，要卖给私人，我们想想不划算，那时候已经有好多人在县城买房了，我们也咬咬牙，就在县城买了房子，这样一来孩子上学方便，要不现在教育资源全集中到县城了，孩子上个学麻烦啊！我媳妇在县医院找了个工作干着，带着孩子上学。我还在甜水乡小学教书，回家很容易的，摩托一骑就到了。

我们买了房子就把我妈接到城里，帮我们带两个孩子上学，做饭，我大（父亲）那几年还一个人在老家种地，不愿来我家，说是没啥事干，着急，不来，到后来，一个人在家喂牲口，脑溢血晕倒在驴圈里，幸亏有人发现，抢救了过来，现在半身不遂了，也接到城里，我妈伺候着。

自从我爸离开村子，我再也没回去过，回去没地方去啊。我们家院子里的草，长得都比人高了，土房子，也都开始倒塌了！

通过其他路径获得非农职业的人，也会很快地离开村庄。XT 通过“顶替”父亲，获得了非农职业，而媳妇所开的理发店是县城里最高级的理发店之一，生意繁忙，收入好，他的母亲在被接到县城之后，最初负责带孩子，等孩子长大一些的时候，母亲则在他媳妇的理发店里帮忙。稳定而有保障的收入，是这个家庭放弃村庄房屋和农业的重要原因。

XT 的经历：

我 15 岁的时候，我爸急性心梗去世，那时候我还小，一家老小没啥指望了。我爸当兵回来后被分配在工商局工作，幸好那时候还有“顶替”之说，他去世后我们就找人帮忙，也是人家照顾我们，我就顶了我爸的岗位，到工商局上了班。我媳妇是山上的（指北堡子村旁边的村庄），结婚后在村里住了几年，后来我们单位分了宿舍，就到了县城，我媳妇理发的手艺好，给她办了理发店，生意好得很。后来大家都开始买房，我们就在县城买了房。我两个弟弟和一个妹妹也都在外面成了家，我就把我妈接了出来，帮我带孩子。

XXR 的经历：

我 1979 年生人，1997 年考上宁夏财经学校，毕业以后被分配到东庄乡政府做会计，后来又调到到甜水乡政府。2004 年的时候，我到县城参加培训，那时候我怀着我们家丫头，等到中午人家都回家休息了，我自己没地方可去，那么累，找了个台阶坐着休息，我那时候就暗暗发誓，一定要在县城买个属于自己的房子。2007 年，我咬咬牙，就买了现在的房子，后来我调到了县扶贫办。

我们家老公是“粮站”的，以前也在乡里工作，后来找人想办法，也调到县上（指县城）了。我公公以前也在粮站工作，退休了，他有工资，我不想和他们住在一起，就给他们凑了一点钱，也在县城买了一套房子，我们中午就去婆婆家吃饭。

乡镇干部几乎所有的人都在县城购买了住房，有的人甚至不止一套，还有人在更高级别的城市买房，平时在乡镇上班，下班或周末的时候就回到县城的家里居住，成为事实上的城市人口。

XYQ 的经历：

我上了个固原师范，回来就一直在甜水小学工作，我媳妇是上师范的时候的同学，她那时候家里条件还不如我家，她没妈，没人管，我对她好，后来我们毕业就一起到了甜水小学。2003 年的时候，我媳妇调到县上教育局，我们也就在县城买了房子。我自己在甜水小学，当了几年校长，现在老了，但又不想闲下来，我现在就在灶上给孩子们管管伙食。

XYQ 是一个非常迷恋农村生活的人，中专毕业后，就一直在甜水乡中心小学教书，在媳妇调到县城上班后，他自己不愿意离开小学，退休以后，自己主动留下来，给学生管伙食。他说，要等到自己老得干不动了，没人要了再回城里的家居住。值得注意的是，不愿离开农村的他，已经在银川给独生子买了住房。

XCC 的经历:

> 我在公社里的时候，篮球打得好，最后就被推荐上了个师范。毕业后在咱县的好多乡小学都去过，教体育。结婚后，和前夫感情不好，生了我们家儿子不久，就离婚了，儿子归我带。后来，我调到甜水乡小学，我妈帮我带孩子，我也好照顾她。那几年（指 1995 年左右），村里很多人家都忙着盖房子，你说我们家这孤儿寡母的，也不想张罗盖，但房子实在不好，下雨就漏，住的害怕。我姑家在县城有一个院子，他们家在固原买了新房，就说院子给我们住，反正家里的房子都不好了，我退休了之后就和我妈搬到我姑家县城的院子里住。院子也算卖给我们了，但亲戚嘛，还是比较便宜给我们的。人老了，就吃药多，但我的退休金够我和我妈用，我妈身体挺好，我的身体还不如她好。我儿子自己出去打工了，这就愁着要给他买房子，结婚呢!

XCC 的情况是家里的房子太旧，而家在县城的亲戚又在更高一级的城市买了住房，县城的院子卖给他们居住，但也正是 XCC 有稳定的收入，才使得他们下定决心放弃农村的住房。这也是当地农民外迁的一大特征，即县城的居民，选择在更高一级的城市买房居住，而原来的旧房子，卖给乡村里的亲戚，使他们享受城市生活的便利，北堡子村至少有 4 户人家是这样搬出农村的，当然他们不一定拥有稳定的非农职业。

有非农职业者及其家庭的外流是一个逐渐的过程，由于大部分的人是在各个乡当教师或乡镇府工作，主要居住在宿舍，并没有稳定的居所，夫妻一方属于农村户口的则在村庄居住，耕种土地，保证家庭的口粮供应和培养孩子，到后来小城镇的发展和教育资源调整，以及职业收入的稳定使得这部分以前生活面向农村的家庭，下定决心进城买房居住。这部分人口向县城聚集，在县城买房之后，会把本来是非农业户口的人迁移到新购买住房的名下，而属于农业户口的人的户口并不迁移，以便获得各种农业人口的补贴。

这部分因非农职业而形成的向外流动，流动者自己的归因指向非常明显。首先，西部大开发以来财政对贫困地区的补贴，使得非农职业的收入有了保障，工资不再拖欠，能够使习惯于节俭消费的人们逐渐有了一定的稳定积蓄，近些年较大幅度的工资增长和各项保障的实施，使得人们看到了未来的希望，不再离不开土地；其次，作为家庭收入重要补充的农业生产，越来越无法提供最起码的口粮保障，却往往是入不敷出，倒贴本的；再次，商品房的大量开发和贷款政策，使人们即使没有现金，也可以贷款买房；最后，农村中小学校教师和乡镇干部，大部分人一直居住在单位提供的宿舍里，随着工作调动而迁移，没有固定的“家”，在县城买房，成为他们“安家”的重要方式。而教育资源的向上调整，一部分乡村教师被调动到县城的中学，他们也没有稳定住所，进而形成最现实的买房动力。

这种伴随着身份流动的社会流动，是一个逆向“脱嵌”的过程，即有了非农职业，“身份”先“脱嵌”但“身体”却没有“脱嵌”，把家安在农村，并且要参加农业劳动，一直到在县城买了房子，才形成了身体和身份从农村的双重“脱嵌”。

这种类型的人口外流，是近十年来的事情，但是却是外流速度最快，最彻底的一部分人，他们中的大多数人的父母也被接到了城市，村庄的房屋完全废弃。即使在农民工大量流动的时候，拥有非农职业的人也因为有稳定的职业和收入曾是乡村最为稳定的部分，但随着小城镇建设的展开，这部分人却成为拖家带口、离开村庄最为彻底的人群。

二　非农“自雇者”：个体带动的家庭外流

因生存压力而产生的“生存理性选择”是农民外出流动的最根本的动因。而生存压力既包括资源环境等自然条件的压力，也包括社会制度等结构性的压力，非农“自雇者”的流动是资源环境和社会结构双重压力的结果。北堡子村在包产到户后的三年之内解决了温饱问题，并且有了余粮，但几乎没有现金收入的渠道，年轻的男性只能在农业劳动之外寻找其他收入来源，最开始是把自家剩余的农产品带到市场出售，后来有人收购村庄的农产品，如鸡蛋、禽类、猪、编制的草筐、篮子、农具等带到市场上出售，再到后来把外面的各种产品带到村庄的集市上出售，农忙务农，农闲经商，商业成为一种兼业的模式。随着时间的推移，农民对经商业务逐渐熟悉，从事非农产业生产活动的时间不断延长，直到完全脱离农业生产，成为非农“自雇者”。

“自雇”（个人或以家庭成员为主）的商业从业者，从最初的商业兼业者，到后来的商业从业者，在村庄流动史上并不少，但大部分人都是商业零售业从业人员，包括开杂货店的十户人家，开草料加工场的一户人家，从事中药材收购的一户，服装零售业的一户，开饭馆的一户，开理发店的两户，卖水果的一户，交通运输业的三户，中介公司的一户，并没有形成较大规模的个体和私营企业。

XXL 的经历：

> 我 1961 年出生。1973 年，我妈生了我小妹，因手术去世了。后来人家就给我和我大妹安排了工作。那时候供销社多好啊，我就要求去供销社，我大妹当了小学老师。1998 年，供销社“留壳租瓤”盘活供销社“空房子，大院子”的资源，我就因在供销社系统内部工作十几年的经历，顺利购买下了这间店面，这是供销社面积最大、经营种类最丰富、地段最好的店面。2003 年，供销社彻底改制，我就买断工龄，下岗了。
>
> 我俩刚结婚的时候我媳妇在村里住了几年，种地。到后来，我们买下这个门面，媳妇和孩子就都搬来了，一家人指望这个小铺子生活。十几年了，村里的房子、院子都塌了。

XXL 是村庄在商业领域开始最早也持续时间最长的人，从一开始给供销社当售货员，到后来买断工龄，自己从事小商品零售。后来全家搬到乡镇居住。2003 年，当地进行小城镇建设，在甜水乡政府所在地修建商住两用商品房，北堡子村有 7 户人家购买了门面房，从事小商品零售。

XDC 就是其中之一：

> 我最早的时候在村里办个小卖部，那时候人们不经常进城，赶集也不多，家里需要的小零碎都在我铺子里买，生意还挺好的。后来我有一同学，人家在县城开批发部，生意可好了，就叫我到县城干批发。90 年代末，批发生意很好做，我们全家就到了县城，两孩子上学，我和媳妇管着生意。在县城房价还不是太高的时候，我们就买了

一套房子，毕竟一家子，挤到门面房那点地方太小了。我妈去世之后，我们家的院子就给了别人居住，我们也很少回去。以前把地租给人家种，后来没人租了，就荒着，现在我们家河边的地，我自己种河北杨，川里地承包出去了。

在商业领域就业的，最初也是由一个人先去试探，如果生意做得成功，则会全家迁移出去。但是这种从一个人流动到全家迁移出去的时间周期很短，因为所从事的商业性质基本上是商品零售，需要家庭成员共同经营，最长3年时间，全家就会整体搬迁。但村庄里的土地，仍旧是收入的重要部分，人们会时不时地回家照料家庭住房。这是一种以家庭为单位的外流，但“身份和身体”并没有完全从村庄脱离出去。

比如XB的经历：

我1965年出生。小时候，人家孩子在上学，我身体好，吃得多，消耗多，在教室里坐着饿得待不住，就死活不愿意上学，我妈拿棍子赶着我，我就跑到山上躲着去了。到十四五岁的时候，就是不想种地，就想往外面走，可咱又不晓得外面能干啥，就去街上乱闯，看人家都在干什么。在街道（指集市）上逛的时候，认识了东营的王他们，大家就一起乱混，结果那时候村里人都说我是“砸榔头”（指抢劫）的，其实我们都没有干啥坏事，也不偷人不抢人的。到后来有人给我们介绍一种产品，插到电视机旁边的插座上，坐在炕上，捏一下手里的遥控（跟一个小气球一样的软塑料的东西），电视就会自动开关（类似于遥控器），我们就拿着那个东西，到村里卖，一个卖15块，一个能挣10块钱，那是1987年、1988年的样子，娃娃都觉得好玩，就会嚷着让大人买，那算我们赚的第一桶金。到后来，我还卖过很多种东西，1999年左右，想倒腾买粮食，结果没买成。我又去办歌舞厅，办歌舞厅那几年挺好的，这县城没有几家，就我们家。那几年赚了些钱，但歌舞厅风险太大，人员太杂，就不想再干了。也跟着我妹夫贩药材，他做得好，我也不懂，药材那东西得有点文化才能做好，我是一文盲，加上不太喜欢，就没做下去，到后来，看别人办草场，我承包了一个，最后干脆买到手，才算开始真正挣钱。我办草场挺好的，就是很累，给家里买了两套房子，给儿子买了全额保险。

XB 是村庄自己创业成功的典范，他经营的草料加工厂，在忙的季节雇用工人，在淡季则由全家人自己经营，XB 也因此成为北堡子村比较成功的商人，是少数“脑子活，路子多，腿勤快”而获得了较好收入的人。他的最波折也最让人们意外的成功路径更成为“成功是个体努力的结果”的典型示范，但是从一个人在外“闯”到全家人搬迁出去，经历了十几年时间，而更多的人，则是创业失败重新回到村里，成为流动的打工者。

例如 XZH：

我年轻的时候也是到处逛着，啥都干过，倒腾过粮食，贩过牲口，开过食品店，我这人是干啥啥不成，到现在，就到处给别人打工着，挣点小钱。

村庄另外一种自雇者是短途运输业从业者，北堡子村前后有 13 户人家从事运短途输业，如 CHH 和 XWW。

1995 年我外地的一亲戚，到我们家来，发现从县城到我家坐车特别难，那时候就那三轮的篷篷车，也没几辆。他就建议我也买个篷篷车，跑运输挣钱，我就借了钱，买了三轮篷篷车。那时候都没啥人管你，我连执照（驾照）都没有，就像拖拉机一样地开起来了，后来才又去考的执照。这一跑，就是几十年，现在我儿子又买了个夏利，在县城到村里的路线上跑运输。现在路上跑的车也多了，不像那些年生意那么好，但也不错，现在比较正规，每辆车都排车次，轮到你了你才能拉人，不到你你不能抢人家的活。90 年代那时候，都是乱的，拉人全靠抢（笑），司机为了拉人，经常会打起来。

我们家儿子和媳妇现在在县城买了房子，儿子开车，媳妇打工，我们就帮人家带带娃娃。(CHH)

我 1982 年生，小时候淘气，不爱上学，上了初中就不想上了。我爸还是个老师，可我哥俩都不爱上学（笑），我不念书后，就出去混了几年（指打工），可其实外面真不好混，就回来，让我爸给我买了个车，就在这条线上跑运输。我媳妇在银川打工，她不回来，没办法，我爸又帮我倒啊借啊地凑钱，在银川买了个房子。我爸也给我哥在县城买了房？（XWW）

“自雇”者家庭的居住方式是，在乡镇从事零售业的基本上居住在和店面连在一起的房间里，并且也在县城购买住房；而在县城的从业者，除了一户还没有买房之外，其他的都在县城买了住房。在县城的买房之后，户口外迁是经过认真考虑的，一般会把“80后”“90后”的儿子的户口迁出去，成为城里住房的房主，而父母的户口和女孩的户口很少被迁移出去，进而保持一种“身体脱嵌”但“身份未脱嵌”的社会流动形式，以保证村庄的土地收益和商业收益两头都能兼顾。

三 农民工流动：大规模的人口外流

非农职业带动的农民向外流动和商业“自雇者”家庭最终向外流动的动力是来自当地的城镇化。而北堡子村更多的是农民的向外流动，是全国工业化和城市化带动的结果。北堡子村村民加入到农民工流动的大潮中，这形成了北堡子村最大规模的人口外流。

农民向外流动表现出三个阶段性特征，即非农收入阶段、非农就业阶段和非农职业阶段，这三个阶段背后隐含的是劳动力与土地资本的结合转变为劳动力与工业或商业资本的紧密结合。如果按王春光对外出流动农民进行的分类，因生存理性向外流动的是“第一代农民工”，而因社会理性向外流动的则是“第二代”或“新生代农民工”。①

在讨论中国的外出务工的农民是否是“剩余劳动力”时，孙立平认为：“在西方的一些家庭中，也存在有的务农，有的进城做工的现象，一般也是男的进城打工，女的种田和养猪，与我国不同的是家庭的主要收入来源并不是外出打工收入，而是务农的收入，在一个农村家庭中，之所以有人要到城市做工，是因为农业中用不了那么多人，这是真正意义上的

---

① 王春光：《新生代农村流动人口的社会认同与城乡融合的关系》，《社会学研究》2001年第2期。

‘农村剩余劳动力’。”[1] 在西方发达国家工业化初期发生的农村居民向城市移民的过程中，城乡差别虽然也存在，但并不存在城市中较差的生活水平也要高于农村中较高生活水平的现象。拥有一定土地的农民与城市产业工人的生活水平并不存在如此之大的差异，甚至农民的生活水平有时还要高于城市的普通工人，拥有向城市转移动机的农民只是一小部分。而西方社会形成剩余劳动力的原因在：第一，农村中存在以占有土地不平等为基础的高度社会分化，一部分人占有较多的土地，另一部分人则失去土地，甚至有的人连农业中的雇用机会也得不到。第二，在分化的农民中，有一部分人的收入和生活状况与城市的差距不太大，也就是说，那些占有较多土地的人并不具有向城市转移的强烈动机。只有这两个条件都具备，向城市转移的农民才会有农村“剩余”“非剩余”的区分。而我国的情况完全不同，在我国土地资源贫乏且平均分配的情况下，“剩余劳动力”和“非剩余劳动力”不是以部分农民的失业表现出来的，而是以普遍的就业不足或“潜在剩余”的形式表现出来的。我国的民工潮如果仅仅从“劳动力剩余”的角度来理解则会认为流出来的都是剩余劳动力。而“非剩余劳动力”则留在了农村。也就是说，农民的外出打工者是农村的“剩余”劳动力，而真正的情况是，相当一部分地区，已经出现了农业劳动力不足的现象。这说明，农民的外出，并不是直接对“劳动力剩余”这样一种状况的反应，而是因为在整个社会已经进入到工业时代的大背景中，依靠从事小规模经营的农业生产根本不可能获得一份与城市居民大体相当的收入。在当前的人地矛盾和平均主义的土地制度之下，虽然不会发生西方工业化早期农民从土地中被排挤出和大量破产的情况，却造成了一种由于人多地少、小规模经营而导致的普遍贫困化。只有在乡镇企业比较发达的少数地区才会例外。因此，普遍的贫困化使得几乎农村中的每个劳动力都是潜在的流出者，而不管他们属于“剩余的”还是“非剩余的”[2]。

1. 搞副业者

农村的劳动力转移有两个高潮，第一次是1984—1988年，农村非农

---

① 孙立平：《转型与断裂：改革以来中国社会结构的变迁》，清华大学出版社2004年版，第73页。

② 参见孙立平《转型与断裂：改革以来中国社会结构的变迁》，清华大学出版社2004年版。

产业就业人口达5565万，峰值为1985年，当年转移人口2430万；第二次是1992—1995年，1992年，新的一轮改革开放使整个国民经济重新起飞，城市的高速发展支持了“打工经济”①。北堡子村在家庭联产承包之后（1980年），就开始了以家庭“搞副业”的人口流动，直到1993年，北堡子村所在县第一次加入到全国性的打工经济。这一年，由政府劳务输出部门组织了第一批打工妹到杭州打工。这个看起来“起步迟”的农民工流动行为，却造成了“速度快”的流动后果。

集体化之后，为了获得更多的现金收入，北堡子村村民就开始了向外流动，但最初的几年由于外出找活很难，并且收入没有保障，农民向外流动的数量不是很多。后来，随着全国的工业化和城市化的快速发展，农民外出找到工作越来越容易，外出的人口越来越多，村庄60岁以下的男性，几乎都有外出打工的经验。这些男性都是在成年以后，面临着结婚和修建新的住房需要一定经济支撑而出门“搞副业”的。副业涵盖广泛，农民的家庭主业是以种植口粮为主的“农业”，之外的都是“副业”，最初的副业多是妇女在家庭内部的养殖业，随着男性出门在外能找到工作，男性出门找活干成为“搞副业”的主要方式，这是解决家庭需要的重要现金来源的重要方式。而搞副业和后来出现的“打工”是两种完全不同的状态，后文将会详细论述。

FSP一家的经历能反映出改革开放后出门“搞副业”人家的情况。FSP（43岁）和妻子（41岁），两个儿子（一个16岁，一个9岁），在县城租房居住，笔者在县城南郊一片垃圾厂和废墟后面找到了FSP的家，门上挂着“传达室”的牌子。一间15平方米的房子，进门正对面靠房子后墙的是一张1.8米×2米的大炕，已经占了房间的一大部分，炕旁边是一个不高的衣柜，衣柜上面堆满了被褥和大大小小的包，衣柜前面是一张放置电视和杂物的桌子，桌子前面是洗衣机，洗衣机前面靠着房子前墙的是一个高5层的碗筷柜，靠房子前墙门口的桌子上放着案板。边上是电灶和洗菜盆。夏天天气热时一家四口用“电炒锅”（一种锅和灶连在一起的灶具）做饭；天冷了，房间正中间有一铁皮炉子，既取暖又是做饭灶。

---

① 参见李友梅等《改革开放30年：中国社会生活的变迁》，中国大百科全书出版社2008年版。

这个局促又拥挤的临时房间，却成了 FSP 一家四口事实上的“家”。

FSP：你说我都出门“搞副业”这么多年了，现在就住这么小一点地方。我们把家里的房子修得那么好，现在闲放着，都发霉了，一家人就挤在这么一点小地方。不过好一点的就是，我们这房子不掏房租。

笔者：为什么不掏房租？

FSP：我从 2004 年开始就在我们这房东开的破烂厂干活，直到 2008 年，人家挣了大钱，嫌那东西太脏，不开破烂厂了。我干了 4 年，给他干的特仔细，还挺操心，李工（指房东）对我们家一直都很好，有个啥好吃的啊都给我们送些过来，我们没地方住，他就把这一间给我们住，不掏房租，就是操心着晚上把院子的大门给关了，早上早点把门开了，别的都不管。他们家就住在这两层楼的上层，下面这一层除了我们这间都出租给了物流公司，那一排新盖的也要出租。你说人家咋就这么有眼光，我要是那时候不拿那么多钱修老家的房子，我也买一块地方，现在也发了。唉……

笔者：老家的房子啥时候修的？花了多少钱？

FSP：2007—2008 年，我那时候已经搞了好多年的副业，就想着要把家里的房子修好，你看我们家他二爷爷家的几个（指堂兄弟们），人家每一家都修得特别好，我也想苦个几年，咱也好好修一座院子。我两口子过日子细祥（指节俭）得很，就是想攒钱盖房子。2007 年，自己攒了一些，又借了一些，就把上房先修了，2008 年又把厨房（东边）那一排房子给修了，总共下来花了快 10 万元了。其实人家那时候都已经开始在城里买房子了，我就想买到城里等老了，打不动工了，咱吃啥？还是决定盖老家的房子。到后来，李工家有个房子，就在福利医院那个地方，要卖掉，问我们要不要，我们也没钱买了，就没要，现在想想，那时候多便宜啊，就不到 10 万元，一平方米不到 1000 元，现在那个地段都涨到快 3000 元了。咱就是，说不上咋地……我们家老三（三哥），人家就比较有眼光，在我忙着盖房子的那几年，人家两口子就到县城租了个房子，那时候建筑正火着，人家两一起“包工”给人家粉刷房子，挣钱多，人家就没修老家的房子，在城里买了房。

笔者：那老家的房子都修好了，咋就不住了，非要到县城来?

FSP：到县城还真不是非要来，咱又不是城里人。是那几年，我老去汝箕沟那边的煤矿挖煤（宁夏区内的煤矿），挣钱也不多，离家又远，再加上在外地，总是花销大，就想回来。2004 年的时候就回来了，找到李工的“破烂厂”（指垃圾场）打工，一个月工资 800，后来李工看我人老实，又给他操心，他对我也放心，工资慢慢地一直给我涨，我就一直干着。我媳妇就一直在老家，伺候我妈，我妈半身不遂，离不了人，两个娃娃也要在那边上学，家里还有几亩地，她也一起种着。

笔者：你们家退耕还林的地不多?

FSP：我们家退耕还林了 2 亩 8 分地。那时候我老子在农业社里当官（笑），分地的时候给我们分的山地少，川地多，退耕还林的就少。那几年公社里（指乡政府）叫在川地里种一样的东西（指一村一品工程）的时候很多人都不想种地了。2008 年，又把土地全收了，说是要种洋姜（指菊芋），一年一亩地给 350 块钱，我家就把地都交了（指租给种菊芋的公司）。

再说那时候娃娃上学也不行，我们庄里的那个小学，只有三年级，到四年级就要到乡中心小学去上，离我们家七八里路，娃娃么法（没办法）上学么。大的个（指他的大儿子）还在他外奶奶家住了几年（他外奶奶家离学校近），上了个四、五、六年级，小的个（指小儿子）就么办法上，我们庄里的学校就一个老师，带着五六个娃娃，上啥尼么（上啥啊）？没办法，我就先找了个人，把小的个放到县城里的第二幼儿园，我一个人接送了一学期，把人整地。后头大的个也上初中了，乡里又没有中学，咱家娃娃学习又不好，只能上了县城的三中。我妈我们也接过来了，我媳妇一直伺候到下场（指去世），我妈就在这个房子里下场的，把人也整坏了。

笔者：你妈咋？在这里下场的?

FSP：嗯。我妈病的那几年，我们也没办法，就一直带着，到快下场的时候，我们想，拉回去家里也啥都没有，我在这里才能找到帮忙的人，一搭做活（一起干活）的人你叫人都就来了，回老家，庄里也找不到用的人，干脆就在这儿了。李工人好，把院子腾出来给我们用，厨房也借我们用，我们把人拉回老家的坟上埋了，事儿（指仪式）都是在这里过的。这时代，啥都将凑着尼（凑合着呢）！

笔者：嗯，就是，也没更好的办法啊！那你们还打算回去？

FSP：这几年是先不回去的。回去家里又没有地种，再说，我们家老大你看不好好念书，这初中就不想上了，我得想办法让人家学个啥本事，不要像我们俩一样，啥都不会，只能下冷苦（做苦力）。这上个学，那花费大的，你还得打工挣钱供给娃娃，等这个大的出来了，小的又开始了。学上出来，又要寻媳妇，现在的娃娃，你没房没车，人家都不跟你，都晓不得哪一天才能到头。

老了不回去咋办？咱在县城又没房子，老了打不动工了，没有收入，现在的娃娃你又指望不上，老了回去，地里挖一把吃一把（指种地），再说，我家没在县城买房子，老家房子修得好好的，老了回去也有地方住。不像有些人，房子是买了，老家房子就撇掉（放弃）了，想回去也没地方住。

像 FSP 一样“搞副业”的人，最初一般都是远距离流动，因为在当地很少能够找到活干。而搞副业大部分是为了娶媳妇、修房子，所以很多年一直在挣钱、存钱、修房。妻子基本上是留在村庄耕种土地，照顾老人和孩子。后来县城建设开始之后，能够在县城找到建筑业及其相关的职业，许多人选择了回到县城打工。随着村庄土地利用形式的变化，留在村庄的妻子也不愿意继续耕种土地，加上教育资源向上集中而引起的孩子上学的困难，他们会选择到县城租房，夫妻俩都在县城找到各种零工去打工。因为大部分的所得收入都用来修建老家的房子，他们没有能力在县城买房，最后只能选择租房居住。也有一部分人，比如 FSP 所说的他三哥，就是利用在县城打工挣的钱而在县城买了房子居住，成为没有能力买房的人最羡慕的事情。但是正如 FSP 所说，这部分人虽然在县城买了房子，但老家的房子已经破败不堪，等他们老了，无法打工挣得收入，想回到农村，也将会遇到很大的问题。而在研究者调查的在县城租房居住的农民，基本上租住县城周边还没被开发的农村小院，一个小型四合院，会有有十多户人家租住，每家的租住面积在 15—30 平方米，租金在 100—300 元

（2013 年价格），住 2—6 人不等。有核心家庭一起居住的，也有爷爷奶奶或外公外婆带着孩子一起居住的，而这类农民在老家都有质量相对较好的房屋，打算年老之后继续回到村庄居住。

LWH 和妻子 2008—2011 年用了三年时间，花了十多万块钱，在村里修了一座新院落，这是在全村人眼里都觉得不可思议的事情，因为他们家修房子的钱，足够在县城买房子了，并且他家的收入在村庄算是高收入。低收入的人都想办法在县城买房，他们的行为就更不能让人理解。

LWH 是这么解释的：

> 我们俩（指他和媳妇）为了要买房还是要盖房，吵了好久，人家娃娃他妈看着人家城里人住得干干净净的，说要在城里买房，我就觉得，我们现在还年轻，能在城里打个工，老了你住城里干啥去么？不是给娃娃添麻烦吗！我就坚持要盖房，最后娃娃他妈可能想想也是，就也没再说啥。我们家是 2008 年把砖头拉来要盖，结果人家不给批宅基地，就又找人想办法，一直到 2010 年才给批下来。这房子都是我俩自己盖的，我在工地上做大工，她是小工，这回来就给自家能盖房子。这房我俩在不去工地干活的时候慢慢盖的，别算备料，就工期盖了整整一年。我们又买了辆车，我俩进城打工开着车去，老了，打不动了，就住这院儿里，挺好。
>
> 我 15 岁的时候就跟着我姐夫，到内蒙古包头搞副业，做建筑工人。那时候咱也啥都不会，就跟着给人家抱抱砖头，后来看着人家砌墙，自己也想动动手，我姐夫就在包工头不在的时候，让我砌，看着那么容易，可砌起来还真不容易，要不浆抹厚了，要不抹薄了，你就是看着下面的砖头砌，还会经常砌歪了。没办法，自己后来拿了砖头和浆，到一边慢慢练，这样干了三四年，才能拿下活来。那时候的包头真冷，10 月份就结冰了，我们一年也就干 4—5 个月，还是经常找不到活干，一年除掉自己花了的，能挣几百块钱都很多了。那时候挣钱，也不知道咋花，就到回家的时候，给自己和家里人买点衣服和吃的，别的都留下来，回来就交给我大（指父亲），我搞了好多年副业，挣的钱都是交给我大的。我就一直想挣钱把房子先修好，其实我们家房子和村里别人家比，还不是很旧，但看了人家外面的房子，还

是想把自家的房子修得更好。

咱县城开始大量盖房子，我就不再出去打工了，我的手艺不错，就在县城包工干，带着我媳妇，她给我打下手。我媳妇人聪明，现在她自己都能砌墙了（看着媳妇笑），我俩一年勤快点，多包点活，能挣点钱（我试图问他们具体能挣到多少钱，被LWH狡黠地掩饰过去了）。但你看我们现在盖房子的地方，都到县城的南山脚下了，这房子还能盖几年啊，我们这钱也挣不了几年了。没房子盖，我们又得出去打工，但都老了，娃娃都大了，轮到娃娃们出去打工了。

LWH最初“搞副业”的动机就是修房子，娶媳妇，所以在他修好一座院落之后，又因媳妇不愿意和父母一起居住，而在在县城买房子还是在村里修房子的选择中，选择了在村里修房子，起初被人无法理解的行为，慢慢地随着就业越来越难，有人开始理解。FSP和LWH两家不同的生活轨迹，正好是村庄从“搞副业”开始向外流动的人的两种普遍选择，即一部分人在县城租房、买房居住，另一部分人仍旧留在村庄。

XYH是这么解释的：

我今年54岁了。我是我们家里的老大，下面有两个弟弟，两个妹妹。我们小的时候，条件很艰苦，饭都吃不饱，但我们兄弟姐妹几个都很爱上学，咱那时候村里有小学，乡里有中学，高中也有，我就一直上到了高中，没考上大学就算了。我那几年出去搞副业，在很多人中算文化水平高的，工地上的工头就教我看图纸，我一看就会，后来就考了“工程师证”。

那时候搞副业，挣的钱自己一分都不花，回来都交给我大（指父亲），供给小的（指弟弟妹妹们）上学，都不知道给我媳妇一点钱花，等我弟弟妹妹们都不念书了，长大结婚了，我们家也分开单过了，家里的所有的钱都交给我媳妇，但我们最能挣钱的时候已经过去了，现在想在城里买房，已经不可能了。

年龄在40—60岁的人，基本上是在成年以后，有的在适婚年龄时，有的是已经结婚甚至生子之后，出门为家庭“搞副业”。搞副业的收入，并不属于个人，而是属于整个家庭，由家庭中的“户主”来负责具体的分配和使用方式，收入基本上被用来修房子和娶媳妇。如果兄弟中老大虽然结婚了，但在没分家的情况下，搞副业挣的钱，要帮助老二娶媳妇、修房子。而搞副业的人，是一种“半工半农”的生活状态，他们要在农忙季节回到家里，帮助农业生产。其生活以农村家庭为生活指向，搞副业是作为农业主业的“补充”。后来，越来越多的人甚至举家在外去打工，但他们一般会保留农村住房，以便将来老了无法打工之后，还可以回到农村继续居住生活，这是一种以退为守的生存策略。这个阶段的农民向外流动，是个别的，更大规模和全方位的农民向外流动则要等到“打工潮”的来临。

2. 打工潮的来临

1993 年 2 月，北堡子村所在县通过县城的劳务输出机构和浙江的公司达成协议，由该县一次性输出 35 位青年女性到当地的电子厂工作，北堡子村第一位以“打工”为名的 16 岁女性走出了村庄，开启了北堡子村的“打工潮”。

起初由政府有关部门出面组织劳务输出，使得“打工”披上了一层官方外衣，第一批外出打工的 35 位年轻女性，都是通过各种各样的关系，才得到一个打工名额的。北堡子村被招工走的女性，是因为她姐姐的公公在劳务输出部门工作，才得以成行，这使人们对“劳务输出”有了“招工进城”而向上流动的想象，即一种从农民转化为工人的想象。最终外出打工的女性传递回来的消息，使人们认识到，这一次官方组织的“劳务输出”并不是“招工进城”，而仅仅是去发达地方的厂子里干活。此后更多的青年男女通过县劳务输出部门外出打工，同时越来越多的则通过已经外出打工的人的介绍，也顺利踏上了打工的征程。

打工妹的出现挑战了传统上由成年男性垄断的外出搞副业、挣现金的状况：第一，在于对性别的挑战，传统上农业之外的副业主要是由中青年男性垄断，而这是家庭重要的现金收入的来源，打工妹的出现，使女性也可以成为重要的现金收入来源；第二，传统的搞副业基本上集中在较近距离内，并且是有时间限制的，属于阶段性的流动，而打工妹则是从落后的地方直接到杭州等发达的大城市去打工；第三，打工妹到大城市的打工，是一种完全脱离农村和农业的非农职业，摆脱了搞副业的“半工半农”

的生活状态，是一种非农业的全职劳动。“打工”也顺利地取代了“搞副业”的传统说法。

“打工”代替“搞副业”的说法，反映了农业主业的衰落，更揭示出年轻人自我意识的觉醒。打工不同于“搞副业”，“搞副业”的参照点是作为主业的农业，在主业之外的收入则是副业收入，副业收入的所有者并不是“搞副业”的人，而是属于整个家庭，家庭用所获得的现金收入进行集体消费。女性更接受打工的说法，因为传统上女性并没有为家庭“搞副业”的义务，“搞副业”这个词用在女性身上显然别扭，并且副业收入的约定俗成的家庭指向，使所得者并没有比别人更多的支配权。村庄年轻的女孩们热烈拥护“打工”这个听上去对性别和收入分配没有预设的中性说法，并结伴一起去打工。而同年龄段的男孩，也很乐意接受“打工”这一说法，因为他们也很少有从事家庭主业农业的生产经历，也很难依赖于农业为生，而“副业”是相对于主业来说，在不认同“主业”的情况下，就很难再认同“副业”的说法，“搞副业”一词很快地也被村庄男性抛弃。笔者对较早出来打工的XQQ做了采访。

笔者：最初决定出去打工的原因是什么？

XQQ：那时候我在上初二，学习又不好，经常挨老师打，一点不喜欢上学，家里又穷，连学费都交不上。那年外出打工的CQH过年回家，穿着一双白色旅游鞋，可把我刺激的，就想啥时候自己也穿一双。（XQQ，1976年出生，1994年外出打工，他的这一说法得到别人的附和，和XQQ年龄差不多的人都记得那双白色旅游鞋。）

笔者：为啥会对那双白色旅游鞋印象那么深？

XQQ：你说，咱庄里人穷的，一年四季就穿布鞋，还是脏脏的布鞋，有时候还是破的，那旅游鞋，不都是城里人穿的，穿到咱庄里出去打工的女孩脚上，咋不受刺激。最后，好多人都不念书了，出去打工了。

白色旅游鞋传递出三种信号：第一，干净的白色，这是常年生活在土地中，和土地打成一片的土里土气的孩子们看到的最干净的事物。第二，这是工厂生产的旅游鞋，不是妈妈纳的千层底土布鞋，是用钱“买来的”

鞋子。这个鞋子最大的特征就在于和农村没有多大关系，而今却穿到了一个外出打工的孩子脚上，这意味着，外出打工就有可能和她一样穿上白色旅游鞋。第三，这是一双穿在女孩脚上的白色旅游鞋。使得女性可以看到通过自己的努力，给自己带来改变。“白色旅游鞋”以它被无限放大的“象征意义”吸引着孩子们，诱惑他们，以至于要穿上白色旅游鞋成了去打工的人的理由。而几年以后，外出打工的女孩嫁到了发达地区，这又一次成为女孩们外出的推动力。到后来因为外出打工的女孩容易嫁到经济更好的地方，男性也可以娶到（虽然比例较少）经济条件较好地方的媳妇，更刺激了农村青年外出打工。

逐渐的所有人都开始接受“打工”的说法，现在即使五六十岁的人，也会很自然地承认，自己在给别人打工挣钱。在一次和村民讨论“搞副业”和“打工”两个词的区别时，村民说，现在都不用“搞副业”的说法了，全家人都在“搞副业”，还能叫“副业”吗？打工挣钱叫“副业”，那主业又是啥呢？

3. 个体权利的觉醒

正是这样的一个打工潮，开启了北堡子村人口流动截然不同的历程，与出生在50、60年代，并且出去“搞副业”的人不同，打工潮开始流动时主要是70年代后半期出生的人出去打工，在个体打工的早期阶段，即80—90年代，个体会把更多的钱寄回家，作为家庭共同的积累，但到后来，尤其是21世纪以后，任何年龄段的个体都不再把钱寄回家，而作为个体的收入自己掌握。

笔者电话采访了CHQ，他的经历说明了这一点：

> 我刚出去打工的那几年，每个月就挣300元，加班多，全勤的时候，就挣得多，最多能拿到600元。那时候我家穷得很，我每个月给家里寄一百两百的。到后来，我哥也到了杭州和我一起打工，我俩都给家里寄钱，可后来，我经常换工作，有时候就没有收入，我就很少给家里寄钱了。我弟我妹也出来打工后，自己挣的钱都是自己的，很少给家里寄钱，就有时候过年过节的时候给父母一些。
>
> 我哥打工的时候认识了我嫂子，他俩谈恋爱，花钱多，我爸妈说，他们在村里也不需要啥钱，我哥也基本上就再也不管家里了。就

是到后来，我们凑了钱，给我父母把房子修了。我们兄弟姐妹共5个，就我们家大姐结婚早，没出来打工，我们几个都出来打工。现在我大哥回到老家，在县城买了房，我哥开出租，我嫂子开小卖部。我小妹和小妹夫也是，在县城买了房，但他们自己没住，他们还是在外面打工，房子我小妹的公公住着，帮他们带孩子，在县城上学。我小弟在南昌，自己开了理发店。我自己，在杭州混习惯了，再也不会回去了。

CHQ和哥哥是村里较早出去打工的，他们在打工之初，都会和“搞副业”的人一样，给农村的家里寄钱，但到后来，随着个人生活的改变，逐渐地适应了城市生活，再也不愿回到农村居住的时候，他们更多地考虑个人的生活，打工的收入逐渐变成个体的收入。而父母，也不再认为打工者的收入是属于整个家庭的。60多岁的LX（上文LWH的父亲）这么说家庭的收入分配：

以前我儿子出门“搞副业”，挣的钱都给我。后来慢慢人家都叫打工了，我儿子和媳妇两个人都在外面打工，我老两口在家里种地，他们也就一年过年回来的时候，给我们点零花钱，买点衣服啥的，剩下的钱都是人家两个人的。最开始我还会问问人家一年挣多少钱，看着儿媳妇不愿意，我也再不问了。虽然我就一个儿子，没分家，但经济上其实是分开的，我和老伴就花地里收入来的钱（指种地收入和退耕还林补偿、土地流转租金等收入）和养老金。后来地也没法种了，我就出来到这个工地上给人看工地，一个月一千二，这些钱就是我和老婆子花的钱，我也不给儿子和媳妇。

LWH的父亲是村庄里最节省也最爱管家的人，他只有一个儿子，儿子在外挣的钱在很多年之内都是归他分配。可是儿子结婚后，儿媳妇也是在外打工闯荡了几年的人，就不同意老公挣的钱给公公，在结婚的最初几年，老公打工的钱也交给公公，但后来儿媳妇终于收回了对小家庭经济的掌握权，而LWH的父亲从此也不得不承认儿子和媳妇的收入不是他的收入，也不得不去打工，去挣属于他和老伴支配的收入。

可以说，从北堡子村外出的人不再是去“搞副业”而是去“打工”开始，所得收入就不再是家庭共同收入，而是个体收入，不再供家庭的家长支配，而是供个体支配，个体再也没有把所有收入都上交家庭的义务。虽然以前，个体也可以私藏搞副业的收入，或者家长在分配的时候给挣来现金的人较多的部分，但收入归家庭所有的性质并没有变化。而打工逐渐成为主流以后，村民认为“谁挣的就是谁的”，尤其是在外打工收入较多和稳定的打工者，更重视自己对收入的支配权。

当打工潮波及到村庄所有人，人们的“人己”之分越来越明显，这个问题并没有再发生根本性的变化，最典型的例子就是LY，她这么区分家庭收入：

> 我前几年在县城租房子，带大儿子家两个孩子上学，儿子和媳妇在外地打工，付房租，给我和孩子生活费。但一直觉得不好，不想继续给他们带，今年我就再没去，儿媳妇不出去打工了，自己带孩子，我回来，在这里给种树的老板打工，一天挣三四十块钱，虽说挣得少吧，也是自己挣的钱，儿子的钱又不是自己的，花着不舒服，我们家老汉（指老公）也在附近打打工，一年挣得不多，但够我俩花的。

LY家在村里非常特殊就在于他们老两口虽然都60多岁了，但一直在各地辛苦地打工，他们不愿住在城里租的房子里给儿子看孩子，花儿子儿媳妇给的钱，他们觉得不舒服，认为不是自己的。这种老人主动区分儿子的和自己的不同的例子不常见，但也显示出人们对个体所得收入的拥有权和支配权的深刻认识。

4. 购买城镇住房

“打工潮”以来外出打工的人，到后来只有很少的男性在娶了媳妇之后定居村庄，而女性则会在打工的时候找到理想的配偶（女性外嫁的比例越来越高，见后文婚姻圈部分）而脱离村庄。更多的人则会拖家带口地在城市打工，在县城开始大规模的商品房建设之后，部分人回到了县城，找到打工的机会，并且在县城买房居住。

CHJ家的经历就是这样：

我上学的时候不爱上学，初二就不念书了。15 岁就跟着我姐出去打工，在电子厂工作。1997 年，人家给我介绍了我现在的老公，我老公家就在五星（指北堡子村附近的村庄），我俩很快就结婚了。1998 年，生下了我家大女儿。那几年我老公一个人出去打工，过年才回来，我和公公婆婆一起生活，你不让他出去打工也不行，后来我俩就一起出去打工，娃娃让奶奶带着，但在外面想孩子得很，我就找了个卖服装的活，也不累，能照顾上孩子，我俩就把孩子接到身边。2004 年怀上我们老二，就回家生孩子，我们家老大慢慢也大了，在外面没办法上学，就带回老家上学。开始在村里住着，看着人家都在县城买房，我哥家也在县城买了房，我哥动员我也在县城买房。但其实我俩一直想在打工的城市（指杭州）买房，但那房价高的，我俩挣的那点钱，哪够啊？最后，我俩就把存的所有的钱都拿出来，在城里（指县城）买了房。现在，没办法，我只能在城里住着，带着两个孩子上学，我老公还是在外地打工。

CHJ 对感情比较重视，在她老公一个人在外打工，只有过年才回家的那几年，她和公公婆婆在一起生活、种地。后来和老公一起出去打工的日子，是她人生中最快乐的时光。县城买房，是一种在大城市买不起房子的折中选择。

在县城买了“阁楼”居住的 40 岁的 BLL 这么描述自己家的决策过程：

我 1997 年高中毕业，没有考上大学，我爸那时候是个镇长，就想办法让我去固原师专上了个学，我学的是英语，毕业之后在我们乡的中学教了几年书，唉，人家都是正式的，我又不是，老有人欺负我，我也没转正的机会，就不干了。我老公是我初中同学，他当兵以后就老给我写信，那时候咱也不懂感情，到后来就不知道咋就结婚了（笑）。我老公复员之后，我们就用他的复员费买了这个阁楼，装修下来总共 8 万多元。虽然房子不好，我们也没借钱，没贷款，我挺满足。我老公现在每年有段时间去外面干活，他是架高架线的，有活就去干，没活就在家待着。我主要负责三个孩子，有空的时候也出去打打工。

据BLL介绍，她家对门的阁楼，也住着一对和他们年龄相仿的夫妻。我们发现，当地县城大部分商品房的面积并不大，并且更奇怪的现象是楼房顶层的阁楼并不是和顶楼的房屋一起出售，而是单独出售，这是开发商对当地农民购房心理揣摩清楚的结果。有此类住房，可以使农民工得以以最小成本完成准市民化，像BLL这样的农民，并没有大量的存款用来购买房屋，也因没有稳定工作和固定收入，很难获得银行贷款，更难得到亲戚朋友的帮助，所以就会选择不管住房质量如何，只要能够居住就可以的低价房。所以她们家的房屋，基本上不具备城市人所讲究的房间结构。总共40平方米的住房，进门就是占了25平方米的客厅，客厅里摆着三米长的沙发，其中一个较长的沙发是女儿的床，而沙发后面是夫妻俩的床和电脑桌，隔着门板之后，就是在阳台上的狭长厨房。客厅的侧面是狭小的卫生间，卫生间对面连接着客厅的是仅有的一间卧室，卧室里的高低床是属于她的两个儿子的。

外出打工的农民，在大城市无法完成的购房梦，和当地的商品房建设一拍即合，使得他们能够在县城买房，进而实现“准市民化”，以享受城市生活的便利。这一部分人成为村庄在县城买房的主力。随着当地的经济适用房和廉租房建设，更多的农民得以在县城居住。

SZZ就是廉租房的受益者：

> 我从小是个调皮鬼，我的姐姐们都爱上学，就我不爱上学，调皮得不行，你看我三个姐姐，人家都混得挺好的，就我，瞎混。我初中（15岁）就不上学了，死活要出去打工，可我妈就我一个儿子，嫌我小，不让，我就在家待了一年，后来我妈受不了了，就让我出去打工，我16岁就出去打工了。可我不喜欢坐在那里动都动不了的工作，就到处乱跑。和我媳妇谈恋爱那会儿，她也老嫌我不干正事，我姐她们也急了，就拉我回来，我小姐夫找人帮忙，想办法给我弄了个廉租房。我也就结婚了，孩子生下来后，就把我妈接过来帮我看孩子。我自己现在在县城拉黑车（指没牌照的出租车），我媳妇给别人打工。

能否争取到廉租房在县城居住，成为农民有没有本事的表现。人们动用各种可以动用的力量，争取到廉租房居住。廉租房，能够既享受了城市住房，又避免了高昂的买房费用，也避免了租住狭小四合院的憋屈。北堡子村已经有三户人家，争取到了廉租房而搬到县城居住。

北堡子村民并不一定在村庄所属的县城买房，更多的人在工作的地方购买住房，在宁夏的银川市、石嘴山市、中卫市、固原市、西吉县等城市和县城购买住房，也在外省比如新疆的若羌县等地购买住房，从而形成了全方位的向外流动模式。

四　老年人的流动：子女带动的流动

以上三种方式的农民流动，成为北堡子村 60 岁以下农民的主要流动方式，而对 60 岁以上的人口来说，他们实现流动的方式不是主动的，而是被动的，也就是说，他们的流动不是自己来实现的，而是由儿女带动来实现的。

上述提到的由非农职业而带动的向外流动，使更多的人口聚集到了县城，这部分人基本上都把父母从村庄接了出去，XQ 家和 XT 家就是典型的例子，父母在县城帮助孩子做饭，带孙辈，成为城镇家庭中非常重要的“新的劳动力”。城镇新的家庭对老年人劳动的需要，成为老年人迁出农村，进入城市的重要原因。

LGZ 就是这么进城生活的：

> 我们家儿子和媳妇在县城买房子之后，我儿媳妇有段时间没工作，自己在家带孩子，等她找到了工作之后，他们就让我过来帮忙带孩子。我先自己一个人来的，就是每天做饭、打扫卫生、洗衣服，接送两个孩子上学这些事，你别看，就这些事也够一个人忙的。XQ 一直在甜水乡小学教书，也不能每天都回来。我们家媳妇上班很忙，根本顾不上干这些，活我就全包了。我们家老汉（老伴）就是不愿到城里来，到后来他自己生了病（脑溢血），半身不遂，就把他也接来了。我又添了新的活，每天都要照顾他。一天好像比在农村种地的时候还忙。(笑)

沈奕斐[1]分析了这种父母自愿到儿女家帮手的原因：首先在于政府无力对家庭提供足够的服务，大部分老年人都意识到自己年老后的唯一保障是孩子，而没有其他选择，尤其在农村，孩子几乎成为老人的唯一支持来源。其次，对中国老年人来说，“含饴弄孙”不仅不是负担，更是他们向往的生活模式。因而帮助已婚子女的家庭做家务和带孩子是对未来孩子养老的一种交换。而对北堡子村的老年人来说，他们收入的组成是由退休金(从最初的每月 50 元涨到 2013 年 75 元，2014 年又涨到 85 元)，退耕还林的补助，土地流转的收入组成，老年人家庭的平均年收入在 1500—5000 元之间，而巨大的消费支出压力，使得这点收入捉襟见肘。老年人以后对子女的依赖几乎是全方位的，所以“趁着我还能干动，孩子也需要我，好好帮帮他们，看老了人家管不管我”的心态是老年人自愿帮孩子家干家务的主要原因。

60 多岁的 XCB 这么说：

> 我家儿子在银川买了房子，我们每年到冬天天冷的时候过去住段时间。也不能老住他那里啊，孙子还在这里上学呢，虽然是住校吧，但每个星期都回来，回家我俩就给做点好吃的啥的，孩子也有个家，你咋的都要对人家孩子好，不好人家会对你好啊？等孙子不念书的时候，我俩可能去儿子家长住。

XCB 的孙子并不是儿子亲生的，而是媳妇改嫁的时候带过来的，但他夫妻俩对孙子特别好，也就是用对孙子的好来换取儿子和媳妇老年的赡养。XCB 老两口会到银川的儿子家短期住住，但主要的任务是陪伴照顾上中学的孙子上学，一点都不懈怠。

北堡子村老年人认为带孙子是“天经地义”的，谁不带孙子，就“连人都不是，会被人骂死”，但是不带外孙是正常的，而近些年，出现了越来越多帮女儿带孩子的现象。村民的解释是：这个时代，女儿、儿子都一样，谁家需要就给谁家带。

---

① 沈奕斐：《个体家庭 iFamily：中国城市现代化进程中的个体、家庭与国家》，生活·读书·新知三联书店 2013 年版，第 168 页。

CXL 就是给女儿带孩子的典型，她如此解释给女儿带孩子的原因：

> 我这几年在小女儿家帮他们带孩子，孩子上小学了，得每天来回接送，从家到学校的路，每天得走八回（笑）。我这也没办法，女儿的公公婆婆在帮他们女儿家带孩子，我俩在家种地，女儿女婿工作特别忙，他们生下孩子后，就不让我俩种地了，帮他们带带孩子。等过几年，孩子大点，他们自己能照顾的时候，我们就回老家。儿子还没结婚呢，等儿子结婚了，生了孩子，还得带孙子呢！

这样专门给女儿家带孩子的至少有五对老年人。

可以说，年轻人的外流，促进了老年人的外流。值得注意的是，在县城买房居住的，有固定职业和收入的县城流动者，最终都把父母接到了县城长期居住。而没有固定职业的自雇者和打工者，如果是租房居住，在短期内需要帮助照顾孩子的阶段，会由父母或一方陪伴孩子上学，孩子学业完成，父母则继续回到农村居住。即使在县城买房或有廉租房居住的，也是此种情况，而儿女在更大城市居住的，父母基本上是短期流动，而不会长期居住。

第三节　本章小结

家庭联产承包责任制以来，土地利用方式和价值的变迁，使得越来越多的人放弃了村庄土地的种植，加入到流动的大军里去。人们在获得土地收成之外的收入的同时，土地曾带给村民们的稳定性也在逐渐丧失。

小城镇建设的快速发展，使得有稳定非农职业的人和家庭自雇者，逐渐脱离了村庄，进入到县城生活。而老年人则伴随子女的流动，也被带出了村庄，越来越多的人离开村庄，且不再回去，村庄从一个千年来一直稳定的状态，变成一个逐渐外向流动的状态，在流动的过程中村庄带给人们的稳定性逐步丧失。

改革开放以来，发达地区工业化和城市化的迅速发展，对大量自由劳动力的需求，逐渐使得禁锢农民流动的政策得以变革，北堡子村的农民在一系列的政策推动和外出就业的吸引下逐渐离开村庄，到全国各地去打工。从以家庭和村庄生活为指向的“搞副业”阶段到“民工潮”出现的“打工”阶段，个体逐渐从大家庭和农村的生活指向中脱离出来，独立性越来越高。随着各个年龄段的人都能够通过某种方式获得作为个体的收入，从年青一代开始的个体权利的观念，也逐渐地被年长者们接受。这种首先在经济上的权利即经济个体化，保证个体实现自我经济利益的权利的同时，使得传统的家庭观念发生了变化，父母和子女的关系发生了变化，兄弟姐妹之间的关系也发生了变化。可以说，北堡子村的个体化是从家庭内部开始的，而这种个体化，对不同年龄段的人是不同的，使得家庭曾经带给人们的安全性和稳定性逐步丧失。

人口流动的实现，使得人们对家庭（家族）、土地和村庄的依附性逐渐降低，也逐渐脱离了地域性和血缘性群体的庇护，而村庄、家庭（家族）的凝聚力也逐渐减弱。个体从村庄“脱嵌”出来，人们不得不依靠自己的劳动谋生立业，生计不断地外向化，越来越依赖市场而生活，开启了自己对自己负责的人生。

第四章

依赖市场的生计和个体消费的兴起

变成一个个独立的消费者是个体不断地从村庄“脱嵌”出来的重要动力，现代国家花费了很大力气把个体塑造成消费者，使得消费并不仅仅是经济事件，而且成了社会事件，个体用消费来证明自身的存在和价值。个体别无选择地不断地追求消费的快乐，并用消费来证明自身的价值，而对贫困地区的农民来说，只有不断地向外流动，才可能满足消费需求。消费，成为村民从村庄“脱嵌”的理由和结果。

经过30多年持续的向外流动，北堡子村，一个在一定程度上能够自给自足的传统村庄，逐渐融入消费社会的大潮之中，村民逐渐摆脱了地方性的限制，投身到全国甚至全球的消费市场中。农民确实通过各种市场化的土地使用方式，通过个体“走出去”，摆脱了土地的束缚，在一定程度上摆脱了制度强加于人的农民身份带来的不平等，实现了作为一个平等消费者的愿望，并进而通过个体辛苦的努力而实现消费的欲望，但正是因为一个消费社会对有消费欲望和消费能力的自由消费者的需求，使得农民被劳动力市场束缚，并作为一个消费者而被建构出来的标准化生活和强大的消费控制，导致了生计对市场的全面依赖，投入到标准化和强制化的生活之中。

第一节　消费政策和消费社会的形成

加耳布雷斯对消费社会如何形成有这样的描述，“从前，有个人生活在什么都不缺的条件下，在经历若干冒险和一次经济学的漫游之后，他碰到了物质丰盛的社会，他们结合在一起，许多需求因而产生”[1] 这道出了消费社会与其他社会的不同之处。对消费社会来说，重要的不在于需求，而在于创造需求，这是消费社会的本质。正如凡伯伦在《有闲阶级论：关于制度的经济研究》一书中所说“消费在很长一段时期内是一部分有闲阶级的特权”[2]。但随着工业化大生产的出现，工厂开始以加速度代替家庭成为生产活动的中心，产量不再受到简单技术等的限制，也不再必须依赖人力或畜力，巨大的生产创造了巨大的需求，消费需求是生产的结果，并且从生理需求变成了心理需求。

“在无所不在的平等的神秘主义当中，需求反映了一个令人心安理得的目的世界。在需求和满足原则面前人人平等，在物与财富的使用价值面前人人平等”[3]，在消费面前人人平等，如此造就了一个个永无止境追求物质生活的消费者。

媒体的“广告效应”也从起初的“广而告之”，演化到后来的“说服”“诱导”“绑架”等策略，使得广告受众，也即个人的很多欲望经由广告和推销术的精心制作和有意培育而更加强烈。作为广告受众的消费者，成了一个个不再反思自己的个体，而是沉浸到对不断增多的物品的索取中去，并努力使自己的消费和所处的社会地位相符合。

工业化的无止境生产，消费者的无止境需求，商业的迅速崛起，媒体的热烈推崇，共同促成了一个无休止的消费社会。

而在现代中国，消费社会的形成却是一个较为曲折的过程，也即被称为的从生产者社会向消费社会的转型[4]，或从苦行者社会到消费者社会的转型[5]。在改革开放之前，政府曾采取了抑制消费的制度安排，诸如票

---

① ［美］加耳布雷斯：《丰裕社会》，徐世平译，上海人民出版社 1965 年版，第 2 页。

② ［美］托尔斯坦·凡伯伦：《有闲阶级论：关于制度的经济研究》，蔡受百译，商务印书馆 1964 年版，第 16 页。

③ ［法］让·波德里亚：《消费社会》，刘成富、全志钢译，南京大学出版社 2000 年版，第 34 页。

④ 参见孙立平《转型与断裂：改革以来中国社会结构的变迁》，清华大学出版社 2004 年版。

⑤ 参见王宁《从苦行者社会到消费社会：中国城市消费制度、劳动激励与主体结构转型》，社会科学文献出版社 2009 年版。

证制度、农村统购、城市统销，把个体的消费限制在最低的层次上，通过国家控制抑制大众消费的形成。

改革开放以来，中国的工业化和城市化快速发展，工业产品和工业制品逐渐代替了农产品在人民生活中的重要地位，工业化的生产支持了庞大的城市的运行，同时把农村带进了消费社会的时代，城市对农村的依赖转变为农村对城市的依赖，工业对农业的依赖转变为农业对工业的依赖。大量的工业生产使产品逐渐出现剩余，短缺经济走向过剩经济，卖方市场也转化到了买方市场。正如孙立平把消费的发展阶段分为“以生活必需品为主的消费阶段和以耐用消费品为主的阶段，在以生活必需品为主的阶段，城市家庭每月将几十元的（90 年代以前，特别是 80 年代以前）收入来购买农产品或以农产品为原料的工业品，粮食，副食和以农产品为原料的衣服等，城里人消费的是农产品，尽管存在‘剪刀差’，工农业产品比价不合理，但仍旧可以看出城市对农村的依赖，以及城里人的大部分收入通过购买生活必需品而流入农村的过程。而在到了耐用消费品的时代，城市居民消费的恩格尔系数大幅度下降，用来购买农产品及其相关产品的比例越来越低，即使需要的农产品，相当一部分来源于国际市场，而更多的花费在住房、医疗、教育、交通、电器、旅游、购买服务等方面，这些几乎跟农民没啥关系，城里人的这些支出，很难流入到农村去”[①]。工业化的发展，工业品在人们的生活中越来越重要，城市依赖农村的生活大转型，农村开始依赖工业品。

当工业高速发展，在国民生产总值中的比重超过农业生产之后，工业生产的基本问题不再是“获得最大的利润”与“生产的理性化”之间的矛盾（在企业的层次上），而是潜在的无限的生产力（在技术结构的层次上）与销售产品的必要性之间的矛盾。也就是说“工业生产面临的问题不再是生产不足的问题，而是产品销售的问题，因此制度必须不仅控制生产机器而且控制消费需求，不仅控制价格而且控制这一价值

---

① 孙立平：《转型与断裂：改革以来中国社会结构的变迁》，清华大学出版社 2004 年版，第 47 页。

所要求的东西”①，如此才能保证消费社会的顺利运转。在商品的销售重于生产之后，与此相关的一系列制度，都是在促成消费社会中所需要的消费者的产生。

北堡子村和中国大多数村庄一样，在家庭联产承包以来，顺利地解放了家庭生产力，在最初的几年之内，农业生产是围绕家庭口粮的生产，而农民对饥饿的记忆，也导致包产到户10年之内，很少有家庭出卖余粮，北堡子村的农民并没有赶上1983年的卖粮难问题。但后来余粮越来越多和对家庭联产承包制的信任，人们开始出售余粮，并且许多家庭试图通过种植经济作物致富，这使得北堡子村民撞上了1998年的卖粮难问题，使农民认识到通过卖掉余粮而致富的方式是行不通的。而行得通的道路是向外流动，这不仅会给家庭带来比种植业更多的家庭收入，更会使流动的农民因债务的压力和衣着的竞争，很快由快乐懒散的种族变成了现代的劳动力。外出打工的农民，随着打工收入的增加，逐渐认同和接受了各种消费观念，有了越来越多的消费欲望。并且外出打工的人一般较年轻，在农村的时间较短，且基本没有务农的经历，进入城市后，对城市生活有强烈认同，越是年轻的农民工，尤其是80年代及以后出生的新生代农民工，对城市的消费主义的生活越认同，较高的消费需求和消费欲望，给农村地区带来消费主义的气息，也给身处农村的家庭带来极大影响。北堡子村的农民们，辛苦而又快乐地拥抱消费社会。XB对此有深刻的体会：

> 那时候，全村的大人小孩都跑到小亮家去看电视，每个人去的时候都是自己搬着小板凳，从屋子一直坐到院子里，院子里的人就只能模模糊糊地看到图像了。也是从那时候开始，我就想挣钱，买个电视看，我们家在1990年买上了电视，后来村里买电视的人家越来越多，到1992年左右，除了那些光棍、残疾人家、穷的不行的人家，差不多的人家基本上都有了电视机。后来我妈就想要缝纫机，我也给她买了，自行车我家就一次买了三辆，方便用。到后来我结婚的时候，电视机和缝纫机又给我媳妇买了，家里该置办的都置办了。1995年，

① ［法］让·波德里亚：《消费社会》，刘成富、全志钢译，南京大学出版社2000年版，第34页。

> 我就开始修房子，院子里的土房子，我全修成砖瓦结构的，家具也都换成新的，电器也都买了。2000 年的时候，为了方便，我和我媳妇都买了摩托车，2004 年，我在县城买了房，装修的要啥有啥，2008 年，我买了第一辆车，到现在，你说咱还需要啥？啥都有了，但钱还是不停地花，现在主要是孩子花费多，见啥都想要，衣服啊，吃的啊，只穿好的，只吃好的，我现在就想再挣点钱，换个好车，再给我媳妇买个车，再有钱了，咱就换个别墅住呗！（笑）

XB 在村庄上一直是个引领潮流的人，村里人说，外面流行啥，看 XB 就知道，从 20 世纪 80 年代的喇叭裤，到 90 年代的牛仔服，皮衣皮裤，西服，再到后来的休闲装，从最初的自行车，到摩托车，再到汽车，他成为村庄的消费偶像。这个偶像也正反映了村庄不同阶段的消费主流，更反映出人们对消费无限追求的步伐。但更多的北堡子人的消费，却不是这样的一个有能力主动追求的过程，而是一个被动的、亦步亦趋的过程。

“20 世纪 90 年代后期开始，国家在推进市场化改革的同时，在集体消费领域推行了效率优先为目标的市场化改革，医疗、教育、住房等社会制度开始转型。政府减少对这些部门的拨款比例，使这些部门在某种程度上按市场的原则来运作”①，北堡子村民也是在这样的制度背景下，在教育、医疗等方面的消费支出越来越多。XYH 讲述了自己家人的治病经历：

> 我们家的事一直多得很，1992 年的时候，我妹得了角膜炎，动了手术，那时候手术费很便宜，好像总共就花了 100 多块钱，还包括后面的拆线啊啥的。到 1995 年的时候，我弟得了急性阑尾炎，那时候也还好，总共花了不到 500 块钱就动了手术。现在不行，这样的手术都得几千块钱了。我这几年的腰椎间盘突出，这来来回回地到处看病、吃药，都花快 10 万了，还没好，人家也说这病治不好，就缓解，但也没见缓解啊！这些年的医疗费涨的，一般的农民哪敢到医院看病啊，就那新农合，也是小病可以，大病根本不敢看。就乡里的那个小

---

① 王宁：《从苦行者社会到消费社会：中国城市消费制度、劳动激励与主体结构转型》，社会科学文献出版社 2009 年版，第 392—393 页。

诊所，每年冬天感冒的人挤得满满的在那里打针，一次小感冒，你不也得花几百块钱。现在的人，就不敢生病。

对农民来说，医疗改革的直观后果是看病、吃药越来越贵，成了农民面临的一大消费支出，即使有了新农合，但根本抵挡不了医疗费用不断高涨的支出压力。培养了两位大学生的 QXL 感慨道：

1998 年，我们家小女儿考上了大学。咱家之前也没出过大学生，也不知道得交多少学费，等拿到录取通知书之后才发现，学费加住宿费，就得两千六，再加上给娃娃一学期的生活费，总共得五千。我们把攒了好几年的粮食都卖了，也就二千多不到三千，再到处借，凑了五千。两年以后，儿子考上大学，两个娃娃上大学，把我老两口苦得，连双新袜子都没穿过。

QXL 家的两位大学生是教育产业化之后的第一批大学生，在之后，随着高校扩招，越来越多的学生能上大学，更多的家长被迫加入到了消费高等教育的过程中。教育，成了北堡子村民最主要的消费部分，而国家层面的教育产业化和地方层面的教育资源的向上集中，是直接导致北堡子村民被迫将大部分收入用于与教育相关的消费的成因。

而促使农民进城买房、租房，也并不仅仅是因为较低的房价能满足农民的需求。在北堡子所在地区，工业发展极为落后，当地政府走上了“卖地经济”等异常的经济发展道路，而要促进所开发的商品房的销路，当地有限的非农经济从业者并不能满足开发商的市场，农民，尤其是 80 后的农民，则成为新的潜在的消费者，而当地集中教育资源到县城以促进县城的商业繁荣和经济的发展，从而使得乡村的孩子无法就近入学，进而创造出对城市住房的新的消费需求，成为农民不得已的选择。城市住房的需求和购买刺激了日常消费品的消费，即服装的消费，食物的消费，交通的消费等，从而形成一个有众多消费者和众多消费需求的消费型城镇。CGX 如此解释自家在县城购房的原因：

我在外面打了十几年工，想带着娃娃上学，都找不到学校。回到老家，咱在外打工的时间长了，在村里住不了，再加上好的学校都在县城，也不能耽误了娃娃，我们就用了所有的积蓄，还找亲戚朋友借了一些，就在城里买了房子。

而对北堡子村每家每户都有影响的是2008年底开始实施的“家电下乡”政策。建立在扩大内需意愿上的家电下乡政策，较优惠的家电补贴，直接刺激了农民的消费，同时使得农民意识到，消费才是国家鼓励的行为，勤俭节约已经过时了。QJG和FSP有一次关于消费的讨论，可见一斑：

QJG：你看你俩，挣点钱还舍不得花，都存到银行里生虫着，现在国家政策是啥意思，买个东西都给你补贴，意思就是让你不要舍不得花钱，不要存着钱不花，国家并不喜欢不花钱的人。

FSP：是啊，谁不爱花钱啊，我又不傻，我也想花钱，但你看我，两个儿子等着上学，上完学就得想着给人家买房，娶媳妇，花钱还是个无底洞，我们两个，一辈子就这么过来了，你也不能亏着娃娃啊！我这么节省，人家都笑话我，说我存的那点钱，过几年也就不值多少了，但我还是舍不得花，唉……

这是在一次很随意的聊天过程中听到的对话，说“国家并不喜欢不花钱的人”这句话的人，是一个文化程度不高，在建筑工地上打工的“架子工”，他的消费观念是挣多少，花多少，有了多花，没了少花，而热衷于存钱的一方，却是被嘲笑的对象，并且不止一个人嘲笑他。在一系列的制度刺激下，农民主动把附加于其上的消费价值观内化，并且从国家刺激消费的政策中给自己的消费行为寻求合理性庇护，消费观念的转化，是消费社会真正需要的。

正如波德里亚所说：“选择不是偶然的行为，从社会角度看，是受控制的，而且它反映了它所处的文化模式。不是什么财富都要生产与消费的，它必须在价值体系里有某种意义。通过消费，特别是通过某种特定物质的消费，人们找到了理想中的平等。”[①] 北堡子村的人们试图通过消费去跨越城乡二元社会的鸿沟，尤其是对一些具有“符号意义”比如城市

---

① [法]让·波德里亚：《消费社会》，刘成富、全志钢译，南京大学出版社2000年版，第154页。

住房的消费，正是对这种理想的拥抱，在城市拥有住房，成为跨越城乡二元社会结构的最可行的方式。但是人们并没有仔细考虑拥有了城市住房之后的生计，人们也无法考虑清楚，因为这是一个各项社会制度催生之下的被迫的选择的结果，是社会结构性的问题，“作为单个的个体行动者，在消费的社会里，唯有不断向前，才能成为消费社会合格的社会成员，消费者是消费社会最重要的财产”①，如果一个个体，没有持续不断消费的能力，就会面临着被“取消社会成员资格”的可能。北堡子村的农民，用消费的方式追赶社会前进的步伐，使自己顺利地变成消费者，而消费者社会需要消费者从事更多的工作，更多地消费，去促进消费社会的快速运转，离开村庄，成为能够有消费能力的消费者，成了北堡子村农民不断向外，不断离开村庄的重要原因。

第二节　依赖市场的生计

施坚雅在研究中国农村市场时认为“如果可以说农民生活在一个自给自足的社会中，那么这个社会不是村庄而是基层市场社区，农民社会生活的边界不是由所住村庄的范围决定的，而是由他的基础市场区域的边界决定”②。北堡子村从集体化时期就有磨面房和榨油坊，这保证了村庄人在足不出村的条件下，就可以满足口粮生产和加工，解决温饱问题。家庭联产承包以后，更多的物质需求则要通过离村一公里的乡镇集市——每逢“一、四、七”就有的集市，和临近的两个乡镇的集市。虽然每个乡镇集市的商品数量、质量雷同，但基本上能保证农民的基本日常所需，农民可以根据情况选择去不同的集市上赶集，以满足家庭生活所需。而同时，基层农村市场也满足了农民家庭所有正常的贸易需求，家庭自产不自用的在那里出售，家庭需要不自产的在那里购买。也就是基层农村市场是一种买卖型的市场，农民在其中可以是买方，也可以是卖方，农民把自家养殖的

---

① ［英］齐格蒙特·鲍曼：《废弃的生命——现代性及其弃儿》，谷蕾、胡欣译，江苏人民出版社 2006 年版，第 32 页。

② ［美］G. W. 施坚雅：《中国农村的市场和社会结构》，史建云、徐秀丽译，中国社会科学出版社 1998 年版，第 40 页。

家禽和家畜、手工制作的农具、剩余农产品带到市场上出售，在家禽、家畜的工业化养殖没有发展起来的时候，市场的供应主要来自农民的家庭养殖。随着农业生产的工业化进程，越来越多的农产品开始进行大规模和快速的“类工业化”的生产，农民费事、费力、周期很长的家庭养殖业在市场上没有了竞争力，农民手工生产的农具也没有了竞争力，农民放弃了以出售为目的的家庭养殖业和家庭手工业等。而随着改革开放的步伐，越来越多的人开始专司商业，商人成为专职的，农民在市场中的行为由买、卖两种角色逐渐转化为单纯的买方角色，也就是说，农民越来越退出卖方市场，退出生产者市场，而进入了作为单纯的消费者的买方市场。

起初农民所依赖的市场是在步行时间内的，乡镇集市成为农民获得日常生活资料的重要市场，县城集市是在需要的货物乡镇集市没有的情况下的选择。而随着乡镇市场和县级市场需求的物资再也无法通过农民自己的生产来获得时，同时人们的生活水平逐渐提高，产生了更多的物质需求，从而促进了可以大量生产、物美价廉的工业产品逐渐占领了当地的市场。工业化的生产、发达的交通运输网络和商业运作顺利地使北堡子村融入了全国大市场。北堡子村所在县，依赖地处陕、甘、宁三省的交接地带，大量的生活物资通过西安、兰州和银川运送进来。施坚雅所说的一个曾经能够自给自足的基层市场社区，在家庭联产承包到户之后很短的时间内，已经完全丧失了自给自足的能力，不得不依赖全国大市场，才能满足日常生活。图4—1显示出北堡子村村民对各级市场的依赖：

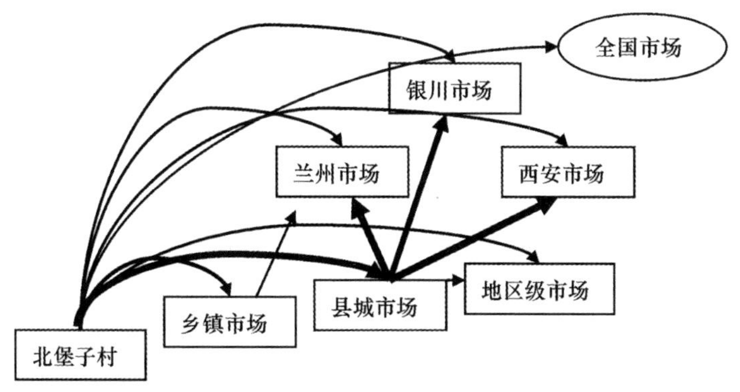

（线条粗细表示依赖程度，线条越粗，依赖程度越强）

图4—1 北堡子村对各级市场的依赖

一　生活对市场的依赖

许多农民，已经深刻地体会到了生活对全国大市场的依赖，XL 讲述了自家对各级市场依赖的生活：

> 我家的电脑是我在漳州打工的时候买来的，洗衣机、冰箱和电视是从西安买来的，结婚时候的婚纱照是去兰州照的。去年得了腰椎间盘突出，去固原看看没好，又去了西安的大医院去看。现在的人，就是在一个小地方生活的人，你也得依靠发达地方（的资源）。

北堡子村的农业历史上，生产主要是围绕着吃、穿、住、行进行的，而围绕吃的生产又占了整个生产中的很重要的部分。

北堡子村的农业生产，在家庭联产承包几年之内，一直遵从着“安全第一”[①] 的原则，人们最怕的就是家里没有粮食，“口粮生产”是农业生产中最重要的部分。但随着人口的大量外流，打工收入成为家庭中最主要的收入，土地只是由少数老人和妇女去耕种，退耕还林和土地流转之后，各家可以耕种的土地越来越少。即使那些耕种土地的人，也不能保证生产的粮食能够满足全家人的口粮，而越来越多的家庭在耕种土地的投入和产出比的计算之下，逐渐放弃了没有收益的土地耕种，使得北堡子村粮食产量逐年下降。作为重要口粮的小麦产量已连续 10 年下降，而作为当地重要油料作物的胡麻，种植量已经接近于零，作为主要蔬菜的土豆，更是由于较复杂的种植和收获过程，逐渐被人们放弃。使得北堡子村民，即使在村庄居住者，也有 15 户家庭的面粉完全依赖市场供应，其他家庭的市场供应比例也在上升。全村人的蔬菜、油料则几乎都依赖于市场供应。而随着养殖业的衰落——以往每家每年会喂一头猪，在过年的时候宰杀以满足一家全年的肉食供应，在近 10 年，没有人家再以满足家庭肉食供应来养猪，蛋类的供应也因家庭养鸡很少——肉蛋消费完全依赖市场。

正如张光直先生所说：“到达一个文化最核心的地方就是通过他的肠

---

① 参见［美］詹姆斯·C. 斯科特：《农民的道义经济学：东南亚的反叛与生存》，程立显、刘建等译，译林出版社 2001 年版。

胃，而食物的市场化带来的直接后果则是附着于食物之上的‘地方性’文化的结束。”[①] 传统上的北堡子村，“食物的制作是整个家庭生活中重要的组成部分，而饮食的结构和食物的制作方式与可获得的食材和烹饪原料有必然的联系，北堡子村的食材主要来自于农民自家田地里生产出来的小麦、面粉、大豆、玉米、瓜果蔬菜，自家养殖的鸡、猪作为肉蛋的重要来源，烧菜用秸秆是自家田里产的，甚至某种特有食物的制作工艺是从祖先那里传承来的，食物跟本地的农业文化有着密切的联系”[②]。随着种植作物数量和种类的减少，村民的食材越来越依赖市场供应，传统的食材所传承的食物烹饪的方法也逐渐失传。尤其是在重要节日和庆典，则会是标准化的宴席，或川菜，或湘菜，或粤菜或东北菜，而对相同食物的消费，无疑意味着对透过饮食而折射的不同文化的消解。

1983 年取消布票之后，村民可以购买到更多的布匹，开启了妇女手工缝制衣服热潮，从纯手工制作到后来每家都有了缝纫机，家庭成员的服装，依赖于家庭手工生产。妇女们经常从集市上购得布匹，互相帮助着裁剪，缝制。农闲的季节时，妇女们得赶着把一家人一年穿的布鞋做出来，每年一人要穿三双鞋，整个冬天都不能闲着。妇女在串门、闲话时间都是要带着针线活的。因为人口流动和工业化的生产，导致服装家庭生产的破产也，GXF 回忆了这个过程：

> 我那时候做衣服的手艺好得很，村里好多人家要做衣服，都是拿来我给剪衣服样子。后来，大概是 1991 年、1992 年的时候集（市）上开了裁缝店，那裁缝，据说是在啥学校里学的，做的衣服都没我做的好。那些年我还帮村里人做，到后来，城里卖的衣服越来越多，样子越来越多，咱做不了那么时髦的衣服。我们家孩子，从出去打工之后，再也不穿我做的布鞋了，说是土的很，连织的毛衣也不穿，说款

---

① ［美］张光直：《中国文化中的饮食——人类学与历史学的透视》，郭于华译，载［美］尤金·N. 安德森《中国食物》，马孆、刘东译，江苏人民出版社 2003 年版，第 11 页。

② 解彩霞：《工业化下失控的食物及其风险》，《福建行政学院学报》2012 年第 6 期。

式不好。你看我家这缝纫机，还是1987年的时候我养了一头大肥猪，卖了，买回来的，这好像有20年都没用过了。

服装的家庭手工生产建立在自力更生的观念之上，更建立在物资短缺的基础之上，而工业化的服装生产，快速丰富了当地的服装市场。人口的外流，现金收入越来越多，人们更愿意用金钱购买工业化生产的旅游鞋和皮鞋、西服、夹克衫、牛仔裤，致使服装的手工生产销声匿迹。北堡子村所在县城的大型服装商场，很短的进货周期，保证了最流行的服装款式以最快的速度从兰州、西安等地运来。年轻的妇女们会经常进城“逛街”，以观察和购买最流行的时装。北堡子村农民的服装消费，已经以极快的速度融入进了全国甚至全世界的大市场中。

包产到户之后的5到10年，北堡子村掀起了第一轮建房热潮。而所修的房屋，以土木结构为主，房子的墙是用土打夯起来了，更高的地方用胡基（把土填在长方的模具里，打结实，形成的长方形土块）砌起来，而椽和檩是用包产到户时分给自家的树林里的树木做，门窗全是用木头，请本村的木匠做成，而且木匠做工只会收很少的工钱，甚至只需给木匠管饭，吃好饭就可以。修房的整个过程都是由村民互助而完成的。XZM和XHJ回忆了修房由互助劳动到市场化的过程：

> 我们家1995年修西边的房子的时候，总共花了不到100元，主要是木匠的工钱50元，其他的钱买帮忙的人抽的烟，还有一些菜呀啥的。打胡集，打墙，都是别人帮忙的。而到了2005年我们家修上房的时候，总共花了3万多，包括砖啊，木料啊，玻璃啊，房梁啊这些料花了将近2万元，剩下的都是工钱，泥瓦工都是请的村里的大工，小工也是村里人，一天50。现在的人，哪还有白给你帮忙的？
>
> 现在盖个房，所有的原材料都得花钱买，干活的所有人都是要给钱的，现在要修个60平方米的房子，至少得6万元，还不包括房子里面的装修。我们家上房，那时候刚从老院子里分出来，存了几年钱，盖了砖瓦结构的。2010年，想把西边和南边的房子修了，预算了一下，得将近10万元，修它干啥，我俩想了想就修了彩钢房，总共花了不到两万。

农民之间除农业生产之外最重要的互助就发生在打院修房的过程之中。而随着劳动力市场化的到来，任何劳动再也不是免费的，即使在修房等对农民来说非常重要的时刻，互助劳动已经近乎消失，即使同村庄的人，也是拿着工钱的打工的人，而不是帮忙的人。随着人们越来越不愿意在村庄居住，农民好好修个房子，以便留给后代的想法越来越少，自2009年有人修了临时性的彩钢房之后，村庄流行起了盖彩钢房，主要因为砖瓦房成本太高，并且将来很可能没有人居住，临时性的可使用十年的彩钢房成为一种折中的选择。而更多的人是选择在城市购买商品房。

北堡子村距离县城7公里，步行到县城需要2—3个小时，农民一天可以一个来回，也是在交通不发达的时候北堡子村民能够到达的最远地点。随着当地短途运输业的发展，人们可以从村庄里坐面包车到县城，车费从最初的5毛、8毛到现在的5元，县城和村庄的时间距离大大缩短。更多的家庭交通工具则是摩托车，每户人家几乎都有摩托车代步，以便保证在离村庄较近的地方去打工。与短途运输业的发展相悖的是，北堡子村的进村道路30多年来没有任何改善，仍旧是一条不到两米宽的泥土路，2013年8月，呼唤了30多年的村庄公路，在新一届的村干部的努力下，终于争取到了修路资金，计划在半年之内完工，但这个迟迟没有修缮的村庄公路，丝毫没有影响北堡子村融入世界的脚步，北堡子村所在县城没有铁路，村民通过公路，先到西安、银川、兰州等地，登上火车，通过四通八达的交通网络，走进城，融入时代发展的进程中。

二　生产对市场的依赖

北堡子村的农业生产中的种子、农药、化肥、农机具都依赖市场供应。种子，曾是农民最关心的问题，农民会在一定的周期更换新的种子。当地的农作物种植以小麦和土豆为主，农民经常“兑换”种子，即用自己的小麦兑换作为种子的小麦，用自家的土豆兑换作为种子的土豆，而随着耕种者减少和农民对种植产量的不在意，种子更新周期越来越长。后来种子要购买，因为种子价格高于一般的作物价格，有好的作物品种的人家，不再愿意用种子和一般作物兑换，村民只能购买同村的种子。这些种子一般是去年长势和产量好的作物，农民亲眼所见，可以信赖的，所以农民宁可购买本村的种子，也很少人购买市场上的种子。XRX 给笔者描述了这一过程：

> 以前种地，主要用农家肥，化肥用的少得很。有几年，我们家养了牛、羊、猪、鸡、兔子，好多种，我们那时候很讲究，种豆子（大豆）的时候，不用羊粪，因为羊粪是热的，就把豆子烧死了，种洋芋的时候用羊粪是最好的，种胡麻也可以用羊粪，提高产量。牛粪最适合种小麦，而猪粪可以和别的搭配使用比较好。现在好了，家里啥动物都没了，哦，还有，有一条小狗（笑），哪里来的农家肥啊！现在的地，不上化肥都不长了，种地全靠化肥了。

曾经在农业生产中非常重要的农家肥，随着家庭养殖的减少，已经几乎要退出农业生产，而对农药和化肥的依赖，进一步提高了农业生产的成本，促使更多的农民放弃农业生产。

家庭养殖业的减少，不仅仅导致农业生产对工业化肥的依赖，也使得传统依赖于畜力的农业生产变成机械生产，我们通过 XHJ 家的农机具数量及其花费来看看农业小型机械化的影响。

> 我们家现在有：手扶拖拉机一辆，补贴（农资补贴）下来 4500 元；三轮车一辆，补贴下来 6000 元；小型旋耕机一部，补贴下来 3500 元；脱粒机一部，补贴下来 3800 元；铡草机一部，补贴下来 1000 元。这还都是较大的，还有各种各样小的，比如播种机啊啥的。现在你种地，自家又没有个牲口，想借都借不到了，没有机器根本不行，但有这些机器吧，你要是种的地少，根本就不划算，花那么多钱，买一个机器的钱，都够买一年的口粮的了。我这些机器，也就是有时候给别人家干点，好把买机器的钱挣回来。别说别的，我今年花了 3800 元买了脱粒机，还想着给别人家脱粮食，好挣点买机器的钱，但现在的这东西，用几回就不能用了，今天这里坏了，明天那里坏了，三天两头拿去修，什么时候才能把那点钱挣回来啊？

对农机具的使用，使北堡子村这样依赖小片土地种植业为生的农民，陷入农业生产的怪圈：没有农机具，农业生产根本无法进行，购买了农机具，却又陷入了赔本的农业生产，而质量不高的农机具，更加速了这个怪圈的循环，农民的理性选择是——用离开农业、离开农村的方式逃出这个怪圈。

三　收入对市场的依赖和不确定性

消费意愿和消费能力是由收入水平决定的。在对北堡子村的研究过程中，统计家庭收入是一件非常难的事情，首先在于农民不愿把自己的收入详细地告诉别人，在说到自己家的具体收入的时候，总有保留，而当估计别人家的收入的时候，却总是很大胆；其次在于农民的收入是不确定的，有些收入无法清楚地记载。

从访谈中大体总结了农民主要的收入来源：土地收入，这包括退耕还林的土地补偿和土地流转的收入，北堡子村平均每户每年可以获得 470 元退耕还林补偿和 1414 元土地流转的收入，这两部分收入成为北堡子村 60 岁以上的农民重要的收入来源，还有一部分收入来源是养老金（从最初的每个月 50 元到现在的 85 元），2013 年 60 岁以上老人可以一年领到 840 元养老金。工资收入等，中年人家庭也有土地收入，但不是家庭重要收入，更多的收入来自于工资收入、经营和打工收入。工资收入指有稳定的非农职业人的收入，比如教师、国家公务员，这个收入是可以估算出来的，收入在 4 万—10 万元。经营性收入是指自雇者，这个收入也因每年的经营状况不同而不同，有的年份是赔钱的，正常收入在 3 万—20 万元。而打工收入更难估计，从几百元到数十万元。

土地流转之后，北堡子村村民种地意愿越来越弱。而流转掉的土地，被承包者们用来育苗，主要种植河北杨、松树、柏树等树苗，这给当地的妇女们提供了短期的、季节性的、不稳定的就业机会。透过流转土地承包者 MLB 对当地打工妇女的态度，可以看出这样的就业机会对北堡子村的村民是极不稳定的：

附近这几个村里的女人们，干活偷懒得很，但你又没办法雇别的远的地方的人，只能雇她们。你不知道，每天跟在屁股后面监督着，也是慢慢腾腾。有时候地里的草长太多，来不及的时候我们就去山后面（指山区村庄）去拉人，拉上一拖拉机，一天工钱稍微多给十块钱，三五天就把活给干完了。但你也不能老去那么远的村里找人，也就这些人凑合着干着。去年，一个老太太，自己走路都不利落，还要来干活，我们家的树苗都被她压坏了，干了两天，我就死活不让她干了。

北堡子村土地流转后，村庄内有最多有十几位女性在流转掉用来种植树苗的土地上打工，这些女性都是年富力强的，每年有3—6个月，每天30元—50元的打工收入。这些工作机会也经常被更偏远的村落的人用更低的价格和更快的干活速度而竞争过去，而老年的和身体状况不好的女性则没有这样的工作机会。年近50岁的CHH，为了提高家庭收入，只要能赚钱的机会她都不放过：

我们家能有啥收入？基本上就是每年出去打几个月的短工。去年我去了新疆摘棉花。摘棉花那个苦大的啊，天气要热死人，蚊子大得都能把人吃了，咱又没摘过，不会摘，速度慢，挣了不到一万块钱，人家那个摘棉花的状元，一年挣了三万多，政府还给奖励了她回家的飞机票，她最后把飞机票退了，坐火车回来的。摘棉花挣钱是快一些，但太苦了，我再也不去了。去的时候是人家答应，去一个人，回来给一个低保，我们家去年准备修房子，要是家里有低保，危房补助高很多，但最后也没修。

收入的不稳定是北堡子村民遇到的最大的问题。而村庄的男性，多从事建筑业及其他相关行业，季节性很强，随着当地城市化建设接近尾声，越来越少的人能够在当地找到工作。40多岁的QJC对此很担心：

我在外面打了十几年的工，就最近四五年才回来，到县城打工，但现在县城打工的人太多了，就是下苦的活也越来越难找了，我现在一年也就能干4—6个月，工资200元每天，一年挣个二三万块钱，都不够两个娃娃花的。这过几年，肯定不行了，又得到外地去找活了。

我们这种没文化，啥都不会的人，只能下苦。下苦的活又都是危险活，我干活的时候腿摔断过，今年脚又被钢筋戳了，现在走路一直一瘸一拐，估计好不了了。

当地小城镇建设吸引回来数量很多的农民工，这些农民工在当地找不到工作之后，继续远距离流动去找工作。但简单劳动（即体力劳动）需要年轻，有较强的体力，随着回流的这部分农民工的年龄增加，即使外流，也很难继续找到工作，不稳定的家庭收入会面临更大挑战。RYZ对此很无奈：

我家娃娃他爸，这都半年没出去了。打工的那个厂子，前几年效益很好，每年忙得过年回来都待不了几天，今年不知咋的，就说效益不好，这半年了都没叫去。他爸技术挺好的（在钢板厂打工，擅长电气焊），当了几年车间主任，去别的厂子打工吧，怕找不到合适的，别的活他也不会干啊！

有一年，几天赚了将近一千块的日子，是村民WXL念念不忘的记忆，这种不确定的收入，就像天上掉馅饼，一辈子就遇到过那么一回。

有一年，咱家河湾里，不知道咋那么多的青蛙，也不知道哪里的人，消息那么灵，就开着一个大卡车来收青蛙，一斤四块钱，我一天都抓了一百斤的青蛙，抓了三天，青蛙就全被抓完了，人家拉了一车走了。

当地农业生产的商品化程度一直很低，加上农业生产面积大量减少，农业收入已经是家庭中最不重要的收入，而重要收入来源的打工收入，完全依赖市场波动，也依赖于各种国家政策，充满了不稳定性。

第三节　消费观念的转变和个体消费的兴起

北堡子村民在现代化的进程中，很快融入消费社会之中，成为消费社会中的成员，但正如一些研究所揭示的，中国的消费社会形成了“一个国家，两个社会”[①]，或“一个社会，两条轨道”[②] 的两种截然不同的消费生活，形成以城市大多数人组成的“消费者集团”农村的大量人口和城市低收入阶层组成的“生存者集团”的消费双轨化的消费路径[③]。北堡子村民无疑是“生存者集团”中的组成部分，北堡子村民的消费观念和消费行为是由不断高涨的支出压力来决定的。

一 老年人的消费观念：压缩性消费

对北堡子村的农民来说，节俭是一种品德，更是一种因生活条件所迫而形成的生存策略。村民们把会节俭过日子的人称为“细祥”（指生活精打细算，处处节约）的人。XZD 讲述了该地区最有名的“细详”的人们的故事：

> 说起“细祥”，谁都比不过张银村的“老细祥”，那些年的钱，本来就小，分分钱多，“老细祥”还把所有的钱都换成“钢元”（指老版人民币的一分、两分和五分的钱），要不娃娃看到了就会要钱花，他们家的娃娃也从来不要钱花，不知道攒了多少年，“老细祥”攒了一麻袋钢元，挂在房梁上，后来拿到银行去换成大钱，银行数钱的人脸都气绿了。还有三星的“老细祥”，好不容易攒了钱买了个自行车，怕孩子用坏了，就挂到房梁上去了，几年了取下来，都锈得不能用了。二队里的“老细祥”，买了一罐蜂蜜，挂到房梁上，舍不得吃。

这种节俭的极端例子在北堡子村附近的每个村落都会找到，也成了人们茶余饭后调侃和取乐的话题，但节俭是村落消费文化的主色调。GXP

---

① 参见孙立平《转型与断裂：改革以来中国社会结构的变迁》，清华大学出版社 2004 年版。

② 参见王宁《从苦行者社会到消费社会：中国城市消费制度、劳动激励与主体结构转型》，社会科学文献出版社 2009 年版。

③ 同上。

解释了节俭的原因：

我们这些人，都挨过饿，知道饿肚子的味道，我们不敢糟蹋一颗粮食。在公社里的时候，饿得不行，饿得晚上睡不着觉，地里种的小麦刚接穗，都还没熟饱，我大（指爸爸）就晚上背个背篼，偷偷地割一捆回来，我妈在晚上偷偷地用火把麦穗烤熟，擀成面，给我们吃。挖洋芋的时候，在地头上看着干部不看的时候，挖个坑，拾一筐子洋芋，把半筐子倒到坑里，埋了，边上放个石头做个记号，等晚上的时候再偷偷地刨出来带回家吃。那时候饿的，喝个面糊糊，清得都能看到碗底，喝了还要把碗舔了。包产到户几年后，每家人都能吃饱了，不糟蹋粮食的习惯养成了。现在日子好过了，娃娃们浪费得很，我们也管不着了，看着浪费粮食，气人（指生气）得很。

从物资短缺时代走过来的农民，因对饥饿的痛苦记忆和种植粮食的辛苦，切身体验粮食、物品的来之不易，从而形成了节俭的习惯，这个习惯也成为他们的生存策略。

在没有稳定的收入来源的情况下，节俭成了老年人被迫的生存策略，但也因老年人从来没有享受过更多的物质生活，使得这种节俭的生活并不会带来严重的心理问题。XFN 这么解释自己节俭的原因：

我除了一个月 70 多元的养老金，再没啥收入了。儿子基本上不给钱，就过年的时候给个五十一百的。养老金那点钱，都不够一个月的吃药钱，这浑身到处里外都疼，现在的药贵得很，每天都得吃药，钱全吃了药了。

我就一个女儿，女儿全家就在县城开个门市部，一大家子指望着生活呢，女儿也不给我啥钱。我这衣裳，都穿了十几年了，我不讲究，一个死老婆子，快进棺材的人了，有啥讲究的，只要一天不饿肚子就行了。

LHZ 家也是非常节俭的：

我们老两口也没啥收入，一年就退耕还林的给一些，土地流转的给一些，加上我俩的退休金，总共不到五千块钱。人老了，全身都是毛病，看病吃药的都要花好多钱。穿的衣服三个姑娘这个买一件，那个买一件的，都还有穿的。吃饭，我俩也不吃啥好吃的，就吃面食，一年花不了多少，生活简单得很。人老了，就啥都不图了，只要身体好，娃娃孝顺就行了，要那么多吃、穿、用的，干啥？女儿给买了电视，儿子给买了冰箱、洗衣机，但我老两口电视很少看，洗衣机就洗冬天厚的衣服，薄衣服都用手洗，冰箱基本不用，也没有啥需要冻的，只有过年的时候，娃娃们都回来，也买点肉呀啥的放一放，平时就关着不用，省点电费，少花点娃娃们的钱，娃娃们买这些电器的时候，我俩就不要，这是乱花钱，他们生活也都不容易。

在经济上主要依赖儿女的生活，使他们坚持要通过自己节约的方式，来减轻儿女的养老负担，从而给自己一个更有尊严的生活。XZD 家的危房用两根柱子支撑着凑合居住，他是这么解释的：

前年娃娃说要给我俩修房，算了一下得五六万，我俩老骨头了，还能活几年啊，修个房子，也没人会住，就是白花钱，几个娃娃家也都不是很宽裕，我们家老大，两个儿子都大了，二儿子娶媳妇，买房子没多久，老大儿子又买房子，他俩哪来的钱呢？老二儿子在城里买了房，又供给着两个上学娃，也不宽裕，两个女儿家也是，儿子结婚，买房，都不容易，我俩就死活都不让他们修。他们说烂房子里住着，让人笑话，我老两口说，有啥笑话的，房子修了，到后来没人住，才叫人笑话呢！最后他们拗不过我们，我们让他们用柱子把房梁给顶住，这样也能凑合几年，能把我俩送到头，就行了。

XZD 有两个儿子，两个女儿，生活都过得不错，在他们计划给父母修建新房的过程中，遭到父母强烈反对，父母的理由是，他俩老了，也住不了几年了，修个新房，等他俩去世了也没人会居住，修房子的钱就全浪费了，所以最后的选择是在土木结构的房梁上，顶了两根柱子。这种有住房消费需求的老年人，在习惯于节俭的生活模式下，认为专门给他们修住房，完全是一种浪费，他们宁可压缩掉自己对住房的需求，更多地考虑是给孩子们节约点，以便在更需要钱的时候有钱。

XZM 为了给儿子在城市里买房，父母不得不一再推迟修缮自己居住的房屋，到最后只能放弃修房打算，而全力支持孩子买房。

> 我们家房子也不好了，都快二十年了，这几年一直想着修房子，但我们家儿子一直在外面没买房子，也没找媳妇，我们得把钱存下来，帮人家买房子，今年说是要买房子了，我们存的那点钱都给他当首付去了，家里的房子也不能修了。

村庄老年人的消费模式是能不消费的就不消费的节约型甚至压缩性的。北堡子村的老人们，除非不能动，是不会完全退出生产的，但是他们已经在很早的时候就主动近乎完全退出了消费，而仅仅消耗日常生活必需品，这与传统形成的消费习惯有关，也和老人在家庭中的地位有关。北堡子村老年空巢家庭数量较多，他们的收入依赖丁较少的土地收入和不稳定的儿女支持及其他收入，这使得他们不得不压缩消费。而其他家庭模式中的老年人，也由于在家庭生产中的作用越来越少，不能挣来现钱，而不得不削减支出和消费的欲望。即使是在主干家庭中，老年人也是在家庭消费过程中最少消费的人，这种消费模式也反映出老年人社会地位的下降。

二　中年人的消费观念：节俭办大事

收入对市场的高度依赖、不稳定的收入来源和高涨的消费支出，使北堡子村的中年人不得不采取节俭办大事的消费模式，进而能在某些重要时刻有钱花。

XYH 家在村庄属于较高收入的，但他们家的节俭也是非常出名的，有人甚至认为，他们家的好日子都是节约出来的。XYH 帮助两个儿子买房、娶媳妇的过程中没找人借钱，就是他既能挣钱，又会节俭的表现。

> 咱平时比较注重吃，平时冰箱里肉呀，菜呀，水果呀都存着，人一辈子就混个嘴，舍不得吃的人，过的有啥意思？穿我不太注重，就那么几套能穿出去的衣服，但我媳妇喜欢穿，我也不挡着她，她喜欢

的都给她买，但她自己舍不得，她身上穿的好衣服也都是我给她买的！

其实咱生活总体还是比较节俭的，主要是事情多啊，你看我两个儿子，一个接一个地结婚，买房子，咱一个农民，能有多少钱，加上我腰椎间盘突出，这几年也花了十几万。不节约着，哪来的钱啊？

今年我还想要买个车呢。我记着那时候谁骑着个自行车，我就想着咋地都要买一个，看人家骑摩托，咱也买了一个。现在就这时代么，得买个车，咱不买贵的车，就买个那种 5 万—6 万块钱的就行。我这人的消费观念就是，日常生活节俭一点，尤其是穿的方面，咱一农民，穿那么好有啥用，但大事咱都得考虑，给娃娃娶媳妇啊，买房子啊，这些事，都得考虑。

LWH 认为自己虽然挣钱多，但不敢消费的理由是生活必需品开支大，又必须面对孩子们将来高昂的教育支出，而未来的收入却充满了极大的不稳定性，所以，即使能够挣钱的时候，也得想到这些必需的支出压力，日常生活中只能能不花钱的地方不花钱，尽可能地节俭。

人家说我们两口子挣钱多，我们也是，这几年在县城打工，我是大工，我媳妇是小工，我俩包工，一年也挣点钱，但花销大啊，你看我们新起的这个院子，总共花了近十万，这还是我和我媳妇自己盖的。泥瓦是我俩自己干的，木工叫了人，粉刷是我挑担（妹夫）帮着刷，省了点，再加上买家具啥的，攒了好多年的钱都花完了。今年又买了个车，我俩在县城打工，骑着摩托，冷得很，就买了车。我家平时生活很节俭的，平时也不会买个啥吃嘴的，衣服也就过年的时候给孩子买点，我媳妇喜欢买衣服，但她也不经常买。你看我三个孩子，这老大在县城里上初中，花销大得很，一个星期得几十块，两个小的还好，在咱乡小学上学，现在啥都免费，但也没几年都得上初中，上高中，上大学啥的，咱挣那点钱，还得存着给他们。咱农民工是越老越不值钱，越来越挣不来钱，但越老越需要钱，趁着现在还能挣点钱的时候，给孩子多存点。

上有老，下有小的中年人生活，只能在不断地承担义务中，压缩自己的日常消费，以备在必需的消费面前，能够拿出钱来。XK家就是这种状况：

我们家老大房子买到石嘴山了，首付我给了五万，结婚办婚礼，花了三万。这些你都是要尽的义务，买房、娶媳妇不给人家花钱，那以后就更别指望儿子了。这二儿子，正在上大学，你也得考虑人家买房、结婚的事情，我俩挣的那点钱，都不敢花，还得到处借。再说上面还有两个老人，老人每年都生病，住院啥的，经济上紧张得很。我媳妇一个月打工也挣一千多，可她连件衣服都舍不得买。上有老，下有小的日子过得不容易啊！

XJ家也是这种状况：

我们家两个孩子上大学那几年，我的工资几乎全给孩子交学费和提供生活费了，我俩生活上节约得很，现在两孩子都毕业了上班了。去年给儿子在银川买了房子，我们给了十几万，现在没房子不行，连个媳妇都找不到，人家女娃娃现在只要说结婚就要买房，没办法，孩子也得有个落脚的地方，就倒啊借啊的给凑钱把房子买了。房贷孩子自己还去。等娃娃们都能过了，我俩我那点工资就够生活了。

即使有固定收入的中年人，并没有更多的精力来考虑养老问题，也没有在经济上为养老存钱，而是更多地用支持子女的行动来换取养老的保障。

村庄中年人面临的最大的事情有：孩子上大学，儿子结婚、买房，修房，家人生（大）病等。而这其中的一项，就会使一个小康家庭陷入困境。WXH家就因为家人大病而从小跌进近贫困：

我老公2011年走的（去世）。他查出肝癌三年了，一直跑到北京治疗，直到他走的时候，挣的钱都花光了，还欠了十几万。他走的时候我就哭啊，这走到半道上把我一人丢下走了不管不说，还给我留下三个上学的娃娃和一大堆的账（借款），我一个人可咋过？

WXH 的老公是前文所说的 XB，他办的草料加工厂算村庄比较大的企业，能够在忙的季节里雇用工人，年收入在 20 万元左右，但是一场大病，也使得整个家庭经济状况快速下滑，导致其中一个女儿辍学。

中年人面临着可以预计的数额巨大的消费支出。在北堡子村民看来，对日常生活中吃、穿、行等的消费都是“享受型”的消费，是在家庭经济条件非常好，又没有后顾之忧的情况下才可以的。通过日常生活中的节俭来保证教育、住房等“发展性消费”的投入，节俭办大事的消费原则，对收入水平不高，且不稳定的北堡子村民来说，也是不得已的消费策略。

无论是老年人的强迫压缩性消费，还是中年人的节俭办大事的消费，都是把家庭集体的利益作为更重要的利益，是从关注家庭发展的视角出发而下的决定。老年人主动压缩个体消费，是不想因为他们给儿女们增加生活的负担，中年人的节俭型消费，是为了家庭中比个体享受更重要的“大事”，但是，这样的消费观念并没有被年轻人传承下来。

三 青年人的消费观念：钱就是用来花的

青年指 80 年代以后出生的，这部分人基本上有城市务工经历，在消费方面是更强调自我的享受型消费。MWG 的观点颇具代表性：

笔者：你这鞋子看着不错啊？

MWG：那是必须的，我这皮鞋花了三百多呢，红蜻蜓的。我这上衣也要三百多元，裤子二百多，整个身上的行头有一千多元。还有这手机，也是刚换不久的，三星智能机，一千多。

笔者：看来你挣的钱不少啊？

MWG：没有（略显尴尬），我这人挣多少花多少，是个“月光族”。

笔者：那你怎么不存钱呢？

MWG：存钱？就我一个月挣三千多块钱，在外面花销又那么大，自己挣的钱都不够花的，哪里来的钱存？

笔者：你一个月需要花那么多钱？

MWG：你花不了啊？（反问）我每个月都要请朋友吃饭、喝酒，这些应酬、交际是必需的开销，再加上抽点烟，买点衣裳，钱就都没了。

MWG常年外出打工，只有在过年的时候才回家，在笔者和他交谈的过程中，另一位“80后”男性认真地补充“钱就是用来花的，不会花钱，就说明你不会挣钱，你想啊，挣来的钱都花不出去，还哪有动力继续挣钱啊？”这种挣钱就是为了花钱的逻辑得到同龄人的认可，比如XW和XC：

我爸经常给我说，他那时候出去搞副业，挣的钱多少都交给我爷爷，供给着我叔和我姑他们上学。现在，我回家来就问我带回来多少钱，还老说我，就会花钱，不知道存钱。他想让我自己挣钱买房子，你说现在要买房，房价那么高，靠你自己挣点钱不花，存起来买房，是不是像说笑话呢？再说，那么辛苦地，不吃不喝存钱，即使把房子买了，又有啥意思啊？（XW）

我挣的那点钱，回家后我就把它花完，第二年出去再挣，你看我给我们家买的，29寸大电视、洗衣机、冰箱、电磁炉、热水器啥都有。等过年的时候，冰箱里的肉是满的，啥肉都有，我爸我妈就说我不知道节约，节约啥啊，人这辈子不就是为了这张嘴吗，吃都舍不得，还有啥活头。（XC）

父母曾经信奉的节俭办大事的消费观念被年青一代轻易地抛弃了，在他们看来，与其压缩目前消费来换取将来好的生活的可能，不如现在挣点钱就花点，活一天就享受一天，人生苦短，及时行乐的消费观念逐渐彰显。而这种消费，是指向了个体性消费和享乐型消费的，体现在对个体吃、穿、住、行的重视，食物和服装品牌意识悄然兴起，更重视日常生活用品的质量。50多岁的XYH对此深有看法：

我那时候挣的钱，自己根本舍不得花，都给家里花了。现在的孩子啊，都不知道钱挣到哪里去了？我家两个儿子，二儿子出去打工好几年，每年回家一分钱都带不回来，说是自己花都不够。我觉得他花的好多钱，都是浪费，是糟蹋。你看那衣服，都是几箱子，那鞋子，也是各种各样的，就连那洗头发的东西，都说是啥品牌的，贵得很。你说这些不是浪费是啥？

到后来我们家二儿子娶媳妇的时候，我问他有多少钱，他说就五千块，你说现在的五千块能干啥？办婚礼的钱，买房子首付的钱都是我们的。大儿子稍好一点，知道存钱，知道节约，但也跟我们的节约不一样。我们还以为他能把买房子的首付凑出来，到最后，还是不行，还是得我们给。

现在的孩子啊，都是各顾各，他兄弟两个，就没想着谁帮谁，自己顾自己都顾不过来，哪像我们那时候，兄弟姐妹一大堆，哪个你都得照顾。

年轻人对个体生活质量的重视，使得收入中的大部分用于日常生活中的享受型消费，也使得兄弟姐妹间的互助趋于消失，而在结婚、买房等需要巨额支出的时候，又不得不回头依赖父母，把更大的生活压力推到了父母身上，加重了对父母的剥削。

四　未成年人的消费和观念：没钱花是没本事

未成年人的消费观念，是在一次和村庄的中学生们在一起聊天的时候了解的。因为小学生的消费意识没有形成，并且独立消费的机会不是很多，除了买零食算作独立消费之外，所以笔者只跟中学生做了访谈。CTX是一位初二的学生，她这么描述自己和同学们的消费情况：

我们班同学穿了什么衣服，我就想要，我妈也会想办法给我买。因为我在城里上学，妈妈不想让我寒酸，再说了，连衣服给孩子都买不起的父母，还有啥本事啊！我们同学都是，吃啊、用啊、穿啊的都讲究着呢。

这种给孩子提供不了好的生活条件，就是父母没有本事的消费观念并不是个别孩子的观念。而父母为了孩子不在别人面前处于劣势，也是极力地满足着孩子的消费需求。CTX 的因素对孩子的消费表示理解和支持：

> 我们娃娃在县城二中上学，刚开始每个星期给五十，三十充饭卡里，二十块零花，后来慢慢不够了，每个星期给七十，也没见人家干什么，每个星期都花完了。看到人家娃娃穿个啥衣服，回来就给我说，我也想，咱家女娃娃，别寒酸了，也给经常买，一年给女儿买衣服的钱也好多。现在的人，娃娃都少，别亏了娃娃，咱就这么想。

当地教育资源向县城集中，初中的孩子都集中到县城上学。金钱在孩子们的生活中扮演了越来越重要的角色，孩子们的新的欲望被不断地刺激出来，而家长们不一定有经济条件能满足，或者没有意识去满足，使得那些辍学能够自己挣钱的同龄人总是比正在上学的有更好的物质生活，上学的孩子就会羡慕这种具体的物质生活，而忽略通过努力可能得来的社会地位，甚至认为这种社会地位是很虚无缥缈的，上高二的 CT 这么说：

> 我们班同学，爱上学的不多，家里有钱的，不需要好好学习，家里没钱的，好好学习了也没用。我小学的时候爱上学，现在一点都不爱上，考个大学，又有啥意思？我姨和我舅，都上了名牌大学，还没有我二叔挣钱多，我二叔连初中都没毕业。我们班今年都有一半的人不念书了，出去打工了，人家一出去打工，吃的也好了，穿的也好了，也不用再伸手向家里人要钱了，自己挣，自己花，多自由啊！三十六行，行行出状元，念书是最没用的，白白浪费几年的时间。

上学"无用论"在中学生圈里并不是很少见，最大的理由是辛辛苦苦地上学，考个大学也不一定能找个好工作，同龄人辍学打工，较好的物质生活条件和不受管束的自由成了上学的孩子羡慕的事情。不是所有的学生都是这样的想法，但这次资料是在一次集体访谈时候收集的，在一起的八个初中生对她的说法并没有表示异议，其中有个学习很好的孩子 MGM：

> 其实我也不知道念书有啥用，我爸我妈打工很辛苦，供我上学，我就是喜欢学习，喜欢看书，谁知道将来考不考得上大学，考上了，

还要花那么多钱，毕业了还找不到工作。唉，我这种爱学习的，在班里有时候都成笑话了。他们经常说，你那么学习，想上大学啊？就是在笑话我。

这个学习好的中学生，没有对别人的说法表示同意，她也无法表示不同意。

北堡子村学生较差的物质生活条件和不断膨胀的消费欲望形成巨大反差，而随着高等教育产业化和大学生就业难的双重社会问题的出现，虽然有越来越多的孩子可以实现上大学的愿望，但试图通过教育进行向上流动却越来越难以成功，对北堡子村孩子来说，通过上大学而“跳出农门”，找到稳定的非农职业，实现社会身份向上流动的可能性越来越小。而接受教育过程中伴随着的巨大的精神压力和巨大的经济压力双重压力，使得孩子们更愿意选择一个可以看得见的，通过辍学打工提高自己生活水平的眼前可以实现的目标。所以当地中学初中生的辍学率居高不下，而高中生高考弃考率也在一直攀升。

不同代人之间截然不同的消费观念和人们所处的生命周期有很大的关系。几乎退出了生产领域，没有现金收入的老年农民，传承了节俭生活的传统。而作为家庭重要支柱的中年人，虽然能够挣到家庭的生活来源，但也被许许多多“不得不”的消费支出项团团包围，成为被迫的消费者，不得不选择生活上勤俭节约，而集中力量办“大事”。而对年轻人来说，生活的序幕才刚刚开始，未来充满无限可能，祖辈们节约型的生活在一定程度上是“无能”的表现，青年人有着面向未来的强大消费欲望，消费能力成了个体能力的一种表现，他们崇尚享乐。而对未成年人来说，其所崇尚的更是一种透支未来的消费模式，个体的责任意识尚未确立，但消费的欲望非常强烈，也崇尚享乐。

五　生产、分配和消费单位的变化：个体消费的兴起

包产到户之初，户而非个人既是接受集体收入之分配的单位，又是主要的消费单位。在家庭主要收入建立在依赖土地的农业劳动基础上之时，家庭不仅是生产的集体，也是消费的集体，家庭集体消费远远大于个体的消费。但随着时代的变迁，个体成为独立的生产者，也成为对自己所得收

入的拥有者和支配者。家庭，不再是生产单位，也不再是分配和消费单位，而成了个体联合体，就连家庭中最重要的夫妻关系也有向此演化的趋向。TN家的家庭关系变化跟家庭收入的变化就有直接的关系：

> 我打工的钱，多的都是自己存着，少部分才给他（指丈夫）。你知道我刚打工的那几年，挣多少钱都给他，结果到我要钱花的时候，他不给我，把我给气得，我现在就只给他一点。他爱抽烟，喝酒，还好赌博，我把钱给他，都被他给甩花（指乱花）了，我为什么给他啊？

GHK对自己有了打工收入进而提高自己的消费能力方面很满意：

> 人家一个人出去打工的时候，我身上就没钱，找他要个钱花，那难得很。钱是人家挣的，我有啥办法，现在我自己出去打工，我挣的钱，我自己花，我高兴。

并不是所有家庭都面临着夫妻双方各自独立支配自己收入的情况，但是家庭中女性外出打工，有现金收入的情况，无疑加剧了这种状况。“你挣的钱是你的，我挣的钱是我的”的收入所有权观念逐渐明晰，但是在消费过程中，则会采取妥协的方式，即少部分属于个人支配，大部分作为家庭共同财产。而在其他的家庭关系，比如父子、母子、兄弟姐妹之间的“你”“我”区分就更明显，尤其是年轻人通过对自己所得收入的拥有权和支配权，实现了自己作为个体消费者的消费愿望。

第四节 本章小结

现代国家为了促进生产的向前发展，需要塑造有强大消费欲望和消费能力的消费者。中国改革开放以来的国家实践，逐渐地塑造、刺激出了人们的消费欲望，并且通过一系列的政策，使人们产生了通过消费获得认同的社会心理。北堡子村民正是在一系列的刺激消费的制度下，逐渐地成为消费社会需要的消费者，这体现在生活的所有方面均对市场有较强的依赖。传统的通过基层市场就可以自给自足的村庄，在很短的时间内开始抛弃了衣、食、住的地方性特征，投入到对工业化生产的食物、服装、住房等的消费之中，成为对市场全面依赖的个体消费者。

不同代人所拥有的不同的消费观念和他们的消费习惯、消费能力、面临的主要问题以及在家庭中的地位等有直接的关系，更和家庭在现代化进程中在生产、分配、消费方面的地位变化有关系。随着人口流动和劳动的个体化，个体而不是家庭成为再生产的单位。老一代所信奉的勤俭节约的消费观念逐渐被抛弃，就连中年人集中力量办大事的消费观念也在年青一代强大的个体消费欲望面前显得无力。

年轻人对个体消费的重视，对个体收入的所有权和支配权，使得个体在消费过程中的自主性大大提高："我自己挣的钱，我有自由想怎么花就怎么花，别人管不着"。而且越年轻的个体，消费需求和消费欲望越多，收入围绕个体消费的倾向越明显。在年青一代强调自己自由的同时，父母一代却不得不为他们人生中重要的消费买单，上一代人对下一代人的权利和义务与下一代人对上一代人的权利和义务并不对等。逐渐出现注重个体消费，但同时却又盘剥父母的收入的自私自利的个体出现。

第五章

婚姻圈和家庭模式：家庭内部不平衡的个体化

在做调查的时候，村里一户人家正遇到烦心事：32 岁的儿子好不容易通过亲戚介绍，“说”（指介绍）到了媳妇，女方家已经答应结婚，但条件是“买了房子，装修好，家具也买好”。这也是令北堡子村民非常为难的事情，村庄男性越来越难找到媳妇，而经过各种努力“说”到媳妇，则面临着买房和彩礼的双重压力。但人们经常说：“现在找个媳妇多不容易，就是绊破头（意思是要使尽一切办法），也得给人家买房，让人家把婚结了。”

阎云翔在研究中国东北农村时发现：“个体化的进程表现出来的明确特征是个体对婚姻的自主程度，尤其是年轻夫妇对彩礼的掌控，成为个体化的一个条件。”① 而本章将揭示的案例则会发现，“婚姻自主”可能只是表象，在北堡子村有能力实现婚姻自主或者婚姻仅仅是个人的事情的人并不多，这表现在男性青年结婚的过程中，如果无法凭借自身的能力娶到媳妇，则必须依赖传统的婚姻圈，即通过祖辈和父母建构和维持的“关系”来找到婚配对象，这无疑增加了父母在子女婚配过程中的义务。北堡子村老年人的传统观念认为，娶媳妇是老人对儿子的义务，儿子们则利用老年人的这种观念，顺利地把婚娶的压力转移到父母身上，而要结婚的青年，会通过彩礼、买房、装修等方式，完成父母财产向儿子财产的转移。这对

① 阎云翔：《私人生活的变革：一个中国村庄里的爱情，家庭与亲密关系 1949—1999》，龚小夏译，上海书店出版社 2006 年版，第 138 页。

于贫困的北堡子村所在的地区来说，造成的结果是父母必须借债以帮助儿子结婚，这些债务成为父母和儿子共同的债务，而更多情况则是父母主要偿还这些债务。

对政治、经济、文化发展落后的贫困地区的个体来说，并不是每个人都能通过个体的努力而实现自主的婚姻，在更多的情况下要依赖建立在村庄地域、血缘关系之上的，由几代人共同维系的传统婚姻圈。那些通过个体努力实现自主婚姻的人非常少，并且有明显的性别差异，女性更容易获得自主的婚姻，而男性则会依靠传统的“婚姻圈”。年轻女性在婚姻市场上的优势地位，使得她们能够掌握自己的婚姻，她们流向了城市和较发达地区的农村，贫困地区的男性只能依靠传统的婚姻圈，而女性的大量外流，使得男性通过传统婚姻圈获得婚姻也成为一件比较困难的事情。因此除非通过个体努力获得更多的社会资本、经济资本和文化资本，传统的婚姻圈仍然是个体尤其是大龄男青年获得婚姻的最好选择。

第一节　传统婚姻圈及其性别分化

施坚雅认为“人们会在市场社区内娶儿媳，而媒人往往在集市上完成介绍，社区中有一种农民阶层内部通婚的特别趋向”①，也就是说传统上的中国农村的婚姻圈和基层市场圈的半径是相同的。杜赞奇对这样的结论提出修正，认为“婚姻圈并不一定等同于于市场圈，而是以距离为准”，也即“出嫁闺女的村庄坐落于婚娶媳妇的村庄的‘联姻范围’之内，这一范围可能独立于集市圈之外，其辐射半径以一定时间内步行可到的距离为准。集市婚姻圈包含在市场范围之内，但市中心并不一定是确定婚姻关系的地方”②。而对中国农村的“婚姻圈”的诸多研究显示，每个

① ［美］G. W. 施坚雅：《中国农村的市场和社会结构》，史建云、徐秀丽译，中国社会科学出版社 1998 年版，第 45 页。

② ［美］杜赞奇：《文化、权利与国家——1900—1942 年的华北农村》，王福明译，江苏人民出版社 1996 年版，第 18 页。

村庄都有特殊的“婚姻圈”，婚姻圈的作用是“确定选择配偶的规则”[①]。

一　传统“梯度婚姻圈”

1. 地理区位上的梯度婚姻圈

北堡子村的传统婚姻圈与婚配距离有关，一般在步行一天往返的范围之内。

表 5—1　　村庄男性配偶来源与出生年代

<table>
<tr><th colspan="2" rowspan="2"></th><th colspan="5">配偶来源</th><th rowspan="2">合计</th></tr>
<tr><th>本村</th><th>本乡</th><th>本县</th><th>本省</th><th>外省</th></tr>
<tr><td rowspan="7">出生年代</td><td>30 年代</td><td>3</td><td>2</td><td>0</td><td>0</td><td>0</td><td>5</td></tr>
<tr><td>40 年代</td><td>4</td><td>7</td><td>4</td><td>1</td><td>0</td><td>16</td></tr>
<tr><td>50 年代</td><td>1</td><td>5</td><td>6</td><td>2</td><td>0</td><td>14</td></tr>
<tr><td>60 年代</td><td>4</td><td>11</td><td>14</td><td>1</td><td>0</td><td>30</td></tr>
<tr><td>70 年代</td><td>1</td><td>6</td><td>8</td><td>4</td><td>3</td><td>22</td></tr>
<tr><td>80 年代</td><td>1</td><td>3</td><td>8</td><td>2</td><td>11</td><td>25</td></tr>
<tr><td>90 年代</td><td>0</td><td>0</td><td>1</td><td>1</td><td>1</td><td>3</td></tr>
<tr><td colspan="2">合计</td><td>14</td><td>34</td><td>41</td><td>11</td><td>15</td><td>115</td></tr>
</table>

注：资料收集至 2013 年，达到法定结婚年龄（1991 年出生）的男性。

可以直观地看到，男性的婚姻圈在不断地扩大，60 年代及以前出生的人的婚姻圈以县域内部为主，而随着打工潮的来临，人们外出打工，婚姻圈有所扩大，男性可以娶到更远距离的媳妇。70 年代及以后出生的人有 4 人娶到本省外县的媳妇，有 3 人娶到外省的媳妇，尤其是出生在 80 年代以后的已婚人口中有 11 人娶了外省的媳妇。

北堡子村传统的婚姻圈，与所处地理区位、土地状况有关。前文提到，黄土高原上的地形有墚、峁、山、川、塬等的区别。墚指顶部较平，四周较陡的黄土山岗；峁是顶部浑圆，斜坡较陡的黄土丘陵；山，一般比

① Edward Westermarck, *History of Human Marriage*, Kessinger Publishing Co., 1922, p. 142.

较陡峭；川，指两个墚峁之间的平坦土地；塬指呈台状，四周陡峭，顶上平坦的土地。墚、峁周围的土地，一般质量较差，坡度较陡，保墒性能不足；山地是坡度最大、质量最差的土地；塬，土地较为平坦，但一般位于山顶，水源不足；耕地最多、质量最好的村庄则是有“川地”的村庄。多样化的地形特征，形成黄土高原上由土地数量和质量决定的不同规模的大大小小的村落形态，也形成了基于地形特征的“地理区位梯度婚姻圈”。

本研究把位于山、墚、峁、塬等土地形态的村庄统称为山区，因为它们在土地形态上差距不是很大，从而在婚嫁的地位上也是等同的。在婚姻圈的区位上，县城所在地，因为不仅土地数量多、质量好，且有发达的商业和便利的生活条件，人们生活比较富裕而位于梯度婚姻圈区位的顶端。其次是乡镇政府所在地，也因土地数量和质量较好，有便利的商业、交通运输业等处于婚姻梯度圈中次级地位。接下来是各类有“川水”地的村庄，这些村庄可能离县城较远，但因有质量较好的水浇川地，在婚姻区位梯度上处于山区之上，也就是说，这些地区的男性，能够在山区找到媳妇。从而形成了：山区—水川地区—乡镇所在地—县城所在地的稳定的婚姻梯度圈。换句话说，对于男性来说，家庭位于县城和乡镇府所在地，更容易娶到媳妇，接下来是川水地区的男性，也可以娶到媳妇，而山区的男性，就很难娶到媳妇。女性的婚姻流动是山区向川水地区流动，川水地区向乡镇所在地流动，乡镇所在地向县城所在地流动的单向流动模式。当然任何形式的跨越流动和逆向流动都是可能存在的，但都是极个别的，不是婚姻流动的主流。所以北堡子村的女性，基本上外嫁到川水地区，各级乡镇所在地和县城，很少有人会嫁到山区。

北堡子村有水浇川地，位于川水地区，这使得在婚姻地理区位上并不完全处于弱势，北堡子村的男性可以在各类山区找到媳妇。统计显示，出生于20世纪40年代的16位男性，其中9位妻子是来自山区，50年代出生的14位男性，10位妻子来自山区，60年代出生的30位男性，24位妻子来自山区，70年代出生的22位男性，11位妻子来自山区，也即是说，70年代及以前出生的人口，共有55位男性在各类山区找到妻子。而80年代已婚的25位男性中，只有8位妻子来自山区，婚姻圈向本省外县和外省扩展。

在传统婚姻圈内，北堡子村的男性经常在下窑、张银、三合、张家沟、五合五个主要的村庄迎娶媳妇，而北堡子村的姑娘经常嫁给城关、沙塘等乡镇，正如列维—斯特劳斯所说，“在一个地区存在几个通婚集团，其中某一集团总向另一集团提供婚配对象，而其他集团又为该集团提供婚配对象”①。而不同婚配集团的形成，正是由地理区位上的梯度决定的。

传统梯度婚姻圈的维系在于热衷于维持传统婚姻圈的妇女们，正是因为她们的存在，使得传统婚姻圈发挥了重要的功能。从父居的居住模式使嫁入村庄的妇女为了扩大自己的人际范围和脉络，会愿意把娘家村庄的姑娘介绍给婆家村庄的男性，也愿意把婆家村庄的姑娘介绍给娘家村庄的男性，因为地理的梯度，北堡子村逆向嫁到媳妇来源地村庄的女性数量较少。村庄迎娶的媳妇们经常有来自于同一个村庄的，甚至亲姐妹、堂姐妹、表姐妹、姑姑和侄女、姨姨和外甥女等亲属关系。也就是说，形成 A 村给 B 村固定提供新娘，B 村给 C 村固定提供新娘的状况。

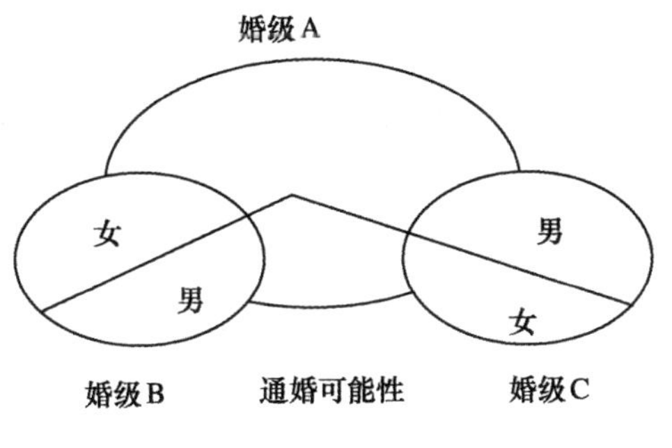

图 5—1　通婚圈与社会结构

与斯特劳斯的研究结果不同的是，C 村并不会给 A 村提供新娘，而是给地理区位更高级的 D 村等提供新娘，随着人口的流动，D 村可能位于其他的任何省份，从而使得地理区位最差的 A 村，成为光棍的重要“产地”。

这也就形成地理区位较低的村庄为地理区位较高的村庄单方面提供新

① ［法］克洛德·列维—斯特劳斯：《结构人类学》，张祖建译，中国人民大学出版社 2006 年版，第 58 页。

娘的婚姻“线”。

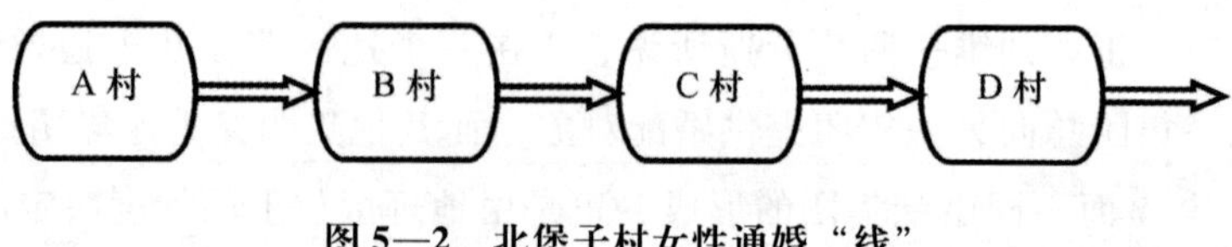

图5—2　北堡子村女性通婚“线”

“地理区位梯度婚姻圈”的维系在于相对静止的社会状态，人口流动性不高，保证了建立在地理位置和家庭资源之上的梯度婚姻圈功能的发挥。而随着工业化和城市化的进程，人口向全国各地流动，农业生产逐渐边缘化，婚姻圈逐渐向全国扩展，使得北堡子村所在地区的“梯度婚姻圈”受到了根本性的挑战。即使处于梯度婚姻圈高层的县城周围的农民，也因全国的发展而被放大了地方性贫困的劣势。国家级贫困县的整体的区位弱势已经替代了所有村庄在传统“梯度婚姻圈”之下曾经的微弱地理区位优势。

2. 社会地位的梯度婚姻圈

通婚距离，不仅仅指空间距离，还指社会距离，而婚姻梯度，也不仅仅指婚姻的地理梯度，更指社会距离的梯度。通过婚姻的形式实现社会阶层地位的转化，不同阶层之间的通婚是婚姻的社会地位梯度。“在社会地位的梯度婚姻圈内，人类一般有‘同类联姻’的择偶模式，即人们在择偶时，总会选择居住、职业、社会地位、教育背景、家庭地位等同自己相同或相近的人作为配偶”①，陆益龙认为“人们在择偶的时候，会选择户口等级是相同的或相近的”②，这是“门当户对”的择偶观念在户口上的表现，出现择偶的户口二元化。

北堡子村女性婚姻流动基本上是水平流动的，大多数婚姻是农民和农民的婚配，这仅仅是地理区位上的流动，并没有社会地位梯度上的流动。从前面的统计数据可以看出，北堡子村男性婚娶的对象主要是在地理区位

① ［美］威廉·J. 古德：《家庭》，魏章玲译，社会科学文献出版社1986年版，第28页。

② 陆益龙：《户籍隔离与二元化通婚圈的形成——基于一个城郊镇的分析》，《开放时代》2001年第3期。

上弱于北堡子村的其他村庄的女性农民。

正如前文所说，北堡子村人口实现社会地位向上流动的路径是考学和当兵。通过考学实现从农民社会身份到国家公职人员的职业转换曾是男性实现向上流动的重要途径。而同时因女性受教育水平普遍较低，在非农领域获得职业的人数较少，使得男性很难找到在非农领域就业的伴侣。这时，女性可以通过出众的长相、聪明的头脑或较为有优势的家庭资本，找到非农职业的配偶，从而通过婚姻实现一定程度上的社会地位的上升。GD 介绍了他和媳妇结婚的原因：

> 我为啥找我媳妇，她也没个工作？那时候有工作的女的很少，要找个不容易，人家都给我张罗在村里说个媳妇，我那时候在东营中学教书，学校里有个老师说他们村上有个姑娘长得好看，介绍给我，第一次见面，真觉得太好看了，比我见到的所有女孩都好看。后来就结婚了，你看我媳妇，现在都四十多快五十的人了，不也还挺好看的吗？（满意地笑）要知道，那时候有个工作，给你介绍媳妇的人就多，好多人都挑长得好看的。

在家庭条件都相似的情况下，女性出众的长相成为其通过婚姻实现向上流动的重要筹码。北堡子村外嫁给非农职业的男性的女性，大多是长相出众的，即使不能找到非农职业的配偶，长相出众的女性也可以获得较好家庭条件的婚配对象。相貌，曾经是女性通过婚姻实现社会地位向上流动的重要资源。一位老者 XZM 讲述了村庄最出名的事：

> 那是 1991 年、1992 年的时候，村小学调来了一位刚从中专毕业的未婚男教师。要知道，村小学一直就只有本村两位老教师教书，多少年了，没有个年轻人。那男教师一来，就在村里的姑娘中引起轰动了，都不知道多少姑娘动过心思，只是那时候的女娃娃都胆子比较小，不敢自己去找，村里又没人认识人家男老师，也没法介绍。后来有一个胆子大的女娃，她就直接去找人家（男教师）说（指谈恋爱）。据说那位男教师，家里情况也不好，这个女娃家情况很好，余粮多得都没地方放，那男教师去人家一看，都吓住了，后来就成了。

这位女性在自己婚姻上持积极态度，因为良好的家庭条件和自己努力，成功地获得通过婚姻实现向上流动的目的。

女性通过婚姻实现阶层地位向上流动的人数本来就不多，而随着国家公职人员社会地位的提高，越来越少的女性能够通过这条道路实现向上流动。到2000年以后，再也没有农民女性能找到国家公职人员作配偶，婚姻阶层之间的较少流动也已经基本消失。

二　性别与婚姻圈变迁

对婚姻圈的研究显示随着地方经济的迅速发展，原来处于相对优势的村庄区位优势不再存在，女性大量向外流动，出现了“村内婚和邻村婚的比例上升的婚姻圈缩小和迅速‘内卷’的婚姻发展趋势”①，和“本村和邻村的通婚逐渐减少，通婚圈逐渐扩大”② 的两种变化。从表5—1中可以看出，北堡子村60年代及以前出生的人主要是村内婚，但这种情况在70年代以后出生的人中就较少出现，也就是说婚姻“内卷”的现象在北堡子村并没有出现，原因在于：首先，北堡子村直到1993年才加入到了全国性的人口流动过程之中，而这已经是改革开放之后的十几年了，全国性的婚姻自主观念已经非常流行，北堡子村外流的男女青年很快地就接受了这一观念，很多人开始了自主“谈恋爱，找对象”的浪漫择偶过程，从而逃脱了传统婚姻圈的束缚；其次，北堡子村落后的地理区位，使得女孩的家长非常支持女儿寻找外地发达省份的男性伴侣，这也避免了婚姻内卷的可能。从80年代以后出生的人的通婚范围，明显地可以看出北堡子村婚姻圈是扩大了的。但是，婚姻圈的扩大，对北堡子村男性和女性有完全不同的意义。

1. 女性与婚姻圈变迁：脱离与依赖

婚姻圈的扩大，更多地体现在女性婚姻圈的扩大上。在对出生在70

---

① 新山:《婚嫁格局变动与乡村发展——以康村通婚圈为例》，《人口学刊》2000年第1期。

② 周旗、杨媛:《关中地区乡村通婚圈60年演变研究——以咸阳正阳镇为例》，《宝鸡文理学院学报（社会科学版）》2012年第1期。

年代及以后的北堡子村69位已婚女性的配偶来源统计之后发现：

表5—2　　　　出生年代与女性配偶来源　　　　单位：人

		配偶来源					合计
		本村	本乡	本县	本省	外省	
出生年代	70年代	14	11	3	13	1	42
	80年代	0	1	6	14	1	22
	90年代	0	0	0	0	5	5
合计		2	14	12	9	32	69

女性婚姻距离明显拉大，尤其是80年代及以后出生的，除了本村内部一对自由恋爱结婚的，其他的婚姻距离最短的在县域，配偶来自省外的比例显著偏高，而出生于90年代的五位已婚女性，都是和外省的婚配对象结婚。在询问认识途径时发现，70年代的有22位女性承认自己的婚姻是别人介绍的，其余20位女性都是“自己谈的”（指自由恋爱），除了本村内的一对是从小就认识，长大之后自己谈恋爱之外，其余19位都是打工时候认识的；80年代的，包括村内的一对在内，全是自由恋爱；90年代的5位已婚女性也全是自由恋爱。

随着女性外出打工的增多，“父母之命，媒妁之言”不再是婚姻的主要途径，自由恋爱成为最重要的方式。XXQ讲述了自己和姐姐的自由恋爱经历：

> 我姐，1994年去外面打工，就认识了我姐夫，他们1996年就结婚了，去了我姐夫的老家，我姐夫开个木材厂，给人家加工木头，他们现在过得挺好的。我姐那时候就让我出去打工，说是至少可以找个外地的对象，可我那时候还想，找对象找得近一点，好照顾我大、我妈。可我大我妈也说，不要考虑他们，只要我们能过好就行了。后来我也出去打工了，还真是，找到了现在的老公。

XXQ的姐姐出生于1976年，是村庄最早的出去打工找到结婚对象嫁到外的女性。她在婚姻上的成功，刺激了北堡子村很多女性希望通过婚姻流动到发达地区的想法。同时，那些出去打工而没有找到配偶，回到北堡子村的女性，则被认为“没出息”，就连女性自己也这么认为，CSC 作为唯一一位嫁到本村的“70 后”女性，她对自己的婚姻很感慨：

> 我 1996 年外出打工，在造纸厂工作。后来谈了男朋友，可人家父母不同意。我一气之下回到村里，一年多没有外出打工。我老公就开始追我，不知道咋的，可能是赌气吧，就同意了。结婚的时候，我妈还说，人家娃娃都能找个外面的条件好的，我脑子又没啥问题，身体又没啥问题，咋就看上他了，他家条件在咱村里都不算好的。现在也不能说后悔吧，但一辈子连个村都出不去，不像人家，可以去外地。

CSC 对没有和别人一样通过婚姻实现流动感到遗憾，一辈子就住在出生的地方。而她的婚姻也不是人们认为的理想婚姻，跟同村人结婚是“没出息”的表现，何况对方是家庭条件和个人能力都不优秀的男性。

“女性的外嫁意愿，隐含着在婚姻观念后面的生活意愿，也反映出农村社会变迁的趋势。”[①] 北堡子村女性以通婚为途径形成的迁移路径，是她们对脱离贫困、劳累和落后环境，获得较高婚姻生活质量、居住环境、文化生态环境等追求的结果。而个体对婚姻的自主，使得女性可以通过外出打工而寻找到理想的伴侣。村庄也形成了鼓励女性外嫁的氛围，更促进了大量女性脱离传统婚姻圈，随着时间推移，这个趋势更明显。

女性通过婚姻圈的扩大，实现了以个人职业或居住地改变为标志的水平流动，但几乎没有人实现以个人社会地位的升降为标志的垂直流动，即向上流动。北堡子村嫁到外省的女性，都是在外出打工的时候谈的恋爱，男性是和她们一起打工的，也即是说，男性的职业和家庭状况基本和北堡子村外嫁女性是相同的，唯一不同的是家乡的地理位置。女性并没有通过婚姻实现阶层的向上流动。

---

① 郭虹：《当前农村婚姻流动的特点及其社会影响》，《社会学研究》1992 年第 2 期。

传统婚姻圈的式微和新型婚姻圈的扩大同时发生，但也不是所有女性都摆脱了传统婚姻圈。那些婚姻市场上处于不利地位的女性，会依赖传统的婚姻圈。比如在年龄逐渐增大，或丧偶、离异等情况下，传统的婚姻圈和父母的关系再次发生作用，CHQ 的情况就是如此：

> 我 1993 年去杭州打工。在打工期间，认识前男友，我俩感情很好，去过他们家，也去过我们家，见过双方的父母。他们家有个中医诊所，他父母想让他继承，让他去中医学院上学。他父母嫌我文化水平太低，又是个外地人，怕对他们家的生意（指诊所）不好，就死活不同意我俩交往，对我伤害很大，虽然他想坚持，但我不想坚持了，就断了。后来我就再也不谈恋爱了，把我父母急的。28 岁那年，我回了一趟老家，父母就托人给我介绍了我前夫，他对我很好，他家生意做得比较大，在县城里，有院子，也有楼房，我觉得人生最真的爱情只有一回，我的已经过去了，我已经不想啥爱情不爱情的，看他对我好，他们家条件好，就结婚了。

CHQ 结婚不久后因为种种原因而离婚，离婚后出去打工。三年后又经村里人介绍，和一离异男性结婚，两年后又离婚。2013 年，村庄一位男性的老婆去世，父母又张罗介绍给了那位男性，两人一起在外地打工。

作为“大龄剩女”的 XBX，迟迟不结婚，成了父母的心病，XBX 对此很苦恼：

> 我上完大学就出来工作，目前工作还行。那时候就一直读书，也没想着谈恋爱，这一工作，就发现自己已经成“大龄剩女”了，我自己还行，反正大城市，我这年龄没结婚的女孩多了去了，没人关注你，可我爸妈就不行，老催我，有时候他们不敢催，就让别人问我，挺搞笑的。我爸这几年，都不知道给我打听了多少个了，都是从老家那里找人打听的。唉，我现在过年都不想回家，回去就被“逼婚”。

大龄和离异、丧偶女性在婚姻市场上的劣势地位，使得她们不得不在一定程度上依赖建立在地缘基础之上的传统婚姻圈，但传统婚姻圈能够起到的作用已经微乎其微。

2. 男性与婚姻圈变迁：村庄光棍们

一个更为广阔的、外向的婚姻圈产生的同时，男性和女性却遇到了完全不同的问题，女性外嫁的趋势导致当地男性青年人口比例异常偏高，婚娶困难。而男性在婚娶过程中个体禀赋越来越重要，“有本事”的男性通过自己“瞅媳妇”找到配偶，而“没有本事”的男性，只能沦为光棍。

表5—3的未婚男性和年龄表显示，50年代的3位终生未婚的男性全是残疾人；60年代的3位，两位残疾，一位正常；而70年代出生的，在调查截止日期，年龄最小的已经34岁，这部分人在将来婚娶的可能性在逐渐降低；80年代出生的，在调查截止时年龄最小的已经23岁，除了两位有智力障碍，剩余19位仍旧没有婚配对象，已经逐渐步入婚娶困难阶段，开始被村庄的人称为光棍。可以看出，在传统婚姻圈发挥作用的50、60年代出生的人口中，光棍数量不大，但在70年代及以后出生的人群中，随着人口流动的增加，这个年龄段的女性大量外嫁，光棍的数量迅速上升。如果乐观估计，80年代出生的仍旧未婚的男性，还有较大比例的人有结婚可能，但能看到的趋势是，这部分人将越来越依赖传统婚姻圈。

表5—3　　村庄成年未婚男性数量与出生年代　　单位：人

	年代			
数量	50	60	70	80
	3	3	13	21

年龄30岁的MXM，2009年从当地的师专毕业，参加了招考教师的考试，目前在外省的小学教书。MXM的父母把孩子不能成婚的原因归结为“他一个人在那边，没人给他介绍”，脱离了当地的亲缘关系、地缘关系，脱离了传统的“婚姻圈”，才导致婚姻困难的。

我们托人给介绍过好几个，刚开始那几年，我们家娃娃就说不行，见都不见。今年（2013年）给介绍了个，我们给人家女娃娃爸妈都说好了，说要是人家两个看上了，就马上结婚，完了让儿子带去，结果人家两又没看上。不知道这娃娃咋想的？他一个人在外地上班，咱那边又没人，也没人给他介绍，要他自己谈吧，他自己老说找不到合适的。

MXM 的想法是：

我在那边也不是找不到，但要找一个当地的，人家家就在那里，咱啥事都得随着人家，那家伙，一场婚礼就得 1000（元），我的那点工资都不够随礼的。再说，咱就一小学老师，收入那么低，人家当地人的条件都挺好的，也真不好找。

笔者：你爸、你妈给你找人介绍了好几个，咋都不成？

MXM：这一年回来一次，时间又很短，介绍的也不是一下子就能看上。也不能为了结婚而结婚。

MXM 自己归因是“不想找个当地的”，但事实上是在他就业的地方，人均收入水平比较高，以他小学老师的身份和条件，无法找到理想的结婚对象。但回到老家，也因为时间太短，不符合他对浪漫婚姻的期望，致使他的婚姻成为父母最头痛的事情。MXM 父母的想法是，他们继续在老家给儿子寻找，并且给儿子在就业的当地买好楼房，儿子也要自己抓紧时间找，年龄再大点，就更麻烦了。MXM 这样大中专院校毕业，并拥有稳定的非农职业的男性，想依赖传统婚姻圈获得婚姻的并不是个案。

年龄 32 岁的 QXP 对自己没有找到结婚对象的归因是，刚工作的前几年，不想谈对象“瞎玩”了，等年龄大了，自己想找对象了，“没有房子”成了他的硬伤。

QXP：我大学毕业工作三年以后也没谈对象，我大我妈就急了，到处托人给我介绍，我那时候比较烦我大我妈的做法，基本上就是应付。第一个是我妈找人打听的，那姑娘家在咱这另外一个乡，也是大学毕业，我打过一次电话，后来再没联系。第二个也是我妈托人，找了人家的电话号码，也是咱们县哪个地方出去的，我那时候没心情，电话号码也弄丢了，就没联系。

笔者：你那时候是有点抗拒介绍对象这事啊？为什么呢？

QXP：我那时候非常不喜欢，可以说反感这样以结婚为目的方式，我觉得两个人在一起，要慢慢处，如果有了爱情的感觉，再去谈恋爱，再去论婚嫁，这是正常的，但介绍的就以结婚为目的，那感觉非常不好。

现在年龄慢慢大了，我今年都快32岁了，又回到咱这县城工作了，好多人都给我张罗。已经过了瞎玩的年龄了，我也开始主动了（笑）。到目前已经见面四个了，可还是没有合适的。

笔者：见了四个都没看上？

QXP：也不是，就是几乎每个都会问"有没有买房子"，我就比较烦，要我买好房子才结婚的样子，我到目前还没买房，人家就都不行了。

QXP的父母认为儿子不能结婚的原因是"没本事"，想通过传统的婚姻圈给儿子娶到媳妇，成了因孩子没本事而无奈的选择。MXM和QXP有非农职业，有稳定的收入，是村庄未婚男性中条件比较好的。那些条件更差的男性，则几乎退出了婚姻市场。

我们家这娃娃都不知道咋想的，人家娃娃在外面都能领个媳妇回来，我们家娃就没这个本事。他在外地时我托人给找，要到人家女娃娃的电话号码，我们家娃娃不联系人家。我们也没办法，这回来了，我就得赶紧托人给说媳妇了，要不年龄再大，可咋办呢！可现在人家女娃娃，一说结婚，就先要买房，愁死人！

LSZ认为儿子应该自己找媳妇，没找到媳妇完全是因为儿子"没本事"：

我家在咱村里算条件比较差的，加上他大（孩子的父亲）前年死了，这两个没结婚的儿子不知道还能不能找到媳妇。我三个儿子，老二人家出去打工的时候自己瞅了媳妇，是台山村上的姑娘，前几年就结婚了，已经两个娃娃了。老大已经都快40岁了（37岁，按村庄的虚岁算法，是39岁），这娃娃不知道咋的，都出去打工20年了，连个媳妇也找不到。老三也三十好几了，在外面打工不愿打，现在回来养羊着。

我觉得我们家娃娃找不到媳妇，是因为他们自己没本事，不能赖别人。你看人家有本事的娃娃，好赖能带个媳妇回来，我们家的这两个，没有能带回来的。我们现在想托个媒人给说个媳妇，但人家谁给咱这种人家说啊？现在女娃娃这么少，这么金贵，好的人家都挑着，我们儿子又没本事，家庭条件也不好，老三还待到家里不动，人家条件比咱家娃娃好的都说不上，我们指望啥啊？

LSZ的大儿子QXQ自己的归因也是“没本事”和自家条件不好，他对自己这辈子能否结婚，已经产生了怀疑。

我念书的时候不爱念，小小的时候就出去打工，啥都不知道，就跟着别人瞎混，啥本事都没学到，到现在也只能在外打零工和散工，出去架个高压线啥的，都是下冷苦（指苦力）的活。二十几岁的时候，谈了个女朋友，可人家还是嫌弃咱没本事，吹了，就再也找不到了。也没人给咱介绍啊（你能不能给介绍？）为啥没人介绍？不就是因为咱条件不好么？前几年还想，现在不想了，走一步说一步吧，谁知道呢？

婚姻圈的变迁，使传统地建立在地理区位梯度之上、较小范围（一般是县域之内）的婚配状况发生很大改变，婚姻圈逐渐面向了全国。个人的婚姻成了一种偶然的状况，那些能够通过个体努力找到配偶的，会很乐意并较快地脱离传统关系网络带来的束缚和羁绊，但这也仅是对大多数女性和“有本事”的男性而言。而未能够通过自身能力获得婚姻的个体，为了寻求安全和保障，又不得不依赖传统的小范围的婚姻圈，但这是个人没有本事的体现，对很多人来说并不是非常理想的选择。即使如此，由于女性外嫁数量的骤增，留在本地婚嫁的数量很少，男性通过传统婚姻圈获得婚姻的比例也在降低，使得即使在传统上看来条件不差，甚至条件较好的很多大龄男性青年也无法找到合适的配偶，成了光棍。

三 新门当户对及其实质

在传统上，婚姻不仅仅是个体的事情，更是整个家庭、家族人口继替，香火传承的手段。在需要“父母之命，媒妁之言”得以确立婚姻的时候，婚姻的选择与个体所在家庭（族）、地理位置有重要的关系。而随着个体对婚姻中的感情因素的重视等，青年在择偶过程中更注重对方的个体条件。在北堡子村的女性看来，男性有没有本事，成为择偶的首要条件。随着人们对“自由恋爱”的浪漫婚姻的追求，个体特质越来越成为男女成婚中的重要因素，讲求两人拥有相似的生活背景、成长经历、受教育程度，拥有相似的审美观念、喜好、行为习惯和精神需求，有共同的理想的“新门当户对”代替了传统的“门当户对”。婚配者个体的特质越来越重要，“个人条件差用家庭优势补或用家庭优越条件为自己在择偶过程中虚造声势”[①] 的现象开始淡出。从而形成了经济学家所说的“婚姻市场”，是市场就有交换，在这个市场上，用来交换的是“个体资本”。而个体资本里面有很大的部分来自“家庭资本”，也包括家庭所在的地理区位。新门当户对，从表面上看起来是更重视个体特质而忽略“出身”的一种平等的择偶方式，但事实上择偶的“个体”，却是由那个被忽视的“家庭”形塑出来的。对北堡子村来说，地理区位上的劣势，预设了其在经济、文化甚至政治方面发展的落后，守着“老婆孩子热炕头”的传统，使农民比较安于现状，没有过强的商业意识。而文化发展的落后，最基本的表现是教育水平的落后，90 年代，全县每年考上大学的学生数量在 10 位左右，进入较好的高校的则更少。落后的教育条件和教育水平，使得受教育程度不高的北堡子村农民，更难在竞争激烈且需要通过个体能力获得配偶的婚姻市场上取得成功。建立在个体特质上的“新门当户对”，不过是在传统“门当户对”基础上的一种延展，其实质并没发生根本性的变化。为了避免成为光棍，北堡子村的男性采取了各种个体化的择偶策略，这些策略最后加重了对父母的剥削。

---

① 叶文振：《论市场经济对婚姻关系的影响和对策》，《人口研究》1997 年第 3 期。

四 个体化择偶策略

随着个体条件在择偶过程中的重要性越来越强，在婚姻市场上不占优势的北堡子村的男性们，采取了各种不同的择偶策略。

1. 多样化择偶策略

当地女性的大量外流，使得北堡子村的男性不得不加快向外流动的步伐，以期在传统婚姻圈之内无法找到配偶的情况下，能够在传统婚姻圈之外找到配偶。最普遍也是最被村庄认可的择偶策略是“领一个”回来。所谓“领一个”回来并不是经常所说的带着未婚对象见父母的意思，而是带回家里同居，直至女性怀孕甚至生了孩子以后再去领结婚证。XCY讲述了自己和弟弟“领媳妇”的经过：

> 我那几年打工的时候，认识了我媳妇，但不敢给她家里人说，我媳妇在出来打工之前，就已经和别人订婚了，这又被我撬过来，麻烦着呢！我媳妇没有父亲，家里全靠哥哥嫂子做主，她哥哥嫂子在我媳妇跟人家订婚的时候就要了很多彩礼，一部分已经被他们给花了。一直到我媳妇怀孕四个月多了，我俩就去了他们家，给她哥哥嫂子说。她哥哥嫂子给气的啊，可一看肚子都大了，再能咋办啊？就跟人家退了婚，在我这里也只要了一点彩礼，到最后我们也没给清，就结婚了（很得意的表情）。
>
> 我大弟也是，人家做得比我还绝，基本上是孩子快要生了的时候，去找老丈人说，没有结婚证，娃娃生了户口没法上，他老丈人看着女儿的肚子，估计都要气死了，最后还是把手续（指拿到女方的户口本，领取结婚证）给办了。
>
> 我有一堂弟，年龄好大了，介绍了一个对象，那女孩的爸爸说是买了房才让结婚，我就给他出主意，让他先把事情办了（指让女方怀孕），肚子大了，你还要啥啊，哈哈！

有这种想法的并不仅仅是XCY，村庄至少有十位以上男性是这样娶到媳妇的。甚至有人说，是“骗来媳妇”，“这世道，又不是以前，婚前同居都不算啥了。再说对咱这穷地方的男娃娃来说，要娶到个媳妇，不用这种方式，人家外面好地方的女娃娃愿意跟他？可不是把人家骗来的吗?”这也成为村庄老年人比较认同的做法。只是人们认为骗来媳妇是有风险的，所以必须以很快的速度“把手续办了”（指领结婚证），村里有位男性，在女方生完孩子以后也没把手续办了，女方在回了一次娘家之后，就再也没回来。

另外一种方式是“入赘”。入赘曾是北堡子村所在地区男性最为无奈的婚姻方式，指男性到女方家里生活，生的孩子跟女方姓，至少生的男孩要跟女方姓，采取这种婚姻方式的一般是家庭条件比较差，且兄弟较多的男性。但近些年，北堡子村在外打工的男性，有近十位男性选择了这样的婚姻方式，这些男性中甚至有一位是家里的独子，就是XYZ的哥哥，虽然是家里唯一的男孩，但家人还是同意他入赘，XYZ这样解释：

> 人家家里的条件就是入赘，我哥年龄那么大了，找到媳妇都不容易了，我们一想，入赘就入赘吧！除了离得远点，再没啥。我哥他媳妇和媳妇家人都对他好，现在过得挺好的。

XRD有三个儿子，其中老大稍微有点智障，老二是最聪明的，入赘到了陕西。在儿子的婚姻选择面前，传宗接代不是他们首先考虑的条件，儿子生活好才是最重要的。

> 虽说是入赘，但其实也没啥！只要人家娃娃生活得好，在哪里生活不都一个样，何况人家去那么好的地方。再说了，生了娃娃跟谁姓有啥关系，是自己家的娃娃就行了。这世道，谁还讲究那么多。

入赘的方式成为男性通过婚姻向外流动的重要手段，不再是无奈的选择，如果能到发达地区，较好家庭中入赘，甚至是有本事男性的选择。

2. 对父母的剥削

前文提到，外出打工促进了村庄人们个体权利意识的觉醒，这体现在对自己所得收入的占有和支配上，而个体权利的觉醒更明显地体现在择偶过程之中。越来越多的人意识到，婚姻是个人的事情，完全依赖于个体的选择，父母没有资格干涉儿女的婚事。事实上，所谓不干涉，主要指

“不反对”，也就是说，在儿女找到结婚对象之后，父母不能反对，但却必须尽到相应的义务，村庄老年人形象地形容，对儿子的婚姻是“有义务同意，没权利反对”。在这样的氛围之下，改革开放以来，没有发生一例父母反对儿女婚事的事情。

即使越来越多的年轻人认为婚姻是个体的事情，但是村庄老年人对儿女尤其是儿子婚姻的观念还是比较传统，“儿子生下来，你就欠人家一个媳妇”，在儿子能够自己找到结婚对象的时候，父母能做的就是尽其所能地帮助儿子结婚，在儿子找不到结婚对象的时候，父母就会利用多年经营的所有社会关系，给儿子寻找结婚对象。而正是父母的这种对儿子结婚的“强烈的义务”的传统观念，促使近些年儿子利用结婚的契机，加重了对父母的“剥削”。

这种剥削，最重要的体现是在儿子结婚中的各种资金支持，最重要的剥削形式是“买房”。KXS 为大儿子的婚姻花完了积蓄，又为还没结婚的二儿子焦虑：

> 现在娃娃结个婚，真是要花大钱啊！我们家大儿子，大学毕业后找不到媳妇，把我们着急的，到处托人给说媳妇，后来人家自己找到了外地的媳妇，可媳妇家的条件是在当地买房，当地的房价挺贵的，大儿子大学毕业没几年，哪里有钱啊，连个首付都没有。这就开始给儿子凑首付，凑了 5 万元。买了房不久他们就要结婚，在老家这边办的婚礼，花了三四万，儿子又没钱，也是我们掏钱。我们两个，收入又不高，这么大的花销，全是借的。
>
> 儿子和媳妇在城里生活，供着房子，花销又大，他们年轻人，又爱花钱，哪里来的钱还啊！这借的钱，还是得我们来还。
>
> 我小儿子在上大学，过年的时候回来给我说他找女朋友了，我气得，这都不让人喘口气。供他俩上大学，就花了好多钱，这老大买房、结婚没几天，他又……唉，养个儿子就像欠了人家的债啊！

年轻人买房的压力，被迫转嫁到了父母身上，成为众多父母的重担。KXS 夫妻俩的年收入并不高，年收入在 2 万—3 万元。一个儿子的婚姻已经让他们付出了很大代价，小儿子的婚事，让他们更愁。

JYX是当地中学的老师，夫妻俩的生活以节俭出名，他们把用来养老的钱给了儿子买房。

> 我儿子大学毕业好几年了，工作还不错，稳定，收入也可以，但就是找不到对象，他说没有房子就找不到对象。我们这就到处借钱给人家买房，大城市的房价贵得很，就首付得18万元，我们自己存的钱全给他，还借了好几万元，才给他凑够首付。现在房子买了，还是没找到媳妇，我们也到处托人给说媳妇。

GS夫妻俩在县城的垃圾场居住，妻子在打零工，丈夫在垃圾场打工。几年前，为了获得较高的收入，丈夫在采石场打工，主要工作是“放炮”，即把炸药安到山上的石缝里，引燃爆炸，在一次引爆之后，发生了事故，GS的右手食指和中指被炸飞，再也不敢放炮了，就只能到收入较低的垃圾场打工，而打工的所有收入和辛辛苦苦存的钱，都给了儿子买房。

> 儿子上了个中专，除了花了好多钱，就是找了个媳妇，现在在媳妇家的县城。人家媳妇要买房，还不让买到咱县城，要让在她们家县城买房，那没办法，你也拗不过人家。她们那里的房价比我们这里还贵，首付就要10万元。我俩这几年打工的所有钱都给他们了，一共6万元，才帮他们买了房。

前文提到的MXM在外地买房，父母倾尽所有资产，帮儿子买房。QXP的父母年老多病，但生活极为节俭，在儿子婚姻不顺利是因为在县城没有房子的情况下，夫妻俩准备拿出所有积蓄，并且举债帮儿子在县城买房子。

婚姻自主是伴随着个体对收入的拥有和支配而最早出现的个体权利意识，父母几乎没有权力干涉个体婚姻，但是当个体在婚姻方面需要帮助的时候，父母却有义不容辞的责任，尤其是在买房和办婚礼等较大支出方面。在城市住房价格飙升，许多年轻人凭借自己能力根本无法购买住房的时候，年轻人用婚姻作为筹码，对父母进行道德“绑架”，父母则心甘情愿被“绑架”，进而想尽一切办法帮儿子甚至替儿子买房。这从表面上看到的是年轻人对父母的剥削，是一种人与人之间的关系，但我们仔细分析一下则会发现，诸如北堡子这样的村庄的年轻人越来越无法通过自身的努力获得个体想要的生活，巨大的工作压力和生活压力同时压在他们身上，而房子又成为众多年轻人无法逾越的生活障碍，他们只能把这种由社会制度（系统）所产生的问题转嫁到父母身上，实现了系统问题的生平内在化。

第二节 多元家庭模式

婚姻是家庭的前提，在婚姻发生变化的情况下，家庭模式也发生了重要变化。北堡子村当地的经济条件，使得即使在传统社会里也并没有类似“四世同堂”的“大家族”，最主要的家庭模式是父母和一对已婚子女一起居住的主干家庭模式，但随着人口向外流动和年轻人权利意识的觉醒，出现了新的家庭模式，先从分家模式来看。

一 分家和不分家模式

孟德拉斯的研究显示“几代人或几个兄弟姐妹住在一起的主干家庭或联合家庭不利于变化，特别是在父权依然不容置疑和由祖父母负责教育孩子的情况下”①。在北堡子村的历史上，没有长时间的几对已婚子女和父母一同居住的“联合家庭”模式，这种家庭模式即使存在，人们认为是迟早要分开的，是家庭模式的极不稳定的阶段，仅仅是家庭模式的一种过渡阶段。

1.“系列分家模式”和不分家

在养儿防老的传统观念下，必须有至少一个儿子和父母一起居住，以便照顾，分家只会发生在一家有两个及以上儿子的情况下。在传统婚姻圈的保障之下，儿子成年之后，家长会按照儿子的年龄顺序而托别人介绍媳妇，所以按照年龄长幼的结婚顺序一般不会被打乱。在父亲作为家庭的家

① ［法］H. 孟德拉斯：《农民的终结》，李培林译，中国社会科学出版社 1991 年版，第 15 页。

长和人们习惯于为家庭“搞副业”，所得收入的拥有权和支配权是家庭所有的成员的情况下，长子结婚是“举全家之力”，所有人的收入都要用来帮他娶媳妇。所以在长子结婚之后，不能马上分家，他必须待在大家庭中直到第二个儿子结婚，这样保证了未婚的弟弟对哥哥所得收入的合理使用权，以保证他们能够娶到媳妇。第二个儿子要等到更小的儿子结婚之后，再分家，如此，一直到最后一个儿子结婚，这种家庭的财产在数次分家的过程中被逐步瓜分，每次分家时离开的儿子都只带走部分家产的“系列分家方式”①，包产到户以后在北堡子村比较流行。

XYH 家是村庄系列分家模式的典型，他比弟弟妹妹稍大的年龄和有义务帮父母抚养弟弟妹妹的传统家庭观念，使得他一直帮助父母抚养弟弟妹妹，一直等到二弟结婚之后，才从家庭分开单过。而 XYH 的二弟也是在小弟结婚之后，才分开单过的。

> 我结婚十几年都是在大家庭里，也没想着分家，下面那么多的弟弟妹妹都等着呢，咱也不好意思分开过自己的好日子去啊！当时没分家的时候，我一个人挣钱供给弟弟妹妹们上学，挣的所有钱都给父母，让他们供着弟弟妹妹们上学，我媳妇花钱都得找老的（指父母）要。也不知道人家那时候委屈不委屈？（转脸询问媳妇）后来我给她说，分家了，家里所有的钱就归你管。
>
> 一直到我们家老二（指弟弟）结了婚之后，我们才分开单过。那时候家里穷，连个院子都打不起（指修新的院落），就先在一个院子里住着，一直到后来，我俩慢慢地才打了新院子，搬出来住，才算彻底分家了。

分家是对家庭主要财产的划分，这包括土地、劳动工具、生活用品等，分家时，粮食、土地、房屋、牲畜、农具、柴草、锅碗瓢盆，都要一一划分清楚。分家的时候会邀请村庄德高望重的老人主持，以保证每一份

---

① Cohen Myron L.，“Developmental Process in the Chinese Domestic Group”，in Maurice Freedman（ed.），*Family and Kinship in Chinese*，*Society*，Stanford：Stanford University Press，1970.

东西的分割都是公平的。最主要的分家对象是土地，在第一次分家的时候，家庭的土地会按照儿子的数量加上父母的数量平均划分，比如一家三个儿子，土地则会被分为相同数量的四份，三个儿子各拥有一份，父母拥有一份，父母的一份从逻辑上属于父母养老的土地，哪个儿子养老，父母的土地就归哪个儿子耕种。但习惯上的做法是父母一般跟最小的儿子居住。因为在小儿子结婚之后，比他年龄大的儿子已经逐渐地分家单过了，父母对儿子娶媳妇的义务使得他们必须对未婚的儿子负责，小儿子最后结婚，则父母跟他一起居住的时间最长，在别的儿子分家之后，父母也要和小儿子一起生活。能够严格遵从这种分家过程的家庭，一般是家长比较有权威，且兄弟之间关系较为和睦，互帮互助观念比较重的家庭 KX 家就是如此：

我们一直等到我弟结婚，才分家单过的。我大说必须等我弟结婚之后，我们才能分开单过。我们结婚六年后，我弟结了婚，但我大说还不能分家，直到我弟的大女儿生下，我们还一起生活了一年，才分家的。

家长的权威，保证了这个家庭遵循了传统的分家逻辑，也保证了整个家庭的和睦。如果家长没有权威，分家则不会遵从传统的逻辑，WYE 结婚三天后就分了家，她认为原因是婆媳不和：

我婆婆从我进他们家门的第二天，就说我做的饭不好，给我脸色。我其实也听说了我婆婆脾气很不好，但没想到那么不好。我一生气，就和她吵架，吵得凶了，我就不想和她一起过，我们结婚三天之后，就搬出来单过了。

WYE 的婆婆 GZZ 不认同：

她说啥呀，那时候，哪个婆婆不嫌弃一下媳妇，可她，我是一点都不敢说，说我嫌她茶饭（指做饭的手艺）不好，那是找的借口，这么闹着分家，估计她在结婚前就想好了。我有三个儿子，他们家的

(指 WYE 的老公）是老大，你想，后面的两个儿子都得结婚啊，我家娃娃他大又死得早，谁管呢？不就要人家管吗，那人家咋愿意啊，不如用不好看的方式早点分开，人家好没拖累，过自己的日子。

这个没有遵从传统的分家模式，在结婚之后的第三天就分家单独居住的情况，在儿媳妇看来是她对脾气恶劣的婆婆无法容忍的反抗，但在婆婆看来，是儿子儿媳妇不愿被需要结婚的两个弟弟拖累而故意找的茬。而村庄熟悉这件事情的老人们基本上同意这位婆婆的说法，认为谁家没有磕磕碰碰的，就他家闹到那个地步，还不是因为家里没个“家长”，管不住大儿子，大儿子又不愿意帮助两个弟弟而造成的结果。

从父居的居住模式，父亲的权威，土地在生活中的重要作用，人们对家庭兄弟之间互助的义务的传统观念等，保证了传统的“系列分家模式”有效发挥作用。而村内的诸种不分家的模式，也是建立在这个基础之上的。

前面可以看出，分家是建立在两对及以上已婚兄弟的前提之下，如果家庭中有男性无法结婚，情况会是怎样？一直单身的 GX 和弟弟一家生活：

我一直和我大、妈，还有弟弟一家一起生活。我年轻的时候，不知道咋的，别人给介绍个对象不成，介绍个不成，后来年龄大了，我弟弟都年龄大了，再不能等我结婚了，有人给他介绍，人家就很快成了，就结婚了。但我没结婚，又不能分家，后来慢慢老了，我也不想找媳妇了，就和他们一家一起过，至少还有人给做饭。我弟把他家老三（指三儿子）指给（过继）我了，我老了也有个养老送终的。

同样单身的 WXL 和三哥家一起生活。

我身体不好，哮喘病，干一点活都喘得不行。那时候我大哥、二哥都结婚了，我大哥先分家单过的，我二哥后来也分家单过，我三哥结婚的时候我大就对他说了，我这身体，都不知道能不能找到媳妇，让他就先别分家了。我一直没结婚，就和我三哥他们家一起生活，后来我大、我妈都走了（去世了），我还是和他们家一起生活。

传统的农业社会，恶劣的生存环境和高强度的农业生产，致使劳动必须有互助才能完成，而北堡子村所在地区的男性，有天生的“大男子主义”情结，男人们几乎不下厨做饭，致使没有结婚的男人如果分开单过，会面临没有饭吃和最基本的农业生产都无法进行的双重困境。所以，单身者会一直和父母一起居住，并且和最后一个结婚的兄弟一家一起居住。而单身者的收入属于兄弟的家庭，并且对兄弟家的孩子有一定的抚养义务，最终在单身者去世的时候，兄弟的孩子承担养老送终的义务。

建立在传统农业社会基础之上的系列分家模式和不分家的方式，保证了家庭中成员之间的权利和义务，维护了农业社会的良好运行。而随着人口外流速度的加大，这种分家模式受到巨大挑战，形成新的多种类型的分家和不分家的模式。

2. 新型分家模式

在北堡子村的传统上，如果家里只有一个儿子，则就不会有分家的事情发生。而在近些年，年轻人越来越愿意过小家庭的生活，不愿和父母在一起生活，就发生了独生儿子和父母分家的现象。

XCY 家是村里的第一户公开和独生儿子分家的人家。在村庄人看来，家庭不和睦是一件很丢人的事情，和唯一的儿子分家更是一件丢人的事情，人们宁可凑合一起过，也不会分开。XCY 和独生儿子分家的最初，引起了老两口的巨大心理不适，村里人说，那段时间两人见到村里人都躲着走，好像做了啥错事。

儿媳妇是县城里（指县城旁边的镇）的人，和咱不爱一起住，但我家就一个儿子，她也不好意思直接给我们提分家的事情，就一直和我儿子闹。我有一次问儿子，人家为啥跟他闹，儿子就说，人家想要分家。我们听了气得啊，就一个儿子，还要分家。但后来看着人家闹我儿子，我俩想，人家娃娃不愿和我们一起过，硬在一起，天天淘气，还不如分开，就这样分家了。

刚开始的时候还怕村里人笑话，不敢给人说分家了。可后来村里人也知道了，现在人都理解得很。年轻人，不爱和老年人一起生活的多得很，就是别人家还没有像我们家一样直接分家，但事实上分开过得多得很。

我们分家的时候，我俩把退耕还林和别人承包的地，都给了儿子和媳妇，他们自己又不会种地，这些地还有点收入，把那些不好的地分给我俩，我俩还能种着。

XCY 夫妻俩在分家过程中的这种做法，得到了村庄更多的道义支持，人们不断地批评年轻人是越来越自私，父母辛辛苦苦地把孩子拉扯大，还没等父母老呢，就要分家，就不养活父母，越来越没良心。但口头的谴责并不会对越来越多的独生儿子和父母分家的状况起到任何作用。

前文提到的 LWH 也是独生儿子，他们夫妻俩花了 10 多万元修了一座漂亮的院落，夫妻俩和孩子搬到新院落居住，而父母亲还是在旧的院子里居住，形成了事实上的分家。LWH 是这样解释的：

那些年和我父母一起生活，淘气（指家庭矛盾）得很，三天两头淘气。我大是出了名的老细祥（指过日子节俭），一分钱恨不得掰成两半花。我媳妇到我们家之后，怀我们家老二，害口，就想吃个苹果，让我大给买，就不给买。把我媳妇气得都跑山（指出走了）了，那时候我挣的钱都给我爸管着，自己手头紧，也没钱给媳妇买。我媳妇怀着孩子，跑到外地打工，我那时候能说啥啊？

后来我俩一起出来挣钱，我们自己挣的钱，自己管，我大我妈又不高兴，又嫌我们乱花钱，又嫌我们这里不对那里不对的，我媳妇也是一点都不饶人，天天打锤骂仗（指吵架）的。

这座院子是我俩这些年辛苦盖出来的，老院子的房子还好着，两个老人就在那边居住。不在一起生活，减少很多是非。分开住了，现在好了，就有的时候一起吃个饭，平时也看不到，还挺好的。（嗯，我公公婆婆现在有啥好吃的也留给我们吃，LWH 的媳妇附和道。）

两代人不同的生活观念、消费观念是 LWH 夫妻俩和父母冲突的根本原因，LWH 在顺利掌握自家的经济大权之后，很快就修了院子和父母分开居住，在他看来，这无论对他们还是对父母，都是非常好的选择。

LWH 的父亲 LX 却不这么认为：

> 现在的娃娃都不知道好歹，我们儿子和媳妇，就嫌我管钱管得太紧。后来我也不管了，让他们自己管，可他们有时候大手大脚，我说一说他们，不都是为他们好。现在他们自己挣的钱自己花，也不给我俩，我就在外面帮人家看工地，一个月挣一千二，够我老两口花的。这个世道，养儿子也靠不住的。

在父母的眼里，儿子分开居住，完全是因为没有良心，嫌弃他们，懒得给他们养老。

近几年发生的独生子和父母分家的现象，老人们认为是年轻人自私的表现，而年轻人认为分开住，减少很多家庭矛盾，对大家都好。无论如何，独生儿子和父母分家，起主要作用的是儿子和媳妇，没有一个是父母主动和独生子分家的案例。父母认为，如果儿子和媳妇坚持要分家，就不能勉强生活在一起，那样会让他们的日子更不好过。村庄老人们认为，虽然和独生儿子分家不符合传统，但这样确实减少了家庭矛盾，对儿子和父母其实都是有利的，而没与父母分开居住的儿子们则从内心羡慕那些能够和父母分开居住的人。

随着人口流动性的增加和个体权利意识的觉醒，更多的人不愿意遵从系列分家的束缚，人们不愿过大家庭的日子，在结婚后很短的时间里就分家，并且是一次性彻底分开的快速分家模式。XGQ 家就是一次性分的家：

> 我家兄弟三个，在我结婚后，两个月内就分了家。地给每个人都分开了，我哥一份，我弟一份，我一份，我妈一份，我哥和我弟都在外打工，地里的收入暂时归我妈。这样好，各过各的日子，要搅和到一起过，人家俩还得帮忙还我娶媳妇借的钱，我还得帮人家俩娶媳妇。现在这世道，谁还有精力管别人的生活啊，所以就早早分家了。

兄弟之间界限分明的“人”“己”之分，没结婚的兄弟不愿帮助已婚的兄弟还款，已婚的兄弟也不愿在未婚兄弟的婚事上帮忙，成为这个家庭在儿子没有结婚的情况下迅速分家的原因。传统上未婚男性和已婚兄弟家一起过，已婚兄弟家的儿子为其养老送终的传统不会再延续。

近些年出现的新情况是：不再时兴公开的分家仪式，而实际上分成小家庭生活，XBG 和 CJ 家就是这种情况：

> 我就一个儿子，在外打工十几年了，一年就过年回来一次。我们老两口在冬天天冷的时候去儿子家住一段时间，天气好了再回来。说啥分家不分家的，还不是各过各的生活。(XBG)
>
> 我家大儿子在外打了十几年的工，娶了媳妇，和我们一起住了两年。后来他们在县城买了房，全家就都搬走了。我小儿子这也张罗在县城买房呢，等小儿子结婚了，人家需要带娃，我们就帮人家带娃，不需要，我们就不去，在城里住着，咱家娃娃都打工的，谁养活啊？在村里住，咱还能种点地。(CJ)

村庄越来越多的人在各地买房居住，使得需要经过中间人的正式分家也已经很少，在买房者外出居住之后，就形成了事实上的分家模式。而如果儿子中有人在村庄居住，则有的父母会跟村里的儿子一同居住，有的会分开居住；如果儿子都在外买房居住，又没有人愿意把父母接到一起居住，则形成了事实上父母和所有儿子分家的形式，致使村庄中出现越来越多的老人空巢家庭。

二　多种家庭模式

随着人口外流、婚姻圈的变化和分家模式的变化，北堡子村除了传统上的主干家庭、核心家庭之外，出现了更多的家庭模式。

1. “空巢”家庭

在有关农村家庭模式的研究中，我们发现“农村的主干家庭的比例高于城市，而城市的核心家庭比例较高”①。但是北堡子村的主要家庭类型不是传统上认为的主干家庭，而是核心家庭，老年人口空巢家庭的比例较高（见表5—4）。

---

① 潘允康、林南：《中国现代城市家庭模式》，《社会学研究》1987 年第 3 期。

该数据根据当地人口统计部门提供的数据统计，如果计算上各种虽然户口没有分开，但事实上分开生活的家庭，则空巢老人家庭会更多。同时人口流动性增加，年轻人大量外流，即使在同一户口之下，年轻人常年在外，老年人事实上也是空巢家庭。50 年代及以前出生的户主，家庭空巢比例很高，而户主是 60、70 年代的家庭，核心家庭比例偏高。可以预计，随着这些家庭孩子的成长、结婚、分家，等他们到老年阶段，也会形成空巢家庭。

表 5—4　　户主出生年代与家庭类型交叉　　单位：户

		家庭类型				合计
		核心	空巢	主干	联合	
户主出生年代	30	1	5	0	0	6
	40	1	11	4	0	16
	50	0	6	6	2	14
	60	22	4	4	0	30
	70	12	0	7	2	21
	80	7	0	1	1	9
	90	2	0	1	0	3
合计		45	26	23	5	99

2. 流动家庭

流动家庭是指家庭的形态一直在变化之中，也指地理位置上流动的家庭。一个家庭的模式并不是固定不变的，而是一直在发生变化。

ZY 家的家庭形态一直在变化，由起初的核心家庭，到后来的联合家庭，再到后来的核心家庭，最终衍化成空巢家庭。

> 我大儿媳妇，2005 年夏天，夫妻俩“淘气”，自杀了，2006 年冬天，我大儿子又自杀了。剩下我和老伴，带着大儿子家的两个孩子生活。我们家老二后来就回来了，住了几年，等老大家两个孩子都上大学去了，我们就跟着老二一家生活，后来我老两口就回来自己住了。

XPZ 家在相当长的时间内是两位老人的空巢家庭，后来又演变成和大儿子一家在一起的主干家庭，大儿子再婚之后，又形成了复杂的联合家庭。

> 我们家老大，从老二结婚了之后，就在川里的地里给打了新院子，分家另过了。老二家在县城里买房了，老三在银川工作，家也在银川，这些年就我老两口一起过。可2006年的时候，老大媳妇走了（去世了），老大带着两个不得前去（指日子没法过），就又搬回来和我们一起住，老大又找了个媳妇，现在又在城里买了房，他俩在城里过，我们和老大家的孩子还有后来娶的媳妇带来的孩子一起过。

这种不断演变的家庭模式，并不是由老年父母决定的，基本上是由青年一代决定的，在他们需要父母的时候，则会和父母组成一个家庭，如果核心家庭不需要，就不会和父母一起生活。

更多的老人，则用流动式的生活去帮助子女，从而形成流动家庭。QXL家就是这种情况：

> 我们家自从两个大的女儿出嫁，小女儿和儿子考上大学之后，就一直是我们老两口（生活）。后来，我们二女儿家的孩子要上学，我们家离学校近，二女儿家的两个孩子就一直在我们家上学，和我们一起生活。这二女儿家的娃娃还没长大，小女儿又生了孩子，他们（指小女儿和女婿）工作忙，公公婆婆又不能帮他们带娃娃，我俩就把家里扔下，到小女儿的城市，给小女儿带了几年孩子。现在在家里先住着，等儿子结婚了，人家要带娃娃，我俩还得去给儿子带娃娃，要人家不让带，我俩就在村里自己过。

这种流动的老人并不是少数，基本上都是在儿子、女儿的家里去帮忙带孩子，等儿子、女儿家不需要他们的帮助了，又会返回到北堡子村居住，形成事实上的“流动家庭”。XZX家就是如此：

> 我家小女婿，出车祸走了，我家二儿子，得肝癌走了。我家小女儿和二儿媳妇都有生意，一个比一个忙，还好他们家都在城里。我们

老两口就每星期去城里，给两个家里上学的孩子做饭，给这个家里做完，再给那个家里做，两头跑。周末的时候偶尔回来，孩子放假的时候也回来住。

现在二儿子家只有最小的儿子在上高中，小女儿家的孩子也上高中了，等他们学上完，我们哪里也不去了，回到村里自己住。我们家老汉都80岁了，脑动脉硬化，在城里住着，上个楼都晕倒了，就想回来住。

老人用流动的方式，来尽可能地帮助到每个需要帮助的孩子家。而每个孩子的家，又都不是他们的家，在儿女不再需要他们提供帮助的时候，会回到北堡子村，过空巢家庭的生活。

3. 异常家庭

近些年，北堡子村异常家庭的数量也越来越多。从统计数据上发现，北堡子村人口的离婚率并不是很高，但是数量还是在上升，60—90年代，北堡子村总共有2对夫妻离婚的，而90年代以来，总共有7对夫妻离婚。而这些离婚的家庭就造成了单亲家庭，如果再婚对方也有孩子，就形成很复杂的家庭关系。

近些年男性意外死亡和因病去世的人数越来越多。北堡子村的中青年男性有出车祸死亡的、溺水死亡的、煤气中毒死亡的、癌症去世的，而自杀死亡的数量也在上升，这都造成了异常家庭数量的增加。

我以前那个老公，给家里犁地的时候，被拖拉机撞了，半身不遂，后来就自杀了。我一个人带着三个女儿，日子都没法过，后来就改嫁了，我现在的老公有一儿一女，孩子多的啊！上学回来看着就一大堆，还一个个的都不爱学习，就会比着花钱，生怕谁花的钱少了一样。

另外一种异常家庭源自于前文所提到的北堡子村男性在外地“领一个媳妇”回来的择偶策略。领回来的媳妇如果不及时领结婚证，她要是觉得生活不如意，就会一走了之。北堡子村有三位男性在领回媳妇并生了孩子之后，媳妇走了，形成了三户单亲家庭。

2012年，北堡子村出现第一个老年同居家庭，一对老年男性和女性在双方的子女都在外地安家立业，而老伴去世的情况下，没有领取结婚证，搬到一起居住。同时，提前分家模式的出现，也使北堡子村有了更多的单身者家庭。

4. 纯女户家庭

纯女户家庭是计划生育以来而形成的家庭模式。在结构上看，并无特别之处，但由于孩子的性别全是女性，这对北堡子村这样一个有着“重男轻女”传统的村庄来说，却是计划生育以来最大的变化。

北堡子村的女性，有不生儿子不罢休的传统，即使计划生育以来，由于计划生育在当地的实施并不十分严格，尤其是对没有男孩的家庭。有一位女性为了生儿子，一连生下了七个女孩，在生下第四个女孩的时候，乡上的计生部门强迫她去结扎，结果她就“疯了”，最终一共生了八个孩子，最小的是男孩。

采用“疯了”这种激烈且公开的方式的并不多，更多的人是采用更为隐秘的方式，这种方式就是“女婴流通”。在当地，农民夫妻只能生两个孩子，不论男孩还是女孩，育龄妇女就被强制结扎，人们一般会在生下第二个女儿的时候，把她“送人”，或跟别人家的男孩进行调换。村里一户人家就用自己家的男孩换得妻子姐姐家的女孩，而另一户人家则把第二个女孩“送人”，以便留下一个生育指标为生男孩继续努力。北堡子村历史上这种“送出去”的女孩比较少，但“要进来”的20世纪90年代到2013年，共有10位，这也成为后来各种家庭问题发生的原因。

在村庄发生各种养老问题，且养孩子的成本越来越高，越来越多的男性娶不到媳妇，父母对儿子的婚事承担更多压力的情况下，那些没有儿子的家庭，放弃了生儿子的计划，出现了四户“纯女户”家庭。纯女户家庭是人们和现实妥协的结果。

三　父权制的衰落和个体家庭的形成

通过北堡子村择偶圈的变化和家庭模式的变化，我们看到的是父权制的衰落和个体家庭的形成两个并行不悖的过程。

传统的从父居的生活模式和土地作为最重要甚至唯一的生活来源，使得父权制有了丰富的土壤。随着人口流动，打工收入成为家庭的主要收入，年轻人成为家庭经济的重要支柱。老人们终其一生从农业生产学习、总结出来的土地轮作、墒情保值、季节变换、种植和收割方式等经验变得没有多少价值，青年人开始对抗作为父权制代表的老人们，主要体现在家庭决策权方面。

在对老年人进行的一次集体访谈时问到这个问题，老年人一致表示，对儿子家的事情一点都不掺和。比如买大件物品，这是一家很重要的决策。LDY 如此描述自己家的家庭决策：

我家的电视机、洗衣机和冰箱都是人家娃娃自己去买回来，我也不知道咋用，都是儿媳妇和孩子们在用。别说这事，就是他们在城里买房的事，也没跟我们商量过。我老两口现在是啥都不喘话（说话），钱是人家挣来的，人家想买啥买啥，我们这些老骨头就不管了。

我们家川里那三亩地，我是想种点麦子。可老三说要种河北杨，说能赚钱，但那一亩地要投入就要 4000 块，都是老三自己掏的钱，我们也不说啥了，今年全种了河北杨了。

衰落的不仅仅是父权，与其相伴的男权也不断地受到挑战。有位大男子主义很重的男性的转变引起了我的注意，在十年前，据说有一次他妻子做饭不合胃口，丈夫一气之下把妻子赶回了娘家，而这位丈夫“最出名”的表现是从来不进厨房，也从来不会干洗衣、打扫卫生等“女人们”的家务。2013 年的 7 月，他在公共场所大方承认，要回家做饭去，要不在外面打工的妻子回来没饭吃会生气的。

笔者：你现在做饭了？

ZNZ：嘿嘿，都做好几年了。

笔者：为什么，你以前可从来不干家里的活（指家务），现在都做饭了？

ZNZ：以前不会做饭。这几年娃娃他妈老出去打工，回来乏地很（指很累），我不打工的时候在家里，就慢慢地学着做饭了，学会了也不难。两人过日子，要互相体谅，我年轻的时候犟，就是不愿做，慢慢年龄大了，想想做了也就做了，谁说女人的活男人就不能做了？人家女人出去还挣钱了呢！她不打工的时候，我是不做饭的，都她做。其实咱村里，现在男人做饭的多了，家里人少，女人们忙着打工挣钱，男人要是在家，哪好意思等着人家回来做饭吃啊！

这种转变对北堡子村是非常重要的，历史上很少有（除了一个人居住的男性和妻子患病不能做饭的家庭的男性）男性会下厨做饭，而随着妇女社会地位的上升，男女平等的意识越来越强，男性开始从事以前专属女人的家务劳作。

家庭联产承包之初，按人头分配的土地只在决定家庭土地数量的角度上是有意义的，而土地的经营和收入主要是由家庭中的"户主"来决定和支配的，而户主则是一家之主，性别上是男性，年龄上以中年男性为主，这正是实现"家长个体主义"的保证。土地是家庭收入的重要来源，因为土地的不可流动性和当地的土地政策，外嫁女和新娶的媳妇都没有土地，使得已婚女性要凭借丈夫家庭中的"土地财产"获得基本的生存，加上男性在农业生产的重要作用和从夫居（从父居）的居住模式，男性的社会地位高于女性。随着人口的流动和土地使用价值的变迁，非农收入越来越高于农业收入，女性可以通过自由流动来获得个体收入，而年轻人也可通过外出流动而获得高于农业收入的重要现金收入，并进而为家庭经济做出个体贡献，"依赖于土地轮作和性别差异之上的父权制受到了最严重的挑战"①。作为最主要的财产——土地，再也不能给后代带来丰裕的生活；曾经让父辈荣耀的庄廓和院落，也成了子辈们弃之不得的鸡肋；而建立在土地经济基础之上的土地耕作知识，再也不能成为父亲对儿子使用权威的资源；相反，父辈们必须和孩子一起面对这个快速变化不可预测的社会，甚至因为无法跟上快速变化的社会必须不断地向子辈妥协，以寻求将来可能的养老保障。

---

① ［法］H. 孟德拉斯：《农民的终结》，李培林译，中国社会科学出版社 1991 年版，第 161 页。

第三节　本章小结

通过婚姻圈的研究发现，北堡子村的女性利用流动优势，顺利地扩大了婚姻圈，而男性则面临更大的挑战，那些自身能力不强的男性，不得不回头依赖传统婚姻圈，依赖父母所建立的社会网络关系获得配偶，给父母形成更大的压力。更多的青年人，利用父母对儿子娶媳妇是义务的传统观念，从而在结婚的过程中要求从父母那里获得远远超出父母经济能力的帮助，加重了对父母的剥削。

在家庭模式方面，人们不再追求大家庭的生活，而是选择最有利于家庭发展的家庭模式，但总体上可以看出，父母在家庭中有尽不完的义务，但却享受了越来越少的权利，年轻人在需要父母的帮助的时候，会主动选择和父母一起居住或让父母到他们家去居住，在不需要父母帮助的时候，父母只能自己单独居住，形成了众多的老年“空巢家庭”。

但同时我们也看到，各种制度而导致的后果迫使个体承担起来，如诸种异常家庭的出现，单亲家庭的增多等社会问题，逐渐转移到个体的身上，成了个体必须面对的问题。

无论如何，我们看到的是年轻人通过自己的意愿，塑造家庭模式和家庭生活，实现年轻人的个体权利，却在父母养老和遇到困难时不去尽应尽的义务，父母的权利被不断地忽视甚至侵犯（第八章详述），家庭生活中，父母的弱势地位越来越明显。也即是说，年轻人越来越强调个体权利的同时，却在一定程度上剥夺了父母的权利，在家庭内部形成了仅仅实现一部分人的权利的不平衡的个体化。

第六章

传统的变迁：走出祖荫庇护

在实现个体化的过程中，个体顺利地从小村庄“脱域”出去，成为一个个自己对自己负责的个体，同时使那些附着于地方的传统，逐渐失去了原来的意义，个体化的过程是一个“去传统”的过程。本章将分析北堡子村各种各样的传统在“空壳化”的过程中是怎样地被“去传统”的。

第一节　何为传统

一　关于传统的界定

“传统和现代是具有对称性的两对概念，每一组都是另一组存在的前提，且它们所具有的内涵也是对应的。”① 吉登斯甚至认为“传统，这个观念本事就是现代性的产物”②。事实上，作为一种研究社会问题的学科，社会学从诞生之日起就在关注社会由传统向现代的转化及引发的问题。涂尔干认为：“随着人口增长、城市化和工业化而到来的社会是现代社会，而建立在人口稀疏，以农业为主的社会是传统的社会，现代社会个人主义的增长，损害了传统社会建立在共同信仰基础之上的集体良知。”③ 从这个角度上来讲，传统和现代的区分是人类历史在时间轴上的现代性转折。

---

① 周晓虹：《传统与变迁——江浙农民的社会心理及其近代以来的嬗变》，生活·读书·新知三联书店 1998 年版，第 23 页。

② ［英］安东尼·吉登斯：《失控的世界——全球化如何塑造我们的生活》，周红云译，江西人民出版社 2001 年版，第 59 页。

③ ［法］埃米尔·涂尔干：《社会分工论》，渠东译，生活·读书·新知三联书店 2000 年版，第 38 页。

在米尔斯看来："几乎任何实质性内容都能够成为传统，所有的精神范型，所有的信仰或思维范型，所有已形成的社会关系范型，所有的技术惯例，以及所有的物质制品或自然物质，只要它具备在人类的历史中能够持续不断地延传，就可能成为传统。"① 从这个角度上讲，传统则是一定社会形态下的具体社会产物，具有不断的传承性。

吉登斯则把传统分为三种："那些使各个团体（真实的或虚假的共同体）的社会凝聚力或成员资格得到确立或是象征化的传统；那些使制度、身份或是权力关系得以确立或合法化的传统；其主要目的是使信仰、价值体系和行为准则得到灌输和社会化的传统。"② 第一类传统具有普遍性，而其功能则是隐含于抑或来源于对一个"共同体"和那些代表、表现或象征这一共同体的制度的认同感，而第二和第三类传统则是根据某种目的发明的。

从词源学上考察，传统的拉丁文的原意是为保存某物而将该物传给另外一个人；在罗马语中则指继承，从这一代传给下一代，继承人有义务保护和照管好它。因此，对本书来说，传统有时间指向和物的指向两种形态，时间指向上的传统是指村庄在从农业社会（传统）向工业社会（现代）转型的过程；而从物的形态上来讲，则是指由不同代人之间不断传承的礼仪、惯习、风俗等，通过节日、仪式等方式和器物、用具等物，被不断地重复和传承，给人们的生活予以连续性，并成为生命传承的主要内容，从而增加了共同体成员的社会凝聚力。

二　作为国家控制手段的传统

霍布斯鲍姆明确指出"那些表面看来或者声称是古老的'传统'，其起源的时间是相当晚近的，有许多甚至是被发明出来的"③。有些传统是

---

① ［美］C. 赖特·米尔斯：《社会学的想象力》，陈强、张永强译，生活·读书·新知三联书店 2001 年版，第 165 页。

② ［英］安东尼·吉登斯：《现代性与自我认同：现代晚期的自我与社会》，赵旭东、方文译，生活·读书·新知三联书店 1998 年版，第 92 页。

③ ［英］E. 霍布斯鲍姆、T. 兰格：《传统的发明》，顾杭、庞冠群译，译林出版社 2004 年版，第 16 页。

因发明、建构和正式确立而成为“传统”的，而有一些传统则会在某一短暂的、可确定年代以一种难以辨识的方式出现和迅速确立。吉登斯更激烈地说：“我认为，所有的传统都是被发明的，完全传统的传统社会是不存在的。”① 传统总是群体、社区或者集体所具有的特征，个体可能遵循传统和习俗，但传统并不像习惯一样成为个体行为的特征，传统通常有它的护卫者，比如先哲、牧师、圣人、老人，传统经常受社会变迁的影响被重新改造，以便适应新的社会，传统也会被新建。

现代世界持续不断的变化、革新与将现代社会生活中的某些部分建成为不变的、恒定的这一努力形成了对比，这其中明显的矛盾也正是过去两个世纪的历史学家们对研究“传统的发明”如此着迷的原因。研究者们发现，“被发明的传统和风俗都不是真实的，它们是被设计出来而不是自发产生的，它们被当作一种权力手段被使用，而且随着时间的消失和远去将不复存在，无论传统是以故意的还是非故意的方式建构出来，传统总是与权力结合在一起的”②。传统意味着一整套通常由已被公开或私下接受的规则所控制的实践活动，具有一种仪式或象征特征，试图通过重复来灌输一定的价值和行为规范，而且必然暗含与过去的连续性。

在现代国家，“传统不但是一种‘社会记忆’，它既是一种积淀，也是一种传承，更是一种社会历史结构”③，传统的存留和再造是权力合法化的核心内容，是统治者为使统治合法化的重要手段，通过发明和再造传统，国家才得以把自己强加于相对顺从的“臣民”之上。因此，传统，并不是因为其本身的价值而成为被不断传承的传统，而是现代国家塑造社会记忆，灌输国家理念，控制民众行为习惯，达至社会认同，促进社会整合的国家控制手段之一，现代国家才是传统的真正发明人和传承人。

现代国家会通过一系列的方式进行传统的传承、创造、变革，以塑造依附于传统之上的国家记忆和民族记忆，增强国家认同。传统的形式被不断地挖掘和重构出来，并通过不断地重复甚至展演以取得大众认同，从而

---

① ［英］安东尼·吉登斯：《失控的世界——全球化如何塑造我们的生活》，周红云译，江西人民出版社2001年版，第36页。

② 同上。

③ 彭兆荣：《人类学仪式的理论与实践》，民族出版社2007年版，第247页。

强化国家认同。

三 作为传统载体的仪式

要正确地理解传统绕不过仪式，传统与仪式是一个无法彼此分裂的结构共同体。“仪式是文化的惯习”①，任何有价值的传统，都要透过仪式来展演，获得生命力，而无价值的传统，则会在仪式的演进中慢慢湮灭，仪式成了区分传统价值的圭臬。“有价值的仪式是传统的重要载体，透过仪式才能够解读传统的核心，才能真正理解传统的精髓，同时，仪式的展演也是制造传统的过程。”② 传统通过仪式和符号来定义自身，通过仪式、典礼和重复来维持和传承。③ 可见，仪式是传统的重要载体，传统的精髓经由仪式获得展演和传承。

仪式，通常被界定为象征性的、表演性的，由文化传统所规定的一整套行为方式。按照涂尔干的分类，它可以是“神圣的也可以是凡俗的，这类活动经常被功能性地解释为在特定群体或文化中沟通（人与人之间，人与神之间）、过渡（社会类别的、地域的、生命周期的）、强化秩序及整合的社会方式”④。“它可以是特殊场合情境下的庄严神圣的典礼，也可以是世俗性的礼仪、做法。仪式是一种通过表演形式进行人际交流和文化变迁的‘社会剧’。”⑤

仪式具有重要的社会功能，在涂尔干看来，有惩戒、凝聚、传承和欢娱四种主要功能。惩戒的功能体现在个人的意志必须服从群体的要求；凝聚功能体现在，在仪式中肯定了群体的社会团结；传承的功能体现在，仪式赋予人们以生命力，使群体价值观代代相传；欢娱的功能体现在，通过或借助仪式活动以重申道德秩序的合理性和合法性，将个人的失落或不满

---

① 参见［法］皮埃尔·布迪厄、［美］华康德《实践与反思——反思社会学导论》，李猛、李康译，中央编译出版社 1998 年版。

② 彭兆荣：《人类学仪式的理论与实践》，民族出版社 2007 年版，第 267 页。

③ ［英］安东尼·吉登斯《亲密生活的变革——现代社会中的性、爱和爱欲》，陈永国、汪民安译，社会科学文献出版社 2001 年版。

④ ［法］爱弥尔·涂尔干：《宗教生活的基本形式》，渠东、汲喆译，商务印书馆 1999 年版，第 25 页。

⑤ 郭于华主编：《仪式与社会变迁》，社会科学文献出版社 2000 年版，第 3 页。

体验游戏化。鲍伊认为仪式的功能在于“可以成为情感的渠道并表达感情，引导和强化行为模式，支持或推翻现状，导致变化或恢复和谐与平衡，仪式是一场对社会关系的重新确认，在仪式中被认为‘应该到场的角色’不能缺席，而不应该到场者的出现，则会引起仪式的异化，仪式的表演将无法进行”①。“仪式具有历史记忆和集体记忆的功能，是群体认同的策略性表达，仪式也能体现或界定群体的边界。”② 总之，仪式有社会教化、社会控制功能，起到凝聚内部力量，区别我群与他群、我者与他者的社会功能。

在前现代社会，“什么事情”总是与“什么时候”“什么地方”相联系，或是由有规律的自然现象来加以区别，而现代性的“脱域”机制，使得传统与确定时间、确定地点的地方性越来越远。在现代性的进程中，“现代国家对日常事务掌控的强大自信被唤醒出来，现代国家的恢宏的气势，远大的抱负，以及专注于未来无与伦比的吸引力都体现在对生活的管理和掌控之中，而对传统的掌控，使得传统经常屈服于现代性，比如那些失去了内容的传统或者商业化了的传统或者变成了遗产，或者成了在机场商店可以购买到的粗略工艺品或小玩意”③。而更多的传统，则以现代国家想要的方式发生变迁，用以塑造共同的民族和国家认同，以至仪式的形式、目的、参与者、内涵、诉求等发生转变，仪式的功能发生转化、消失，新的功能产生。即使那些保留下来的传统，与传统的来源越来越不相干，而仅仅成为一种更抽象的仪式。以至于吉登斯感慨这是一个传统终结的社会，但传统的终结并不意味着传统的消失，而是以不同的形式继续繁荣发展。“也使现代社会中的个体，不再相信他们应该为保持传统而奋斗，相反，个体选择一些传统来为他们的生活服务”④。

仪式可以分为生活中的仪式与节庆中的仪式，私人仪式和集体仪式，

---

① ［英］菲奥纳·鲍伊：《宗教人类学导论》，金泽、何其敏译，中国人民大学出版社 2004 年版，第 128 页。

② 彭兆荣：《人类学仪式的理论与实践》，民族出版社 2007 年版，第 25 页。

③ ［英］安东尼·吉登斯：《现代性与自我认同：现代晚期的自我与社会》，赵旭东，方文译，生活·读书·新知三联书店 1998 年版，第 58 页。

④ 阎云翔：《中国社会的个体化》，陆洋等译，上海译文出版社 2012 年版，第 328 页。

表意性的仪式和目的性的仪式等。本研究的北堡子村是汉族聚居村落，大多数仪式是对农事，节气，人和人之间的关系，人和祖先，人和神之间关系的一个展演，建立在一时一地的“地方性”基础之上，但随着现代性进程的推进，仪式的地方性逐渐丧失，功能逐渐减弱、变迁，下面将从传统的最重要的两个方面即仪式和节庆来展开。

第二节　变迁的仪式

北堡子村是汉族聚居的村庄，没有确定的宗教信仰，几乎没有涉及神圣的仪式，大多数的仪式表现在凡俗的事物之上，本研究将从北堡子村最隆重的两种仪式即婚礼仪式和丧葬仪式来分析仪式的传承和变迁。

一　三种不同类型的婚礼

1. 传统的婚礼

在男性成年之后，男方父母就委托村庄中的村民或亲戚朋友开始为儿子搜罗合适的结婚对象。在传统婚姻圈的基础之上，“门当户对”的女性会成为男性家庭首先考虑的对象。如果男女双方家庭和个人都满意，女孩就会在家长（一般是母亲）的陪同之下到男方家“看屋里”，意思是亲眼看看男方家的家庭条件，而不再仅仅听媒人所说，这也是女方家决定结不结婚的重要步骤。接下来就要在女方家里举行订婚仪式，订婚仪式的主要参与者是女方家族中的所有人和男方家的代表，包括媒人、男方父亲、男方所在村里人的代表。男方家带上“四色礼”（包括猪肉、酒、烟、糖、馒头等）到女方家定亲商量彩礼和女方的嫁妆，而女方家的人则要全面观察为女孩选定的女婿和他父亲的言谈举止，以便对男方再做判断。而后是换中（意思在说亲到成婚的“中间”的过程），这一天也是男方家派代表到女方家，带上彩礼中的大部分，商量结婚的时间，时间一般会选在农历十一月之后农闲的时候，但后来也因各种原因发生变化。商定日期后就是婚礼最重要的过程——结婚仪式。

传统上结婚仪式仅仅在男方家举行，女方家只举行简单的“给女子”（意味着把姑娘给了别人家从此不再是自家的人了，也即“嫁姑娘”）的仪式。因为在父权社会里，女性结婚以后就成了男方家的人，受男方家的管束，很少能回到娘家，父母年老的时候，也不能在身边尽孝，所以女儿出嫁是一件伤心的事情，母亲和姨妈、姑母等要在女儿出嫁时“哭嫁”，以表示不舍之心，而出嫁的女孩也要“哭”，哭得越厉害表明越舍不得父母，越会受到好评。那些出嫁时哭不出来的姑娘，经常被人骂做“没良心”“不要脸”，离开父母了也不伤心。所以嫁女儿并不是一件喜庆的事情，经常听到哭声。这也使得“给女子”的仪式非常简洁，持续时间最长只有一天，但来见证这个仪式的包括女孩所在村庄的所有人家的代表，所有亲戚朋友家的代表，女孩出嫁的事情，也要去祖先的坟墓“告知”祖先，并请祖先“回家”一起见证。

在女孩“上马”（传统上接亲的时候是骑在马上）的时候，由村庄里一位德高望重的中老年妇女搀扶，并由男方家接亲的人扶上马，在用车接新娘的时候，这个传统也得以保留。女方家最重要的是“送亲”的人，一般都是由男性担任，包括女孩叔叔或伯父、舅舅、姑父、姨夫、兄弟和同村的代表，这是新娘家强大的父权展示，越强大的阵容，越能在女性以后的生活中对丈夫及其家庭产生威慑，以保证女性在丈夫家不被欺负。送亲的人是新郎家的上宾，新郎家需要安排他们住一晚，一般会安排到村里的家族中的人家或朋友家居住。

男方家叫“娶媳妇”，即娶进媳妇成为自家人的意思。男方家娶媳妇是“大事”，一般要提前很久准备，所以前文提到的“换中”的时间很重要，必须比婚礼早半年甚至一年，以便于在物资短缺的时候，去慢慢筹备。比如一般会在提前一年的时候开始喂养娶媳妇时候宰杀的猪，在婚期的一周之前宰杀，开始准备婚礼。“娶媳妇”规格要比“给女子”的规格高，要不会被人笑话。

在婚礼之前，男方家要认真地去“请”母亲的娘家人即新郎舅舅家的人，“请”父亲舅舅家的人，“请”村里的人。在请舅舅家和舅爷家人的时候一定要有较贵重的礼物，但请村里人的时候就不用，基本上是去村民家里，给家长发支烟，告知结婚日期就行。婚礼的前一天，新郎要和父亲一起到家族的坟上去祭拜，并请“家神”和“家亲”一起来见证婚礼，以期得到祖先的护佑，并在上房摆上香案，供上祖先牌位，设香炉，以供来人祭拜。而家族中的人，在婚礼中要起到重要的服务作用。在整个婚礼仪式中有一重要人物，叫“总管”，负责设计、规划和管理整个婚礼仪式中的各项事务，一般由村庄里聪明能干、协调能力好、威望高且经验丰富的男性担任，整个婚礼过程都由他负责。这样，婚礼的参加者和见证者才算到齐。

男方家接亲的当天，最重要的客人是新郎的“舅舅家”和“舅爷家”，舅舅家或舅爷家的代表在婚礼当天到村口时，要派重要的人去迎接，到家门口时，要放一串又长又响的鞭炮以示迎接，而舅舅家和舅爷家则要准备好红色和绿色的绸缎被面，称为“红”，舅舅家的红，先从新郎的左肩斜拉到右侧腋窝，打结绑住，接下来从右肩斜拉到左侧腋窝下挂上属于舅爷家的“红”，接下来挂上属于村庄的“红”。挂这三个“红”的顺序是，舅家必须最先挂，后面的舅爷家和作为村庄代表的“庄家”的“红”可以不分先后。这可能是物资短缺时代留下来的印记，因为“红”的大小正好是一床被子的被面，这是“实物型”的结婚礼物，是给新郎新娘最直接的物质资助，但因为“红”基本上是绸缎的，价格昂贵，所以要用一种特别的方式显示这种贵重的礼物，挂在新郎的肩上是最可以显示出来的地方。而为什么由舅家和舅爷家来做，这可能是遥远的“舅权”的体现，有权利就有义务，用这种方式来显示“舅权”的存在。

接亲的人是由媒人、村里人（代表）、开车的人组成（新郎并不去迎接新娘，这可能是以前新郎新娘在洞房之夜才能见面留下来的习俗），一般都是单数，将要接到的新娘已经被算到新郎家，加上就是双数。在接亲队伍把新娘接回家里之后，并不是新郎把新娘接回屋，而是由专司“搀新媳妇”的村庄里儿女双全、家庭和睦、威望较高的已婚妇女（老年妇女占比例较高），把新娘子直接接到新房。之后搀新媳妇的妇女一直要陪伴新娘，给新娘介绍村庄和家庭的各种情况，还有将来要面临的各种问题。晚上的闹洞房，主要由同辈分的中青年男性参与，包括让新郎新娘做有简单性暗示的游戏，最常见的是“点烟”，即新郎或新娘把一支已经被掐得很短的烟横着衔在嘴里，另一人用嘴巴吸住，点着，给别人吸。这对结婚之前几乎没见过几回面的新郎新娘来说，是最亲密的身体接触和性暗示。

重头戏会在第二天，这天一大早，新娘子要早早起来，为全家人做一顿“长面”，即一顿手擀面，如果面条和汤汁做得都好，则会被人称赞为新媳妇的“吃喝”好，这一家人有福了，新媳妇则在全村人面前第一次展示了自己。在送走送亲人之后，新郎的舅家、舅爷家和村里人，把属于新娘的“红”（一般是绿色的）同样系在新娘的身上，接着要进行的是整整一天的磕头、敬酒。在这一天中，新郎家族中的所有成员都会到场，新郎要带着新娘，给所有的长辈跪下磕三头，敬三杯酒，长辈要给新郎新娘“锁锁钱”（意味着把他们锁在一起，一生一世）。在这个过程中，村庄里的人会把“公公”和“婆婆”（不仅是亲的，堂的也算）用各种各样的方式打扮起来，用柴草灰把脸抹黑，脸颊上涂上红色，用辣椒做耳环，用萝卜做眼镜等，怎么样滑稽搞笑怎么样打扮。这可能是对乱伦禁忌的提醒，如果公公和媳妇乱伦，则无疑是给自己，甚至整个家族脸上抹黑。从父居的传统，使得女性必须以最快的速度融入丈夫的村庄，通过烦琐而又漫长的持续一天的“磕头”这种方式来使新娘在一种和谐愉快的气氛中，登台亮相，进而顺利地融入家族和村庄。第三天则是新娘回门的时间，整个婚礼才算结束。

这样一个具有传统特征的婚礼仪式，显然发挥了仪式的社会整合功能。个人结婚，是家族的“大事”，整个家族都要动员起来，包括迎来送往，端茶倒水等事情都要家族中的人去做，这在一定程度上增加了家族内部的团结。个人结婚，也是整个村庄的大事，因为需要很多的人来帮忙，所以为了照顾周全，几乎村庄内每个家族的人都会被邀请来帮忙，并且整个婚礼仪式要由“总管”主持，这是一个增进村民团结的机会。个人结婚，是所有亲戚中的大事，包括舅舅家和舅爷家在内的所有亲戚，每个家庭都会有代表来参加，增进了亲戚间的亲密性。个人结婚，祖先要被隆重地邀请来参加，这也是一种仪式，以表示增加了后代和祖先之间的联系。如此，通过个体的婚礼，围绕个体和家庭的一系列社会关系得以重新梳理、整合。

2. 传统与现代结合的婚礼

随着青年人对婚姻的自主程度提高，通过“瞅对象”的自由恋爱的方式找到结婚对象的越来越多，结婚程序中的说亲、定亲、换中、迎娶四个步骤中的前三个步骤都可能被省略。也因人口的大量外流，婚姻圈越来越大，“三里不同乡，十里不同俗”，更难找到男女双方都能接受的传统婚礼方式，一种混合着传统与现代的婚礼方式得以产生。

我们来看一场混合婚礼：2012 年 12 月 20 日，农历十一月初八，在外地工作的1985年出生的JXW，带着要结婚的外地女朋友（1986年出生）在婚礼前的三天回到了老家，在县城的宾馆里住了下来，订下了结婚的酒店和婚庆公司。婚礼当天，新郎从宾馆把新娘接到举行婚礼的酒店。中午12点，伴随着结婚进行曲，在婚礼司仪的主持下，穿着崭新西装的新郎和洁白婚纱的新娘登上了舞台，并对参加婚礼的来宾三鞠躬表示感谢。接下来司仪请上了新郎的舅舅家和舅爷爷家，给新郎新娘挂红，请上证婚人给新郎新娘颁发结婚证书，新郎新娘交换结婚戒指。请上新郎的爷爷奶奶，给新郎新娘送出红包和祝贺，新郎新娘三鞠躬表示对爷爷奶奶的感谢，并一家三代合影留念。婚礼的重点和高潮在同时请上新郎新娘的父母，新郎新娘"改口认亲"，叫对方的父母为"爸爸、妈妈"，并鞠躬感谢父母多年的辛勤养育和教诲，双方父母分别表达了祝贺，给新人送上表示祝贺的红包，新郎新娘深深拥抱各自的父母和对方的父母，并在双方父母的面前，喝了交杯酒，并亲吻拥抱。之后，新郎新娘换完服装，向每位参加婚宴的来宾敬酒表示感谢，婚礼仪式结束。婚礼结束后的第二天，新郎新娘一起离开到工作的地方去。

在这场婚礼中，我们发现很多新的变化。因为结婚地点不在村庄，祖先在礼仪上没有被邀请来见证后辈的婚礼，最早地缺席了；村庄里的人尤其是作为"总管"的人，被婚庆公司取代；舅家和舅爷家的出场也不再要隆重的鞭炮声迎接。与这些逐渐式微的见证者不同的是，作为新郎新娘重要的见证人即"证婚人"很隆重地登场，证婚人基本上是由新郎家里最重要的社会关系的人来担任，在JXW的婚礼上，证婚人是新郎爸爸事业上的重要朋友。更为重要的变化是，传统上"娶"和"嫁"相互独立，双方父母在婚礼上"两亲家，不碰头"的传统不在，代之而起的是双方的父母在婚礼上被隆重地推出，原本并不出现在婚礼现场的新娘的父母成为重要角色。在这个婚礼上，爱情成为司仪口中出现频率最高的词汇，个人的情感体验成为婚姻的主题。

3. 现代的婚礼

人口大量向外流动，那些较早流动出去的人，跟村庄没有了多大联系，如果回到村庄结婚，即使在县城的酒店里举办婚礼，也需要邀请村庄里的人参加，这会是一件比较尴尬的事情。因为多年生活没有交集，结婚的时候需要村里人的"礼物"，这显然会导致村里人的不满。所以，大多数人会选择在外面结婚。

2012年10月1日，LSJ的婚礼在银川举行。这是一场完全由婚庆公司设计并安排的婚礼。《结婚进行曲》响起，新娘挽着父亲的胳膊，走向舞台中央等待的新郎，新娘父亲把新娘交给新郎，新郎给新娘献花。证婚人隆重登场，这次的证婚人有两位，一位是新郎单位的重要领导，另一位是新娘单位的重要领导，其中一位负责颁发结婚证书，另外一位发表证婚词，新郎、新娘喝交杯酒，互换结婚戒指。在《常回家看看》的歌声中，新郎、新娘各自走在中间，两边挽着自己的父母再一次到舞台中央，婚礼司仪讲述动人的母爱故事，新郎、新娘拥抱自己和对方父母以表达最真心的感谢。新郎、新娘换完衣服，向来宾一一敬酒，表示感谢。

这是个完全现代的婚礼，在村庄传统婚礼中出现的重要见证人，包括祖先、村民、亲戚等都不再出现，取而代之的是新郎、新娘基于工作基础之上重要的社会关系，包括双方单位的同事、朋友。这个婚礼强调了男女双方父母具有同等重要性，正如沈奕斐在研究现代化进程中的城市家庭的变迁时发现，“个体已经成为建构家庭的核心，个体形塑了自己想要的家庭面貌，在个体家庭中，代际关系依然紧密，原因在于年青一代需要老年一代提供帮助，但涉及的范围已经很小，甚至只涉及双方的父母，并且不再是从夫居的居住模式，使得女系和男系处于同等地位”[①]。

吉登斯认为“被抛弃的仪式问题不在于仪式本身，而是仪式所维持的功能被贬损”[②]。婚礼仪式的变化反映出“传统的家族制度之内，亲子关系为根本原则，夫妇关系不若亲子关系重要，夫妇结合无所谓感情，无所谓兴趣，婚姻目的，一为继先人血食，一为和两家之好，并不以个体的感情为选择婚姻的理由，婚姻不是为了个体快乐，而是实现继替的一种手段，婚姻是两个家族的结合的传统婚姻模式被逐渐抛弃”[③]。而现代婚姻

---

① 沈奕斐：《个体家庭 iFamily：中国城市现代化进程中的个体、家庭与国家》生活·读书·新知三联书店2013年版，第280页。

② ［英］安东尼·吉登斯：《失控的世界——全球化如何塑造我们的生活》，周红云译，江西人民出版社2001年版，第124页。

③ ［英］安东尼·吉登斯：《亲密关系的变革——现代社会中的性、爱和爱欲》，陈永国、汪民安译，社会科学文献出版社2001年版，第38页。

越来越强调婚姻是个体的事情，现代的婚礼仪式反映出结婚是出于个人感情因素的个体选择，是结婚者个人（最多涉及双方父母）的事情，在现代婚礼中，舅权、血亲、家族、村民全部缺场。更为重要的是，以新建立的小家庭为中心，涉及双方父母的“心型个体家庭”[①] 得以形成。

二　变迁的丧礼

1. 传统的丧礼

北堡子村有及早备丧、厚葬隆丧的传统。及早备丧体现在老年人的寿衣和寿材要提前准备，一般是老人某一次大寿之后，比如六十、七十大寿，或者老人某次大病之后就开始准备，以免老人突然过世造成手忙脚乱，提前备丧也能够保证丧礼用品的规格。基本上是由女儿准备，包括寿衣、寿帽和寿鞋女儿们会分工合作，置办布料，缝制衣物。而寿材则是由儿子们准备，根据家庭经济条件，有杨木的、松木的和柏木的等、经济条件较好的人家，则会请来好的木匠，在棺木上刻画龙凤图案和山水图案等，漆上漂亮的颜色，因为人们认为，这是逝者在另一个世界的住所，所以要和逝者的身份地位相符，家庭条件越好的，准备的寿材档次越高。

老人去世之后，要请村里德高望重的人来帮忙穿上寿衣，人们合力把逝者抬到上房的桌子下面，使其平躺，脸上盖上白纸，这个过程被称为“落草”，取义“尘归尘，土归土”。在逝者的头和脚两头，是儿女们守孝的地方，出殡之前，儿女们不能洗脸梳头，取义因为痛苦而只能蓬头垢面。在女性老人去世之后，要由村庄里的人尽快地把消息送到女性的娘家，男性则要告知“舅舅家”，女性的娘家代表，男性的舅舅家代表到来并同意之后，才能下葬，如果不来，则不能下葬。

孝服是根据和逝者的亲属远近选取布料的，由逝者的晚辈穿戴，同辈一般不穿戴孝服，但有的情况下妻子会为丈夫穿戴孝服，但这种情况较少。逝者的儿子、女儿、媳妇、孙子、孙女要穿由最粗的麻布制作的孝服，男女都是长袍，腰里系一根麻绳，男性的帽子类似于毡帽的形状，而女性仅仅是一个帽圈，在帽圈上缝上一条长长的布条，在哭泣的时候拉到

---

① 沈奕斐：《个体家庭 iFamily：中国城市现代化进程中的个体、家庭与国家》，生活·读书·新知三联书店 2013 年版，第 279 页。

眼前，以示要阻挡别人看见自己的痛苦，鞋面上也要缝上麻布，意味着重孝。孙子辈的孝服在帽子上缝一条红色的布条或点一点红色，以示辈分有别。堂侄、侄女等穿戴较细的白布做成的孝服，关系再远的晚辈则会仅仅戴一顶孝帽就行。丧服体现亲属有别、长幼有序的伦常秩序。

丧礼的时间一般持续3—7天，如果家庭条件较好会请来“吹响”，或请戏班子，每天从早到晚奏着哀乐，一直持续七天。在这期间，女儿会忙着给逝去的父亲或母亲制作“纸活”，即用纸做的布匹、元宝、房屋、车马侍从、金山银斗、摇钱树、聚宝盆，甚至锅碗瓢盆等，到后来甚至还有收音机、电视机、汽车、手机、别墅等，子女要用这种方式，表示给逝去的父母在另一个世界的生活创造好的条件。儿子则要请“阴阳”（指能够沟通阴间和阳间的风水师），为逝者选择埋葬的风水宝地，以保佑后代的生活。墓地选好之后，由村庄里年轻力壮的男性挖坟，坟墓要在“阴阳”看好的埋葬时间之间挖好，所以是件非常辛苦的事情，尤其是冬天，土地结冰之后，更是艰难。村庄用“抬埋人”来指称丧礼，这充分可以看出“抬”和“埋”的重要性，在出殡的时候，抬棺木者要身强力壮，因为不管多重，在去坟墓的路上是不能歇息的。抬棺木，速度越慢越显得对逝者的不舍，越慢越隆重。下葬的时候，由儿子撒下第一铁锹土，由司埋葬的人用土填满坟墓，再用土堆出高高的坟头来。

家族墓地曾是每个家族的公共用地，在家庭联产承包以后，土地被划分为小块分给每家每户，致使传统上的家族公共墓地面积大大减少，人们只能在人去世后寻找新的墓地，这些墓地基本上分散在属于死者家庭或家族的农田里。墓地体现家族的延续、划分家族内外的功能因为墓地的极度分散而弱化。返回祖先居住地的观念曾是丧葬文化精髓，通过祖宗坟茔、祖先祠堂、牌位、族谱、家谱等方式联系生者世界和死者世界，而墓地的分化，显然弱化了祖宗和后代的联系。

接下来，逝者的儿女要每隔七天，给逝者烧纸钱，从“头七”一直到“七七”，以保证逝者在另一个世界有钱花。而之后的三年，每年的祭日都要烧纸，守孝三年。并在每年的农历十月初一，亦即“鬼节”这一天给逝者“送寒衣”，即用各色纸剪成衣裤模样，写上逝者人名号，然后或在较为通畅的路口，或在坟茔焚化。

2. 现代的丧礼

家庭联产承包以来北堡子村的丧礼形式一直在变化，首先体现在“及早备丧”的消失。专业的丧葬服务机构的出现，使得需要由儿女亲自准备的寿衣、寿材等，能够很方便地在寿衣、寿材店买到，很少有人再提前准备。其次，丧服也发生了变化，除了逝者的嫡亲的儿女和孙辈，再没有人会专程赶回去参加丧礼，为了方便，丧服则是简单统一的布料，而用布料的多少来反映与死者的关系，直系儿孙的孝服比较隆重，布料较多，其他的则只有一顶白色孝帽。

在人口大量外流的情况下，丧礼的仪式受到了很大挑战，主要体现在“抬埋”的仪式。在村庄几乎没有青壮年的情况下，抬和埋都成了很难完成的事情。抬棺木的改革出现在一次年轻人的葬礼上，该年轻人因为车祸而卧床不起，三年之后自杀，村里很少几个能够抬棺木的没人愿意给这样死去的人抬棺木，最后决定用平板车拉棺材到埋葬的坟墓。这一方式后来被广泛采用，棺木不再抬，而改为拉，起初是用平板车拉，后来出现了用汽车拉棺木。同时，挖坟也成为一件更难完成的事情，折中的办法是缩小坟墓的深度和大小。有人说，再过几年，没人了可能要用挖掘机挖坟了。而要花重金聘请的“吹响”则被用录音机放哀乐代替了，葬礼的时间也大大缩短，3 天成了人们能够承受的最长时间。

发生变化最大的是人们关于死亡的观念。死亡只是转变为另外一种存在方式，死者要享受后辈的香火、供奉，生者又受到死者的监视与护佑，已经很少有人认同，LJC 这样认为：

> 哪有另一个世界啊，那都是人们想出来的，人死如灯灭，啥都没了，那些东西都是以前人的想法，现在谁还信这个啊。以前那些东西都叫封建迷信，是不好的东西。人死了有鬼，谁看见了啊？死了就是死了，还花那么多钱，买那么好的棺材，修高级的坟墓，那不都是白花娃娃们的钱吗？

逐渐变化的生命观和死亡观，使得整个丧礼仪式发生了重要变化。

3. 闹丧

传统上，逝者如果在生前受到怠慢甚至虐待，在去世之后，下葬的时候就有人"闹丧"。老年妇女如果在生前受到儿子媳妇的虐待，娘家人在老人埋葬的时候可以闹丧，实施者可以是已逝妇女的兄弟、侄子，或者是已逝妇女娘家的任何人，而已逝男性的闹丧者则是其舅舅家即母亲娘家的人。闹丧者可以对已逝者的服装、陪葬、坟墓、棺材、葬礼的规格、葬礼的样式等提出要求，如果已逝者生前受到虐待，则这些要求会远远超过儿女们的经济承受能力，以示严厉的惩罚。在村庄主事人的协调之下，闹丧人的要求会降低，但也一定会让不孝的儿女付出代价。最严重的一次闹丧行为据说发生在20世纪90年代，有一位老妇人的儿子和儿媳妇在她在世时极为不孝，吃穿用度都极为苛刻，在该老人生病卧床不起的时候甚至不给食物，致使其活活饿死。在去世之后，村里人去请该老人的娘家人，请了五次才有人来（娘家人不来是不能下葬的），而他们除了提出提高葬礼和陪葬品规格，延长送葬日期，请"阴阳"做法事等常规要求外，还提出让儿子和儿媳妇穿"纸孝服"。"纸孝服"是用白麻纸糊的孝服，而这个孝服是要在已逝老人下葬的同时，在穿着的人身上放把火烧掉的，这是一种最严厉的惩罚。在村里主事的人和年长者们劝说之下闹丧者仍坚持，最后村里有学问的人提出，这种惩罚从伦理上来说是合理的，但在法律上是对别人人身的伤害，不能实施，闹丧的人才放弃这个想法。

闹丧行为的合理性建立在社会对不道德行为的抵制与不认可之上。葬礼上闹丧行为的存在，使得虐待老人者最终会在受虐者的丧礼上受到惩罚，这种惩罚不但会使施虐者经济上蒙受损失，同时也会使其声誉严重受损，所以在对闹丧的忌惮之下，对老人或其他家庭成员的虐待行为是较少发生的。但近些年，闹丧行为显著减少，除了随着生活水平的提高，法律意识的增强，极为恶劣的虐待家庭成员的事情越来越少，但更为重要的原因是没人再愿意去闹丧。

2008年，村庄一户人家的外嫁女性，年老时受到儿子们的虐待，被赶到院子里破旧阴冷的东房居住，并且不给提供充足的食物和煮食物的燃料，生病也没有儿女给买药治病，最后悲惨死亡。死亡之后，北堡子村她的娘家弟弟非常生气，扬言要借这个机会，好好整整姐姐家的孩子们。可死者的娘家侄子，并不主张这么做，理由很简单，人都死了，得罪活人，没必要。在大家的劝说下，死者的弟弟放弃了"闹丧"的打算。有一次我问那位扬言闹丧者XZM时，他这么说：

> 我那时候是生气得很，就想闹闹，但想想，娃娃们说的都对啊，现在这世道，还闹个啥啊？各人家都管不了各人家的事情，哪管得了别人家的。你去闹丧，在没办法的情况下，人家答应了你提出的条件，但丧事结束了，亲戚也就结束了，划不来。

人们放弃闹丧，是因为不想为了死去的人得罪活着的人，也是因为自己都管不了自己的事情，哪里管得了别人家的事情。人、己的区分越来越明显。

2009 年，村庄一位女性因为丈夫有外遇，一气之下喝了农药自杀，这种自杀女性的娘家人，在传统上是一定会闹丧的，但该妇女的娘家兄弟只简单地提出了要给她陪葬“三金”即金耳环、项链和戒指，就连村庄人可以预料的最简单的闹丧要求，即提高她的丧礼规格也没有。理由也是为了死人，得罪活人，甚至是为了自己的亲姐姐，也没有必要。

“丧葬礼仪不仅客观地提供了一次群体集合的机会，而且它还通过各种礼节间接地影响人们的观念，达到教化的目的。”[①] 丧礼这种文化的积累和习俗的传承，强调家族内部的人伦关系，起到凝聚家族成员关系、教化后人的作用。北堡子村人们对死亡的观念和看法的改变，促进了丧礼的变迁，越来越少的丧礼参加者，使得丧礼并不能起到凝聚家族成员关系、教化后人的作用。死亡曾经联系着死人与活人，联系着过去与未来，联系着后代与祖先，而现在，仅仅是个体生命的结束。在中国农民的生命中，最能使他们保持稳定的因素是对“家”的顾念。“家不仅为现存的成员而存在，也是祖先和未出世的子孙汇集的地方”[②]，而“人死如灯灭”的死亡观念中，并没有祖先的位置，祖先慢慢从个体的家庭生活中淡出。

---

① 郭于华主编：《仪式与社会变迁》，社会科学文献出版社 2000 年版，第 63 页。

② 黄树民：《林村的故事：1949 年后的中国农村变革》，素兰、纳日碧力戈译，生活·读书·新知三联书店 2002 年版，第 15 页。

第三节　变迁的节日

一　春节的变迁

春节是北堡子村最重要的节日，它也随着改革开放以来一系列的村庄变迁和国家实践发生了重要变迁。

1. 漫长的传统春节

北堡子村所在地区的春节是由一系列与之相关的节日组成的漫长庆典。

（1）腊八到小年：过年的准备

腊八这一天没有特殊的仪式，最重要的是一定要吃传统的食物“散饭”，而不是当下被广泛认可的腊八粥。“散饭”是用小麦面、豆面、莜面等杂粮面按比例拌匀，锅里烧开水后，把面抓到一只手里，缓缓撒到开水里，另外一只手用擀面杖均匀搅动，直到锅里比较黏稠，提起擀面杖时不再往下掉为止，之后舀到大的容器里，用小碗盛了用水、醋、盐、辣椒等调制的调料，炒一盘用白菜腌制的酸菜，每个人用筷子一块块地夹到自己的碗里吃。散饭的形状比较黏，当地人说“吃了散饭，头脑就不清楚了，开始乱花钱了”，一直到大年初二，吃一碗酸汤面，才使心境明亮，不再乱花钱。这也是说，从腊八开始，人们就开始花钱准备过年的东西，直到大年初二。散饭也一定要跟家里的牲畜分享，尤其是最重要的畜力，牛、马、驴等，这也意味着动物开始和人一起准备过春节。

腊月二十三这天被称为小年，这天是过春节的倒计时。小年这一天要做的几件事情是：第一件事是打扫家里的卫生，要把屋子里面所有能挪动的东西都搬到院子里进行洗刷和晾晒，家具、锅碗瓢盆、被褥铺盖、衣服用具，都会一一被仔细地清洗，收拾干净。房子也要用长长的扫帚把每一个角落都打扫干净，一天的收拾之后，整个家要焕然一新。第二件事是送灶神，每一家都会在锅灶前面供一个“灶神”，灶神可以是画像，也可以是泥塑的，一般都是从市场上买来贴纸画的灶神贴在锅后面的墙上，灶神面前放一个小香炉，香炉里平时不敬香，只有在腊月三十等重要时刻才敬香。这天，家里的男人要从市场上买来给灶神进贡的“灶糖”（一种麦芽糖）和瓜子糖果之类的，在太阳落山之后，恭恭敬敬地跪在地上给灶神磕三个头，敬上香，烧了纸钱，嘴里要感谢灶神一年来对家庭伙食的保障，使家人能够安全平顺地过一年，并请灶神“回娘家”，去天上向玉帝报告这家今年一年的状况，吃了灶糖的灶神，一定会在玉帝面前说这个家庭的好话，所以灶神旁边一般写“上天言好事，下界保平安”的对联。第三件事是杀猪，猪是当地居民重要的肉食品来源。农民一般会养鸡，但鸡主要是为了下蛋，鸡蛋是用来换取针线和布匹的重要保障，所以鸡很少被宰杀了吃掉，羊更不可能被宰杀，马、牛、驴和骡子等动物，主要用来帮助农民劳动，这些牲畜即使生病或意外死掉，也会被像人一样被埋掉而不是吃掉。所以猪成了重要甚至唯一的肉食来源。一般每个村里都有一口6尺锅，大到足以把一头200斤的猪扔进去，浇上开水拔毛。即使这样，也不是每家都有条件在过年的时候杀一头猪，只有极少数人家能够保证每年都杀猪。杀猪的时候家人会叫上平时关系较好的村民，还特意请来杀猪人，杀猪人并不以杀猪为生，基本上只是有过杀猪经验的人。村民们抓来猪，四肢绑起来，人们合力压住四肢和头部，杀猪人要准确地找到猪的心脏所在的位置，保证一刀毙命。在分解猪的时候，杀猪人有权力在猪的胸前割下2斤左右的肉来作为自己劳动的酬劳，而来帮忙的村民则会享受一顿猪肉炒粉条、白菜的大餐。

（2）大年三十

在大年三十的前一两天，妇女们要忙着准备正月里家里人和客人们一起食用的“馍馍”，这包括煎的油饼，各种形状的麻花、果子，基本上都是用小麦面做成，而荞面煎的叫“油坨”，因为荞面不好定型，煎出来的样子不一定圆润好看，就是一坨而已。还有馒头和花卷，以及卤肉等能保存的食物。这些准备好，一来保证妇女在热闹欢庆的正月不去为一家人的饮食焦虑，同时也保证来拜年的客人有充足和马上能吃到的食物。

大年三十，全家人齐上阵，要把家里收拾干净漂亮。妇女和孩子们要糊窗户、贴窗花；中午十二点，男人们要把祖先的牌位请上上房的供桌，上两份特意准备的贡餐，跪下磕头，烧纸钱之后，家族的年长者要去祖先的坟头，燃香、磕头、烧纸钱，请祖先们一起回来过年。还要贴对联。一般先贴正房即上房对联，再贴厨房对联，再贴孩子们的房间，再贴放粮食及农具的房间，再贴牲畜圈，最后贴大门的对联，并且要在大门上贴上“门神”，一般是秦琼和敬德两位的画像，俗语“秦琼敬德，把门厉害”。

还要在院子里专门找一个地方贴上“天官赐福”，请来天官，见证家庭的喜悦。

年三十的晚上，并不是像很多地方一样吃饺子，而是啃骨头，每一家都会把猪排骨放到屋子里的火炉上炖，等晚上全家人围着火炉慢慢享用。在物质困乏的时代，猪排骨和猪肉是仅有的肉食品，而现在，每家都会置办上一桌鸡鸭鱼肉都有的更丰盛的年夜饭，但猪排骨仍旧是必不可少的，或许仅仅是为一份即将逝去的记忆。年夜饭撤去，桌上摆好瓜子、花生、水果等一应年货，全家人要一起“守夜”，守夜的基本要求是坐的时候不能靠着墙或其他东西，必须过十二点，一家人一起迎来新一年的开始，这些要求来自传统的农业社会对勤劳的理解，一家人在一起精精神神地迎接来新的一年，而不是无精打采地靠着甚至睡到新的一年，这样来年肯定会更勤劳，自然收成会更好。这些要求现在看来很匪夷所思，但在传统的农业社会，人们的时间完全遵从着自然时间，早出晚归，日出而作日落而息，生存是第一位的，没有娱乐时间也没有娱乐设施，太阳下山就是睡觉时刻。想想一家子守在煤油灯下一点一滴地等待时间的逝去，也是对精神和意志的一大挑战。

（3）大年初一的拜年和出行

大年初一的早上，全家人穿上新衣，开始新年的活动。一家之长要早早地起床，洗漱干净，给祖先、灶神、天官和门神上香，之后隆重的拜年活动就开始了。拜年一般由家族中辈分次长的一辈人带领同辈以及以下辈分的人，从同族最长一辈中男性年龄最大的一家开始拜年。比如，一门人家辈分最大的一辈中，大哥去世、大嫂健在，和二哥健在、二嫂去世的两家中，二哥在的一家算最大，要从二哥家开始拜年而不是大嫂家。拜年的时候，要分辈分和年龄从大到小在祭祀桌前一排排跪下去。不同代人不能跪一排。比如，一排跪五个人，第一代人有十二个，则三排只能跪第一代人的两个，而下一代人则要从下一排开始跪。最小的一辈和三岁以下的孩子可以随便跪在任何地方。接下来，由拜年人的最长一辈的老大执香，敬香，烧纸钱，带领大家磕头叩拜，第一拜是拜桌上祖先，接下来，依辈分从大到小依次给长辈磕头拜年，直到最后一辈给所有长辈人拜完年为止。拜年之后，长辈要给晚辈发年货，包括核桃、枣、糖、花生、瓜子等和少量的压岁钱。

“出行”是大年初一最重要的仪式。“出行”意味着蛰伏不动一个冬天的人们和动物们，要趁着春天来临的步伐，开始出去行走，活动筋骨，以为将要到来的农业生产做准备。出行的主角是动物们，人们给牛、驴、马、螺、羊等动物头上扎上用纸扎起来的花朵，身上撒上漂亮的彩色纸屑，尾巴上拽上长长的彩色纸条，赶出门，和人一起“出行”。这时候，风水先生会事先找好本村的“吉利”方位和地点，比如东南方，××家的地里等，大队人马会浩浩荡荡开往那片地里。主事的老人们（一般有十几个）预先选好祭拜地，带头跪下来，磕头，敬香，烧纸钱，祭酒，男人们则跟着主事的老人们一起祭拜天地。然后人们就站定来观看动物们的狂欢，关了一个冬天的牲畜们，经过一冬天的休养，个个膘肥体壮，活力十足，可着劲地狂奔、号叫，互相撕咬着，如果冬天冻土化得早的话，还有可能啃到一两颗刚出芽的新苗。待动物们狂欢够了，人们互相帮忙，使劲把搅在一起的动物们分开，甚至还要花很长时间去寻跑得不见踪影的牲畜，把牲畜重新关进牲口圈，“出行”便结束。

“出行”是农业社会保留下来的重要传统。牲口是农民劳动的重要帮手，农民甚至会把牲口作为重要的家庭成员，有人为了看管牲口，直接在牲口圈里打铺睡觉。“出行”说明春天已经来临，牲口们需要活动活动筋骨，以备将要到来的春耕。更为重要的是，用对牲口们的隆重装扮来显示牲口的重要性。

（4）社火和正月十五

社火是当地过春节时候重要的欢庆仪式，一般是村民自发组织的，从大年初一开始，一直到元宵节结束，办社火的资金来源于各家各户的捐款。“社火队”的人们会扮上各种神仙的样子，比如“八仙过海”里的八仙，哪吒等，到村庄里每一户人家的门口，给村庄人送来祝福，接受祝福的人家，拿出早已准备好的礼物送给社火队的人们表示感谢。而由男性扮演的媒婆是社火队里最重要的角色，他负责给大家带来最大的快乐。社火在元宵节当天达到高潮。

元宵节最重要的仪式是“点灯盏”。灯盏是用荞面做的，荞面和好发足了，做成十二生肖模样的或者家里各种器具物什的模样。比如，做老鼠灯盏，先用荞面团做好一只老鼠，然后再在老鼠的背部挖进一个凹槽，用小剪刀剪出毛茸茸的样子，放进蒸笼蒸，蒸熟了，出笼了就是一个灯盏。

在元宵节的晚上把棉签的一头插进老鼠背的凹槽做灯芯，然后倒入胡麻油做燃料，点燃。然后分配：一个灯盏代表一炷香，先给供桌上的祖先供三个灯盏；再给灶神供上三个；再给家庭中最重要的伙伴——家畜们点上灯盏；院子中央，支上小桌，恭恭敬敬摆上三个以敬神仙；最后是家里人员的分配，每个人都会拥有一个自己属相的灯盏。

(5) 正月二十三：春节庆典的结束

正月二十三是当地特有的节日庆典，与其他讲究吃喝的节日不同，这个节日只有一个简单的仪式“燎干”，意思是“烧得干干净净”。在天色完全黑下来的时候，每家抱一堆麦草、胡麻柴、大豆杆等可以很快燃烧起来的燃料，放到自家门口稍微空旷的地方，点燃，人们便开始从火堆上面跳过来，跳过去，寓意烧掉所有不好的东西。那些运气不好，身体不好的人们一定要在火堆上好好地跳几回，以便所有的霉运都随火而去。人们也可以到别人家去“燎干”，去的人越多，说明这家人缘越好，运气越旺。等所有的燃料都烧干净，火星还没褪尽，一家之主就要拿着方头铁锹，把灰烬和火星一起高高扬起，人们借着点点火星来观看扬起来的灰烬形成的样子，以判断来年哪种粮食作物会有好的收成。比如灰烬分得很散，一粒粒地撒下，人们会说，“麦子成了”（小麦丰收），如果灰烬结块，一块块掉下，人们会判断“洋芋成了”（土豆丰收），这是当地最主要的两种粮食作物。漫长而又丰富多样的春节庆典，或许是农业社会遗留下来的庆祝丰收的传统。正月二十三之后，春节的长久庆典才算正式结束，人们开始要准备新的一年的农业生产。

2. 短暂的现代春节

现代的春节，最明显的变化体现在节庆时间的缩短上，法定的春节假期的长度就是整个春节庆典的长度，甚至更短，因为人们要花很多时间在回家过春节的路上，在家庆祝节日的时间事实上很短，只有三五天。而且随着物质的丰盛，春节的准备也不需要从腊八开始，只需在除夕的前几天，在市场上购买所需要的年货就可。

依靠农业生产的人们，用和牲畜共同庆祝节日的方式来表示对牲畜的感谢，但是随着农业的衰落和牲畜养殖量的急剧减少，以牲畜为主角的节日庆祝方式“出行”最早消亡。村里的人们回忆，已经有五年不再出行了。春节的参与者也发生了变化，祖先和神仙曾经是家庭过春节最重要的邀请对象，但“年轻人越来越不懂礼数，不会请家亲，也不会请神仙”，祖先、神、人、动物共同庆祝春节已经成为过去。而大年初一的磕头拜年，也因人口大量外流，基本上也再不举行了，家族不再是个实实在在的个体可以感知的事物，而仅仅是姓氏联合体。

二　清明节和鬼节的变迁

清明节和鬼节是专门纪念逝去的人们的节日，清明节俗称“上坟”，鬼节当地人也叫作“送寒衣”。清明节在春暖花开的早春季节（北堡子村春天来得迟），家族中的年长者们在这一天先到家族的公墓里去查看祖先坟墓的状况，并重新培土修整。家里的妇女们则要准备给祖先的贡品，一般是一盘炒肉，一盘鸡蛋和一盘青菜，还有瓜子、花生、糖果、水果等。在坟墓修整好之后，家里的家长带着孩子们（已婚妇女并不参加）再次到坟墓，献上贡品，烧纸钱，祭酒，并且把部分贡品撒到墓园里，剩下的则由参加“上坟”仪式的人们一起分享，意味着祖先和后代共同分享食物。

鬼节是农历的十月一日，这一天人们要给祖先“送寒衣”，表示祖先有温暖的衣服度过寒冷的冬季。在这一天，妇女们要用各种颜色的纸剪出各种衣服的样子，用胶水粘好（衣服上不能有无法烧化的东西，那样表示祖先收到的衣服是有问题的），上面写上逝者的名号，以告诉祖先，衣服是送给谁的。在天黑之后，由家族中的年长者和各个家庭中的一家之主带领孩子们或在十字路口等较通畅的地方，或在坟茔烧掉。

随着的生死观念的变化，人们越来越不相信有一个已逝去的人所待的世界，越来越不重视通过清明节和鬼节给祖先送去生活用品的方式，随着人口大量外流，也没有人会在这两个节日专门赶回家给祖先过节，只有很少的老年人在继续守候这个传统。

三　端午节和中秋节的变迁

当地另外两个重要的节日——端午节和中秋节也发生了重大变化。端午节一大早，一家之主要折来柳枝，插到每间屋子的门上。大人和孩子们要一起系上一根根彩线拧成的“花花绳”，大人系在手腕和脚腕，孩子则系在手腕、脚腕、脖颈间，孩子们还要佩戴上各类荷包，荷包一般挂在孩子们的肩膀上、纽扣上，独子或老小等，胸前的衣扣上会堆堆叠叠挂满了荷包，彩色的、带香味的、形状各异的，更金贵的孩子脖颈间还会套个项圈，项圈的形状可以是盘曲的小蛇、抬头的壁虎，或者锁子之类的，寓意拴住他们，一生平安。“花花绳”据说因为跟蛇的形状很像，在人们进山劳动的时候，蛇就不会攻击人类。在春天万物复苏的季节，孩子们身上挂着的各种动物的荷包，表示和各种动物友好相处，所以不会遭到它们的攻击，一年会平安。端午节主要的食物是“甜醅”和“花馍”，甜醅是一种用燕麦经过发酵而形成的、口感带有酸甜味的食物，花馍是用小麦面粉发酵之后做成的各种形状的面食，巧手的主妇会做出各种花朵、动物的造型，并且在花馍表面点上各种漂亮的颜色。在端午节的时候，吃了一个冬天的咸菜和酸菜的农民，能够上街买一把新鲜的蔬菜，割一块肉，就算丰盛了。端午节是在播种和收获之间的季节，这一天，出嫁的姑娘是要回到娘家看望父母的，端午节过完，很快就到收获季节了，姑娘就没时间回娘家了。当地并没有端午节吃粽子的传统。

端午节的变化在于“花馍”和“荷包”的消失。做花馍曾经是女性做馍手艺的主要展示机会，从发面造型到火候的掌握，都能展示出女性的技巧水平，但随着村庄人越来越不愿意从事费事又费力的“烙馍”过程，花馍逐渐消失。荷包也是女性女红技术的全面展示，但是学习起来是一件比较困难的事情，女孩子们不愿花大量的时间学习这项“没有用”的活计，现在的村庄，已经没人会在端午节之前绣荷包了。

随着当地端午节特色食品的消失，兴起了端午节吃粽子的新的传统，由于当地并没有竹叶、糯米等制作粽子的原料，粽子基本上都是从当地的超市里购买的。XYZ讲述了这一变化过程：

> 我妈做的花馍，甜醅，那是个好吃啊，我小的时候也跟我妈学过，但做出来就没她做的好吃。也可能是因为现在人的吃食多了，不稀罕那些了吧！而绣荷包之类的，我小的时候还绣过，现在一来绣了也没人戴，再者也没时间绣，其实我都忘了怎么绣了。我记得我小的时候，村里有个老太太，绣啥像啥，那癞蛤蟆啊，蛇啊，虫虫啊绣的真的，你都不敢仔细看。现在谁还有心绣那些去啊！有时间，想绣的老太太们，又都看不见绣了哦！

中秋节在北堡子村的传统上，并不是十分隆重，因为这个时候正好是当地打碾粮食的季节，没有更多的精力进行隆重的庆祝。村庄的月饼也和当下的月饼完全不同，是由家庭主妇们用发好的面团，擀开之后，一层面皮放上红糖，一层面皮放上香豆，一层面皮放上姜黄，叠加起来，边上拧成麻花形状，整个形状像圆圆的月亮，放在锅里烙出来的。再打上一罐蜂蜜，用月饼蘸着蜂蜜吃，以示生活“甜上加甜”。中秋节，是水果成熟的季节，家里把各种成熟的水果，苹果、梨等提前贮存起来，在中秋节这天就可以放开肚皮享用。

通过北堡子村最主要的节日——春节，端午节和中秋节的变化我们可以发现，节日庆祝方式的地方性逐渐消失，越来越“标准化”。地方融进了全国，即使相同的节日，却有了与传统完全不同的内涵和庆祝方式，而随着主流文化的传播，节日成了“标准化”的节日。最明显地体现在，随着当地农业生产的衰落，建立在种植业基础之上的地方性食物被标准化的食物所代替：腊八的“散饭”被腊八粥所代替，大年三十的年夜饭也越来越标准化，啃骨头的传统被越来越丰盛的年夜饭代替，饺子成为年夜饭上的必备品，端午节成为各色粽子大展演的节日，中秋节成了月饼大卖场。一些完全建立在地方性之上和农业生产之上的节日和庆祝方式，随着人口外流和农业式微逐渐消亡，比如“出行”。而融进主流的传统节日，内涵也在不断地“标准化”。作为最重要的庆祝方式之一的社火，由村民自发转变为政府主办，社火的主要地点不再是村庄，而是县城，兴起了正月十五在县城举办各个乡镇、村庄社火大赛的新传统。节日和节日庆祝方式的地方性特色越来越少。

第四节　本章小结

正如吉登斯所说，在旧方式依旧起作用的地方，传统既不需恢复，也不需要被发明，因为传统就是以传统的方式存在的，而在社会发生急剧变迁的情况下，传统会产生新的变革，从北堡子村的仪式和节日的变迁中我们可以看到，依附于地方性之上的传统正在消失，新的传统正在产生，而这是在一系列力量的共同作用下产生的。

现代化进程的加快，人口大量的外流使得曾经的传统失去了守护者。

传统的婚礼建立在传统婚姻圈基础之上，也建立在从夫居的居住传统之上，女性终其一生在丈夫所在村庄生活并成为丈夫家族中重要一分子的生活预期，使得婚礼过程是一个给新媳妇融入村庄和家族中的机会，也是村庄人和新媳妇相处的良好开始，婚礼也是见证者们包括族人、亲戚、村民聚合，增加认同、凝聚团结的重要机会。但随着人口外流，传统和现代结合的婚礼逐渐取代了传统婚礼，而生活的向外指向，使得新娶的媳妇并没有意愿主动融入村庄，婚礼也不一定能增进家族内部凝聚力，实现村庄团结。而传统婚礼耗时耗力的方式，也是很多人不愿再采用的原因，传统的婚礼失去了守护者。丧葬仪式的变革主要原因也来自人口的大量外流，本意为沟通生死两个世界的丧礼，是个体在生的世界的最后展演，丧礼的规格和方式体现了个体在世时的价值，比如"抬棺"时候的"八抬大轿"可以体现死者的高价值，但因为没有人可以帮助实施，逐渐都被抛弃。而人们生死观的改变，也使得葬礼不再是沟通生和死的桥梁，其在人们心中的隆重程度降低。清明节和鬼节，也因守护者越来越少而逐渐淡化。作为家庭和家族的先祖，已逝者在不同的仪式和庆典中不断地被"请"回，来见证家族延续的机会越来越少。在村庄人口急剧减少，老年空壳家庭占较大比例的情况下，即使是老年人，也不愿用最传统的方式庆祝节日。随着农业的衰落，与农业生产密切相连的某些节日的庆祝也不再隆重，外流人口很难在某些节日回到家乡庆祝，比如端午节和中秋节，节日的气氛越来越淡。

"现代国家的强大干预力更使得传统节日逐渐向'标准化'变迁，'国家在场'是传统节日得以传承的重要力量。"① "现代国家，文化和经济利益的渗透都日益变本加厉，电视、出版社、电台和各大机构彼此联合，巩固知识，逐渐变成独立的文化体制或机构，兜售自己的生活标准、生产标准和消费标准"②，正是在强大国家的作用下，传统得以以现代的方式持续。国家根据自己的文化目标，解构和建构传统节日，在建构传统

① 高丙中、于惠芳主编：《国家在场的社会事业》，北京大学出版社 2011 年版，第 53 页。

② ［法］皮埃尔·布迪厄、［美］华康德：《实践与反思——反思社会学导论》，李猛、李康译，中央编译出版社 1998 年版，第 60 页。

中解构传统，在增强传统性的过程中实现“去传统”化。

标准化体现在国家对传统节日的认定，比如国家规定春节、清明节、端午节和中秋节是传统节日中的法定节日，用放假的形式予以保障。并且通过全方位强大媒体的宣传，使得各种节日都有了国家认可的“标准化”内涵和庆祝程序，有属于该节日的标准化食物，但随之而来的是各种地方性节日和地方性庆祝模式的终结。传统与地方性密切相关，其传承集体记忆、促进群体认同、保障个体认同的社会功能逐渐弱化，而成为越来越抽象化的全国家、全民族的“新传统”。

抽象化、标准化的节日，使人们再也不能以节日的形式来感知人类和自然的关系，来感知大自然在不同季节的丰厚馈赠，来感知人类生命和其他生命的历史的联系，“建立在地方性基础之上的节日承载和传承的集体和社会的记忆，被隔断了和地方性的联系，使个体的生命在一种局限情形中历史缩减为一种永恒的现在，而一切都围绕着个体的自我和生活轴线展开”[①]，从而使个体与具体的地方性生活渐行渐远。

---

① ［德］乌尔里希·贝克：《风险社会》，何博闻译，译林出版社 2004 年版，第 165 页。

第七章

空壳村与挂钉共同体的形成

有一天下午，研究者和村里的老人们在村庄的公共领地晒太阳，从县城刚刚回到家里的两位老人也参加到了这个活动中。一个骑着摩托车的小伙子扬长而去，摩托车腾起了阵阵灰尘，人们立即开始讨论那个人是谁的问题，有人说是大李家老大儿子家的儿子，有人说好像不是，人们热烈地谈论着一个并不熟悉的本村人。过了一会，又一个骑摩托的中年男子到了人们身边，中年男子缓缓地把摩托车停了下来，摘掉头上的头盔，和在场的每一个人寒暄了几句，并且告诉人们他此行来到村庄的目的。过了一会，一个背包的中年男人走了过来，也和人们寒暄了一会儿，告诉人们，他此次从银川赶回来是看望他生病的母亲，并告知人们，他母亲的病并无大碍，所以他才决定在回家三天之后离开。

这些图景，正是村庄“挂钉共同体”的特征，对大多数老年人来说，他们并不能离开村庄到城里居住，村庄是其生命的起点和终点，而对流动的老年人来说，不管他们走到哪里，落叶归根，埋葬在村庄是他们的最终归宿。对中年人来说，村庄有属于他的土地和房屋，有熟悉的邻里村民，有一起成长的童年伙伴，是一个感情维系的地方。对青年人来说，村庄只是爷爷奶奶或爸爸妈妈待着的地方，这个地方和他们并无太大关系，他们的人生一定在别处。

第一节　院落的空置与心理“空心化”和村庄认同弱化

人口外流是村庄空壳化的根本原因。任何历史阶段，农民的流动都是持续发生的，但一般会显示村庄里的人口向外流动，同时也会有新的人口流动进村庄的双向流动，以使村庄人口和土地的关系呈现一个动态平衡的过程。而改革开放以来，因各地的工业化发展需要大量自由而能够出卖劳动力的人口，促进了人口从农村向城市的单向流动，北堡子村成为人口净流出的村庄，使得村庄的院落呈现各种不同形态。

一　空置院落类型

1. 废弃的院落

（1）移民搬迁

农民通过移民方式向外搬迁的根本原因是土地挤压而形成的人地矛盾，目的是更好的生活，但搬迁到哪里，跟个体和家族所拥有的“社会资本”有密切的关系。北堡子村在历史上有“上新疆”的传统，这是因为最早村庄里有几个人，经过各种途径辗转到了新疆，则会把家族和亲戚中愿意搬迁过去的人都介绍过去。这些人在搬迁之初，先由家庭中的某一个人去新疆生活几年，以权衡好搬迁的利弊，最后才举家搬迁，在 1995 年左右，形成搬迁的小高峰。原因在于随着外出就业的人越来越多，对北堡子村发展局限的认识越来越明确，前后有 12 户人家举家搬迁。这部分搬迁的移民，职业身份并没有发生变化，在迁入地仍旧从事农业相关生产，只是改变了种植业结构。而因户口迁移的困难和人们对是否迁移户口的利弊权衡，这 12 户人家至今还有人的户口仍旧在北堡子村。移民搬迁总共形成十几户废弃的院落，在移民搬迁之初，为了给家庭留条“后路”，外迁的村民会委托亲戚朋友照看房屋，随着外出时间的延长，房屋空置，自然受损严重，也没有人再回来居住，房屋倒塌，院子成为废墟。负责照顾院落的人，把院落开发出来，成为菜园。这类院落基本上位于村庄的中心位置，形成村落中心被“荒废”的空心化雏形。

（2）进城买房

第二种废弃院落是因村民进城买房居住，从而形成事实上的举家搬迁而形成的，主要指第三章所谈到的有稳定的非农职业的“逆序脱嵌”的人口。这部分人因为有相对稳定的职业和收入，逐渐完全抛弃了村庄的农业生产，并能够把老人接到城市生活，村庄里的土地荒废，院落空置。另一部分商业自雇者和 70、80 年代以后出生的农民工在各类城市买房居住，他们中也有少部分完全放弃了农业，村庄的院落久无人居住，在很短的几年之内就倒塌，再也无法居住，这样形成了十几座空置院落。

(3) 建新不拆旧

另外一种院落废弃类型属于“建新不拆旧”而形成的废弃的院落。村庄最初居住非常集中，但非常拥挤，门挨门、户挨户的生活。虽有更多的邻里互助，但也有很多的邻里冲突，而进村的唯一一条泥土道路也成了雨天出行的最大障碍。1995 年，第一户人家在 309 省道旁边修建了新的院落，更多的人开始效仿，共有 6 户人家在省道边修了新院落。2000 年以后，为了保护耕地，地方政府对新建院落有了严厉的限制，才抑制住了在省道旁修建新院落的势头。原来的旧院落于是被废弃，共有 6 座。

2. 无人居住，有人看守的院落

更多的院落是无人居住，但有人看守。这是外流农民的一种退路设计，在外流生计无着的情况下，可以继续回到村庄居住，依赖传统农业继续生活。这部分院落主要是外流的、在年龄上属于第一代农民工的人，也就是 60、70 年代出生的农民工的院落。

有一处比较典型的空壳院落区，三座砖瓦房结构的院落紧密相连，77 岁的 LJC 和老伴住在其中一座院落里，其他两座是他们在外地打工的儿子们的。

> 我三个儿子，老大和老大媳妇 10 年前就去了银川打工。过了几年，孩子上完学，没考上大学，他们也把两个儿子和一个女儿都带了出去，女儿已经嫁到浙江去了，他们在银川给大儿子买了房子，小儿子还没结婚。这空院子是他们家的，那时候还好好盖了，你看，砖瓦结构的大房子，40 平方米左右，家具也买了，现在就是不回来住，说等他们给娃娃（儿子）把孩子拉大一些，就再回来住。
>
> 这座房子是老二家的，老二家两个在新疆，帮人种地，他们家儿子在银川，也买了房子，说是这两年要回来，可还是不见回来。
>
> 这是老三家的，在外面打工，也没买房子，这房子就一直这么空着。我们老两口就每天这个院子转转，那个院子看看，尤其下雨的时候，要看看每个房子有没有漏雨，墙角有没有积水，时间长了要把家里的铺盖啥地给拿出来晒晒，冬天把火炉挑着，炕给填几天，把屋里给烤一烤，要不家里的东西都“捂了”（发霉了）。我们老两口也这

家住几天，那家住几天的，就是别让房子放的时间长了，没人住，不好。

三个在外打工的中年人，给儿子在打工的地方买了房子，修建好的村里的房子，是他们日后退守回村子里的保障。在一个秋收季节，我遇到了在银川打工十几年的 LX，她回来看看老屋能否居住。

我回来是看看老屋还能不能居住，我们夫妻俩都老了，两个儿子也都结婚了，我们不想再打工了，想回到老家过简单的生活。可回来一看，房子虽然孩子爷爷奶奶给看着，但都多少年没住人了，都没法看啊。我们那时候盖的新房，没住几年就出去了，现在回来一看，真没法住了啊。只能回到银川再说了，不行再打几年工，再看看呗！

村里的房子在理论上是他们退守的底线，但因在城市打工太久，已经适应了城市的生活，再加上房子长年无人居住，质量已经有了问题，能否如所打算的一样退守回农村继续居住，他们自己也无法说清楚。

MGH 老人，每天会坐在三儿子家的空院子前晒太阳，并不断地去各个儿子家门口看看，摩挲着儿子家的大门。她尤其感慨三儿子家辛辛苦苦修出来了房子，却不能静静地住下来享受，要出去打工还修房子的借贷，等还完了，房子又不知道变成啥样了。

我共有四个儿子。老大家两口子在川地里给人家看种的树和大棚（打工），他们过几天就回来看看家里，收拾收拾房子。二儿子和媳妇都在外打工，家的院子已经好久没人管了。老三家的院子是 2008 年修的，当时借了好几万块钱，可房子修好了，钱没还上，两个只有出去打工挣钱还借的钱，这房子修了，都没好好住上几天。我一个人住在我小儿子家“老院子”里。我每天到这个家门口看看，那个家门口看看，这房子，没人住，放着放着就坏了。

XXY 对将来能否回村住非常担心：

> 我们十几年前就买了这个铺面，开始做生意（开食品店）。这些年做生意，帮着两个儿子在外地买了房子，我们俩就一直在这儿住了，家里的老房子，我俩前些年还经常回去看看，这几年回去的不多。那时候还想着老了，生意也做不动了，就回去住。但现在看着家里的房子越来越不行了，到时候都不知道回不回去住了。

这部分人有老年以后回村居住的打算，会通过各种方式照料着村里的住房。在外地打工的人家，房子由老年父母帮助照看，而本地做生意的少数人家，会抽空照看着村里的老房子，但房子的质量成为他们最担心的问题。

3. 短期有人居住的院落

短期有人居住的院落是由于人口短期流动造成的，这部分人大多是老年空巢家庭，共有 8 户老年家庭处于不断地流动的过程中。LXZ 家、XBG 家、QXL 家就属于这种情况：

> 我俩（指夫妻俩，下同）在娃娃上学的时候，就到县城里去，给小女儿和小儿子家的娃娃做饭，到周末和假期了，我俩就回来居住。人老了，在城里住着不好，上楼下楼危险得很，在村里平平地住着好。等娃娃学上完了，我俩就回来住。(LXZ)
>
> 我俩每年冬天天冷的时候，就去城里儿子家住段日子，那边有暖气，天气也不冷，好过。等天气好了，就回来在这里居住，咱在村里住惯了，去城里还是不习惯。(XBG)
>
> 我俩给小女儿家带孩子，女儿女婿都是教师，平时忙得很，就周末、假期里能自己带孩子，我们就周末、假期回来。在村里住着习惯。(GXL)

为了给儿女照顾孩子，老人们不断地短期流动，在儿女不需要的时候，则会回到村庄居住，原因在于习惯了村庄的生活，这些老年人表示他们会在村庄里长久居住。这部分人也是最可能长久在村庄居住下去的一部分人。

还有一部分老人，为了生计不断地外出寻找工作。他们中的大多数人只能找到短期工作，他们会时而外出打工，时而在村庄居住，FSQ家就是如此。

> 我这也是刚回来，我们家老汉在帮人家看工地，我也就去老汉打工的地方，给他做做饭。这段时间，工地上又来一个看门的，我家老汉也不想干了，我俩就回来了。这几天又有人说去给人家干活，他先走了，昨天打电话回来说，让我过几天也过去。

部分中年人因长期在外打工，在过春节的时候回到村庄，在村庄的家里短暂居住，以免房屋长期闲置而引起快速老化，将来回村会没地方居住了。

> 快过年了，在县上打工也找不到工作了，住在县上，又花费大得很，我就先回来住上一段时间，等天气热了，能找到工作了，我再出去。(XL)
>
> 过年了，我们回来过年，看看老人，再顺便把家里收拾一下。年过完了，就得回去上班，工厂里的活紧得很，我们都几年没回家了。(LH)
>
> 过年的时候，我们回到老家住了三天，房子这东西，需要人气，人住着的房子寿命长，人老不住，房子就不耐年程（指不结实）。平时想回去住，也不行，两个娃娃上学，我俩打工，都走不开，只能春节回去住几天。(FSP)

北堡子村共有28座废弃的院落，占了村庄院落的三分之一，这些已经废弃的院落，少数被人们开垦出来，作为农业用地，而大多数长满了野草，完全空置。短期有人照料的院落也会随着照管人的离去（主要是老年人去世），而失去照料。从理论上讲，这部分院落在将来是应该有人回来居住的，但是，就连房屋的所有者也说不清将来回村居住的可能性有多大。如一户人家回来查看了房屋状况和村庄状况之后，就无限期地延后了回村居住时间。而属于老年人的房屋，随着老年人不再向外流动，这些房屋会重新有人居住。但外出打工的中年人的院落，则因为越来越少的人会专程回家过年，而也快要成为废弃的房屋了。随着城市化进程的加快，那些还没有搬出村庄的家庭，也在通过各种途径离开村庄，村庄空壳化速度呈现加速之势。

二 心理“空心化”和村庄认同弱化

正如吉登斯指出的，“现代社会的‘时空抽离机制’，把个体的社会关系从特定场所的控制中解脱出来，并通过宽广的时空距离而对之加以重新组合，使得个体的自我认同和社会认同在高度现代性之下同时成了问题。”① “自我认同是自我在过去、现在和未来这一时空中对自己内在的一致性和连续性的感觉，以及被人认识到其具有这种一致性和连续性的感觉”②，人们不但在心理上对自己有一个认识和接受态度，而且对“他人”也有一个认识和接受的认同。同时归属于一个群体就会获得一种社会认同，社会认同使个体知晓他归属于特定的社会群体，是个体对有关集体的共同认同，它强调人们之间的相似性以及集体成员之间的共同性，而且“通过社会认同，个体获得的群体资格会赋予其某种情感和价值意义，一个集体的相似性总是同它与其他集体之间的差别相伴而存在，这是群体之间的认同区分”③。或者说，“群体内部会有一种共享的集体表征，与社会认同相关联的心理过程会生成明显的‘群体’行为，例如，群体内部的团结，对群体规范的遵从，以及对外群的歧视等。”④

社会认同包括内在和外在方面，“内在方面是指群体认同，即群体成员在主观上所具有的群体归属感，它的外在方面指社会分类，即社会对某一成员的群体归类和划分”⑤。内在认同和外在认同，都存在着承

---

① ［英］安东尼·吉登斯：《现代性与自我认同：现代晚期的自我与社会》，赵旭东、方文译，生活·读书·新知三联书店1998年版，第38页。

② ［美］埃里克·H. 埃里克森：《同一性：青少年与危机》，浙江教育出版社1998年版，第35页。

③ 吴玉军：《现代性语境下的认同问题——对社群主义与自由主义论争的一种考察》，中国社会科学出版社2012年版，第56页。

④ ［澳］迈克尔·A. 豪格、［英］多米尼克·阿布拉姆斯：《社会认同过程》，高明华译，中国人民大学出版社2011年版，第165页。

⑤ Jenkins Richard, *Social Identity*, London: Routledge, 1996, p. 128.

继性和获得性的区别，承继性是指从前辈那里继承下来的认同，而随着时代的变化和个体自己的努力以及人生经历的变化，个体取得了获得性认同，通过认同管理，人们选择对有利于自己的认同。

可以看出，无论个体的自我认同还是社会认同，都是在社会互动过程中实现的，个体对自己的自我认同和所属群体的社会认同并不是一成不变的，而是随着个体和社会的变化而发生变化的。现代性促进了个体化的实现，同时使个体与共同体相分离，使得人们通过承继性而得到的个体角色认同以及群体团结和群体凝聚力逐渐减弱，而使得通过后天努力获得新的角色，选择或加入新的群体的获得性认同越来越得到强化。在这样一个转变过程中，个体对自己在社会中的某种地位、形象和角色以及与他人关系性质的接受程度越高，越容易获得稳定的个体和社会认同，而缺乏这种可接受的认同，人们就陷入了认同危机。

对已经空壳化的村庄来说，人口减少、房屋空置是空壳化的外在表现，而村庄内个体认同越来越依赖于获得性，群体认同逐渐减弱，使得村庄内聚力逐渐丧失，村庄文化传承逐渐断裂，这则是村庄空壳化的内在表现。当前出现了两类“空壳心态”：仍旧在村庄居住的人，出现了独特的“空心化”心理现象；已经离开村庄的人，村庄认同逐渐弱化。GZZ 描述了居住在村里的“空心”状态：

> 以前村里可热闹了，在地里干活的时候，人们喊着聊天。尤其是收粮食的时候，一个场里好多人在干活，热闹得很。天黑了，人们吃了饭，就在这块地方（村里的公共空间）来聊天，娃娃们也出来玩，热闹得很。现在，大人没有几个了，娃娃也少得很，有时候你出来在村里逛一圈，都见不到一个人，想找个人聊天，都找不到。我那两个妯娌，人家两个都要去城里给娃娃看孩子去，她们一走，我就一个聊天的人也找不到了。有时候就跑到人家家门口看看锁着的大门，恓惶得很（叹息）。你看现在，村里长了草的院子有多少，让人看着，心里真难受。

恓惶，当地形容心情极度伤心，并且还有内心恐惧的意思。人口大量外流，导致个体感情无处寄托，没有依赖和发泄的渠道，而空置的长满野草的院落，更给人们增添了“恓惶”感。内心空虚的心理状态，并不是个体的事情，而是留守在村庄的人的集体心理。XXF 是个残疾人，38 岁，没有结婚，一个人生活，他描述了这种心理：

> 我有一天出门，好半天没见到一个人，就站到大路（指 309 省道）边，看路上的人走路，唉，那感觉，都说不上来。我哥哥姐姐都搬走了，我一直没觉得啥，因为村里出来还是有人和你聊天的，这几年，走了的人越来越多，村里人越来越少，要见到个村里的人就觉得亲得很，至少有个人说说话。

XXF 即前文所说的 XJ 的弟弟，他哥哥和姐姐们都搬到城市居住和生活，因为他的眼睛视力极弱，在城市生活会遇到更多的问题，而一个人被留在村庄居住，对村庄的熟悉，使得他自己能够过简单的生活。但孤独却成了他生活的同伴，这种孤独，一部分来源于家庭生活。但他一个人生活已经有十几年了，已经习惯了家庭生活中的孤独，以前他还可以通过村庄生活的热闹来弥补家庭生活的孤独，但现在村庄人口大量外流。在研究者调查的时候，发现村庄里的人特别“热爱”扎堆，扎堆成了排解生活孤独感的一种手段。对此 GZZ 这么说：

> 我不爱在家里待着，家里人白天都出去打工了，就回来吃顿饭，也说不了几句话。我就去“布门上”（村里人对公共场地的称呼），在那里还能见个人。但现在你看看，像我这样的老太太，也没剩几个了，死了的死了，去外地的去外地了，找谁聊天啊？

即使热爱扎堆的老年人，在村庄里也很少能找到同龄群体，而年轻人，则同样因为找不到同龄群体干脆不出门。村内居住的人，各个年龄段的人口都大量外流，使得人们很难找到同龄群体，这更加剧了人们内心“空落落”的“空心”体验。而对外出的人来说，再也无法从村庄找到心理依靠，对他们来说，村庄更成了一个曾经熟悉的“别处”。研究者曾经邀请一位在县城居住十年的朋友 XXR 回村看看，可她犹豫再三，也没有回到村庄，笔者对她做了访谈：

笔者：你为什么不想回去？

XXR：不知道，心里挺复杂的。你知道，自从我父母离开村庄之后，我就再也没有回去过，我们家的老房子都塌了，回去也没地方住。可能主要是没地方住吧！再说，回去就一定要去看看老院子，据说院子里草都长了老高了，房子也快塌了，看了只会让人伤心吧！

笔者：那村庄对你意味着什么？

XXR：就是我出生和长大的地方吧！以后可能就没啥关系了！

即使就住在距离村庄几公里的县城，但也几乎不再回村的人并不是少数。村庄是他们童年待过的地方，但在未来，就成了一个别人生活的地方，是生活之外的“别处”。笔者采访了在村庄出生但已离开村庄十多年的 CGX，他如此描述自己和村庄的关系：

笔者：你还回村里去吗？

CGX：我父母还在村里住着，我过段时间会回去看看他们。

笔者：对你来说，村庄意味着什么？

CGX：就是我父母生活的地方吧？当然也是我出生的地方。

笔者：你对村庄是什么感情？

CGX：也没啥感情吧！就记得小时候玩的地方和自家种过的地，村庄里的人好多都想不起了，见了也不太认识了。

笔者：如果父母不在了，你还会回村庄吗？

CGX：估计不会回了吧！回去干啥呀？

LHG 在很小的时候就跟着父母外出打工，很少回到村里，在研究者调查之前，据说他跟着父母回到村庄，研究者特意打电话做了访问，他对村庄的感觉是“奇怪”，原因在于他认为村庄是个“陌生”的地方，但村庄里的人却用“熟悉”的方式和他交流。而且他自己是谁并不重要，他得告诉别人，他的父母和爷爷奶奶是谁，让他非常“别扭”。在村庄出生、长大的人对村庄逐渐失去了感情，而对在村庄生活很短时间的更年轻的人来说，村庄更是一个只和父母有关的遥远记忆。

笔者：你知道那个村庄的名字吗？

LHG：知道，但我得想想，好像叫什么堡？

笔者：你觉得你和村庄有没有关系？

LHG：我父母和村庄有关系，他们在村庄里生活了几十年，我几岁的时候就和他们出来了，好多事都不记得了。我爷爷奶奶还活着，我父母有时候还回去，我回去了一回，感觉好奇怪，就再也没回去过。

笔者：感觉奇怪？是怎么个奇怪法？

LHG：就是那么多人，见了我就问“你是谁家娃?”，我告诉别人我是谁，我叫啥，没用！我得给人说我父母的名字，我爷爷奶奶的名字，好奇怪，他们和我并不熟悉，咋能这么问啊？在城市是没人会这么问你的，别扭得很。

笔者：那你还会回来吗？

LHG：除非万不得已，再也不想回去了！

这些人虽然在村庄出生，但在村庄生活的时间很短，而在城市的长期生活，使他们在村庄找不到认同感和归属感，他们用逃避和与陌生人相处的“视而不见”和“礼貌的漠视”[①] 的方式来处理与村庄人的关系，而这种处理方式更拉开了他们和村庄的距离。

人口减少，房屋空置，村庄内部居住的人们，孤独、恓惶，情感无处寄托和发泄，出现“空心化”的心理状态；而已经离开村庄的人，对村庄的认同逐渐弱化，不再通过村庄来获得个体认同，也不再维系村庄的群体（社会）认同，人们和村庄的关系产生了根本变化，这一切导致了传统意义上的“共同体”的快速转型。

---

① 参见［美］欧文·戈夫曼《日常生活中的自我呈现》，黄爱华、冯钢译，浙江人民出版社 1989 年版。

第二节　“挂钉共同体”的形成

一　共同体及其衰落

滕尼斯充满褒扬色彩的“共同体”，建立在人的本质意志之上。“本质意志”是目的和手段自然地结合在一起的，完全合而为一，本质意志的三种形式，即本能的中意、习惯、记忆，本质意志指导下的思维和行为的形式和内容与由身体状况所制约的和从祖先继承下来的经历、思维和行动的方式，构成统一体。在本质意志的基础之上，共同体得以在自然的基础之上的群体（家庭、家族）里实现的，也可能在小的、历史形成的联合体（村庄、信仰城市）及思想的联合体（友谊、师徒关系）里实现，也就是说在血缘和地缘及共同信仰的基础之上，形成血缘共同体、地缘共同体和宗教共同体。在共同体里人们与同伴一起，从出生之时起，就休戚与共，同甘共苦，成员之间有‘兄弟般的责任’，可以相互依靠对方。人们在共同体紧密联系，感觉到是共同体的一部分，但又不感觉到丧失自身。在共同体中，人们的相互关系是建立在亲密的、不分你我的私人关系基础上，是一种持久的和真正的共同生活，是一种原始的天然的和人的本质意志相统一的生活，人们在共同体中的生活是亲密的、秘密的、单纯的。”① 鲍曼因此感慨，共同体总是好东西，“是一个温馨的地方，一个温暖而又舒适的场所。它就像一个家，在它的下面，可以避风遮雨，它又像一个壁炉，在严寒的日子，靠近它，可以暖和我们的手，在外面，却危机四伏。在共同体中，人们相互都很了解，可以相信所有听到的事情，在大多数时间是安全的，并且不会感到困惑、迷茫、震惊”②。这个安全、温暖、舒适的共同体，是人们对原始、古老的农业社会中封闭农村生活的美好想象，是一种纯粹的“理想类型”。

与共同体相对的是现代的、晚近的、新的“社会”，建立在人的选择

① ［德］斐迪南·滕尼斯：《共同体与社会——纯粹社会学的基本概念》，林荣远译，商务印书馆1999年版，第58页。

② ［英］齐格蒙特·鲍曼：《个体化社会》，范祥涛译，上海三联书店2002年版，第181页。

意志之上。选择意志以最终目的的达成作为衡量标准。选择意志有目的和从属于目的的手段的区分。人们为了达到目的必须研究手段。在社会里，人们的联系是建立在目的、利益及与他人保持一定距离的基础上的。出于目的和手段的不断权衡、取舍、选择而形成的社会，与人们最本质的生活越来越远，人们走进社会就如同走进了异国他乡。

在滕尼斯看来，共同体是古老的，社会是新的，共同体是持久的和真正的共同生活，社会只不过是一种暂时的和表面的共同生活。共同体是有机体，社会是人工制品，共同体是血缘的、地缘的和精神的共同体，共同体中虽然有种种的分离，但仍然保持着结合。在社会里，尽管有种种的结合，仍然保持着分离。共同体的形式包括家庭、乡村及凭借和睦感情、伦理和宗教而建立起来的城市，社会的形式诸如股份公司、大城市、民族国家以及整个市民经济社会和工业社会。共同体是有限的，聚结性程度高，呈密集型，社会按其本质是无限扩展的，聚结程度低，呈复合型。① 农村社会是一个生机勃勃的有机体，人们之间依赖本质意志生活，是共同体的“理想类型”，而现代工业和城市社会是一个纯粹的人工制品，人们依赖选择意志生活，是社会的“理想类型”。

共同体是一个温馨的地方，一个温暖又舒适的场所，是一个相互依靠的地方，从来就是一个“理想类型”，是一个人们想回去的地方，是“温暖圈子”（不管外面有多寒冷，但待在里面都感觉温暖的圈子）的替代品。因为在共同体中，不管个人是多么聪明和重要，都要依赖稳固的、从祖先那里传承下来的确定的经验生活，这就使得共同体是“弱者的哲学”，所谓弱者，就是那些不能实现事实上的个体性的法律意义上的个体；有权势的人和成功者，会与弱者或失败者不同，他们会仇视共同体的约束。而同时，我们生活在一个竞争的、必须取胜的社会，人们必须通过艰苦努力，自力更生，才能过上体面的生活。鲍曼断言“那些共同体的追求者，即使流再多的汗水，也永远不会重新打开那扇通往共同体的天真、原始的同一与安宁的大门了，共同体不再是我们可以获得和享受的世界，而是一个我们热切希望栖息，希望重新拥有的世界，是已经失去了的

① 参见［德］斐迪南·滕尼斯《共同体与社会——纯粹社会学的基本概念》，林荣远译，商务印书馆 1999 年版。

天堂，是人们‘想象的共同体’。”①

“共同体”和“社会”的二元划分，使得人们一直有个温暖、甜蜜、安全、舒适的共同体的想象，而最接近于这个想象的则是越封闭、越落后的小村庄，“因为个体的始终在场性和毕生不可解除的归属感保证个体对共同体的认同和对权威的敬畏”②。而且共同体的存续建立在同质性和相似性的基础之上，一旦内部人与外部世界的交流变得比内部人相互的交流更为频繁，并且承负着更多的意义与压力，那么共同体则会消失。北堡子村这样一个地处黄土高原腹地，交通闭塞，与外界交流不甚多的山区村庄，随着人口的流动，村庄与外界频繁交流，村庄单个的个人越来越依赖个体的能力获得想要的生活，个体之间的异质性不断增强，村庄的凝聚力日益减弱，不同代的人对村庄的认同也在减弱，“共同体”的特征逐步消失。但它却没有形成与“共同体”完全不同的社会形态即“社会”，而是形成了鲍曼意义上的“挂钉共同体”。“挂钉共同体”是鲍曼对消费社会中的个体的形容：大众形成“挂钉”团体，暂时地聚集在钉子的周围，众多的孤独的个体悬挂起他们作为孤独的个体所产生的恐惧，为数不少的人被神秘莫测的强力击中，它们分别是“竞争性”“萧条”“理性化”“供大于求”“裁员”“失业”“家庭解体”，“打击不仅仅是一夜之间被免职、降级以及剥夺了尊严或生计的那些人，每一次打击都向所有那些暂时幸免于难的人敲响警钟”③。在鲍曼看来，一个高度个体化的社会，一个个体作为消费者的社会，每个人跟社会都是独立联系的，每个个体能否成为合格的社会成员取决于他能否掌握自己的命运。孤独的个体暂时地聚集在钉子的周围，形成“挂钉”团体，这个团体中的个体，如果没有能力成为合格的社会成员，则会被剥夺社会成员资格，从社会的挂钉上脱落。

---

① ［英］齐格蒙特·鲍曼：《个体化社会》，范祥涛译，上海三联书店 2002 年版，第 69 页。

② ［德］诺贝特·埃利亚斯：《个体的社会》，翟三江、陆兴华译，译林出版社 2003 年版，第 58 页。

③ ［英］齐格蒙特·鲍曼：《个体化社会》，范祥涛译，上海三联书店 2002 年版，第 86 页。

二 “挂钉共同体”的形成

“挂钉共同体”的关系更多地体现在不同年龄段的个体和村庄的关系上。老人非常重视村庄的人际关系，即使那些已经在县城居住多年的老人也一样。研究者在参加一个孩子的“满月礼”的时候，遇到了在县城居住的十几个老人，他们专门赶回来参加。LGZ 是专程参加的老人之一，她如此解释自己参加这场满月礼的原因：

> 我搬到城里十年了，每次村里有个红白喜事，我都参加。虽然咱在城里住着，但是在娃娃家（指儿子家）住着，也不是自己的家。就是村里的房子已经破得不行了，再也不能回来住了，但咱怎么着也是村里的人，几十年的老关系了，也是我们这些人就有的那点关系，不像你们在外面工作的，有同学、同事啊啥的，所以村里有啥事，只要我能回来参加的，我都回来参加，即使回不来，我也找人把“情”（指礼物或礼金）捎来。人家李家，儿子结婚几年了都没有生下娃娃，这好不容易生了娃娃，这个满月是一定要过来的。

在当地，满月礼并不是非常重要，但对好不容易有了孙女的李家来说，是件大事，所以村庄里在县城居住的老年人，都是特意回来参加。而对他们来说，除了地缘、血缘基础上的村庄关系，没有后天建构的业缘关系，村庄关系是他们非常重要的人际关系和资源，这从他们对村庄人际关系的重视可以看出。GXL 是这么解释的：

> 我走的时候，就给了我们二嫂子几百块钱，说是村里有个大大小小的事，帮我把“情”搭上。我们在外面，也就是给女儿带孩子，住几年，可咱的老关系都在村里，你要不走这人情，人家还不骂死。再说，我们人老了，眼看黄土要顶个包（指去世）了，那你总得个挖坟、抬棺材的，你不走庄里的“人情”，到最后，连个抬棺材的人都没有了。

生老病死，都得依赖村庄，这使得老人格外重视村庄的人际交往。

在笔者翻看这家人的“礼簿”的时候，发现更有意思的事情，来参加满月礼的几乎都是老年人，但“礼簿”上记录的名字并不是他们自己或老伴的，全部是儿子们的名字。当我问及为什么要写上儿子的名字时，其中一位回答：“我们老了，人情走完了，这些人情都是娃娃们的了，他们没时间来，我们来，但礼簿上还是得写他们的名字，人情算在娃娃头上。”这是一种简单的关系顺延的想法，他们认为对他们非常重要的村庄人际关系，自然对孩子也应该重要，希望通过他们的行为来保证儿子在村庄中有较好的人际关系。

对老年人非常重要的村庄人际关系，对中年人有不同的意义。在这次满月礼上，我并没看到专程从县城回来参加的中年人，虽然有人表示，某些中年人会把“人情”捎来，但我通过查看礼簿发现，只有很少几家的名字在上面。笔者对在县城居住的 KXZ 等五位中年人进行了集体访谈。他们和老年人的想法不太一样：

笔者：庄（村）里红白喜事你们都去着么？

答：要是晓得，都去着呢。就是现在都忙得很，庄里都很少回去，谁家有个红白喜事，有时候都不知道。

笔者：那要是知道了，都会自己或家里人去吗？

答：这也说不上，要是在城里办，能抽时间去，要是在庄里办，可能也去不了，把礼捎给别人也挺多的。

笔者：有没有自己和家里人去不了，礼也不捎的？

答：只要知道，至少会捎份礼，但有时候真不知道。

笔者：村庄里的人际关系重要吗？

答：这咋说呢？毕竟老人还在，抬埋（指办丧事）的时候也得有庄里人帮忙，庄里人还是重要着呢。再说，庄里的人情，花钱不多，十块二十块的就行。

笔者：外面的人情花钱更多？

答：就是，现在朋友有个事，你五十块都拿不出，最少都一百了，关系好一些，更多，一次几百块。

笔者：那是不是说明朋友关系比村庄关系重要？

答：也不是……但好像也是，村里人其实帮不了实际的忙，就那么个意思，外面交的朋友能帮实际的忙，比如借钱啥的，只能找外面交的朋友帮忙。（对在县城居住的 KXZ 等五位中年人的集体访谈）

在这次集体访谈中，五位中年人仔细算了一下，好像村里许多的“人情”还是没有去，原因有时候是不知道，有时候是那天太忙，抽不出时间，大家都不愿直接承认对村庄关系的不重视。其中一位表示，他的父母亲都已经去世，他也离开村庄好多年了，老了去世后，以后都不知道儿子会把他埋到哪里，村里那点关系，维持起来挺麻烦的，他也就有时候不太愿意去村里走人情。但村庄里跟他个人关系好的人家，有红白喜事他是一定要去的，这时候，村庄关系其实已经不仅仅是地缘关系，更多的是建立在个人主动意愿基础上的私下交往，更或者地缘关系转变为业缘关系。而他们表示，村庄人际关系的维持有时候仅仅是一种习惯，并且需要付出的代价并不高，他们会比较灵活地处理与村庄的关系，自己和家人去不了的时候，让别人帮忙捎去几十块钱就可以了。重要的不是你去没去，而是礼簿上有没有你的名字。礼簿是村庄人情交往的记录本，只要名字在礼簿上出现，就可以保证村庄人情交往。

而对更年轻的人来说，村庄的人际关系越来越不重要。在这本礼簿上，我发现了有位外出打工十多年的人的名字，而他的父母仍旧在村庄的礼簿上写上他的名字。笔者采访了其中一位年轻人 WZL 对此的看法：

笔者：我看到你爸妈去“搭人情”上礼的时候，写的是你的名字？

WZL：还写啊？就这事，我跟他们说过好多回，我说别写我的名字，写了村里人也不知道我是谁。可他们还是写，你说这不就是多此一举，没有任何意义吗？

笔者：为什么没有意义呢？村庄的关系对你不重要吗？

WZL：我都出来这么多年了，回去到村里，人家都不认识我，我也没打算老了回到村里居住，自己有个大大小小的事，也都是找朋友，又不会找村里人帮忙，你说村里那点人情对我有啥意思？不过我理解我父母的心，他们是想给我积点人情，主要是这人情对我没用。没事，父母还在村里吗，那啥的时候（指去世），不是也得庄里人么。

WZL 认为父母在村庄的礼簿上写上他的名字，完全是“多此一举，没有意义”，因为村庄的人情延续对他没有任何意义。这场满月礼上老年人、中年人和青年人完全不同的态度，正是人们对村庄不同情感的体现。而这种情感和具体的行动，一起促成了村庄“挂钉共同体”的形成。

村庄对成功与失败的人生评价，也促使个体不断地努力向外。所谓有本事的人生是在某个大城市买到房子，把全家包括父母接出去居住。而成功的个体，总是靠非常勤奋的努力加运气，并没有从村庄和家族中得到好处，这样的个体会很快完全脱离村庄而去。XXC 在外做生意且在省会城市买了房子，成为成功的典范。

我们兄妹三个在外打工了几年，租住房子的邻居，有几位生意做得好，看着人家生意做得挺好，娃娃也能接到身边上学，我们就动了心，也想做生意。但你和人家不是一个地方的人，人家也不告诉你怎么个做法。我就先给人家打工，慢慢学会了一些，就自己和姐姐一起自己干。后来，孩子生下了，就把爸妈也接了过来，帮忙带孩子，我和媳妇好一起做生意。在村里住着有啥意思，种两亩地，一年辛辛苦苦下来，就那点收入，还不如帮我们一把，我们好有时间多赚点钱。

而外出就业不成功的人则被视为失败的个体，如果因为种种原因而不得不长期停留在乡村，则会被乡民排挤。他们重新回到村庄，就好像在前线受伤了的伤员，试图回到大后方包扎伤口，但这个后方并不能给其心理的慰藉，后方永远在催促他们去上前线，使得回村的“失败者”们，在后方又把自己全方位包裹起来，或者用极端的方式来麻醉自己。

9 月份的村庄，年轻人非常少，只有 3 个二十八九岁的年轻人，其中一个是因为父亲生病，专程回家照顾父亲的，另外两个则是因为在外就业不顺，而不愿再出去打工。研究者听到人们私下的议论：

你说年纪轻轻的娃娃，不出去打工，在家待着，一天就没个啥正事干。人家有本事的娃娃，忙都忙不过来，这又没本事，又懒，还不想吃力下苦，就知道享受，咋会有好日子？

研究者看到，三个年轻人基本上不和别人交往，只是喝酒，用酒精麻醉自己。在家待了两个月之后，其中的一个又出门寻找生路，另外一个喝酒之后强奸了外村的智障女性，被判刑三年，而专程照顾父亲的年轻人，在父亲病情稍微稳定之后，也离开村庄去打工。村庄，不是人们可以重新依赖的共同体，个体从村庄中"被连根拔起"，必须重新寻找再次嵌入的基床。

村庄已经不是传统意义上"守望相助"的"共同体"了，而是形成了一种新的"挂钉共同体"（见图 7—1）。

挂钉是指地理和社会意义上的村庄。地理的村庄是一个与一定地点、自然生态环境以及地理状况决定的生产生活方式相联系的村庄，而社会意义上的村庄首先是一个具有历史感的村庄，有建立在自然地理基础之上的文化系统，村庄越具有良好的自然生态，可以传承的生产生活方式，能继续发扬光大的文化传统和历史传承，则越是坚固的挂钉。个体是一个个挂在挂钉上的枝丫，根据个体和村庄的不同关系，分为主枝、侧枝、毛细枝（见图 7—1）。

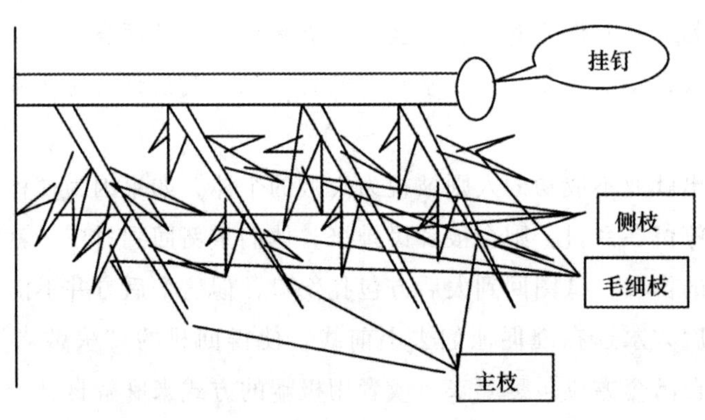

图 7—1　挂钉共同体示意

主枝是村庄的老人们，研究者把 60 岁以上的人归为一类，称为老年组人群。老年人中，即使那部分跟随子女已经实现外流，不再在村庄居住的老人，也和村庄有千丝万缕的联系。老年人一生的主要生命轨迹都是在村庄内部完成的，而最终也要“落叶归根”，他们是事实上和村庄关系最密切的人，是枝杈的主枝。

中年人则是侧枝，指 30—59 岁的人。中年人有两类，一类是经过各种努力在城市安家的人，一类是并没有离开村庄的人。在城市安家的人，老年之后也可能回到村庄，没有离开村庄的人，也可能随着孩子的流出而向外流动，最终的结果是，中年人中可能有一部分会由侧枝转变为主枝，在村庄居住、终老，而另一部分人则在家庭中的老年人去世之后和村庄完全脱离。

毛细枝包括 18 岁以上、29 岁以下的青年人和 18 岁以下的未成年人。青年人中的大多数已经和村庄脱离了关系，而未成年人则处于更多的不确定之中，他们和村庄的关系基本上依赖于父母甚至爷爷奶奶，父母已经脱离村庄的，则会很快完全脱离村庄，而如果父母未能脱离村庄，或自己没有能力使父母脱离村庄，则可能会转化为村庄的侧枝，但这种可能性有多大，到目前为止是很难预测的。

在村庄的老年人逐渐去世，一个个主枝逐渐掉落之后，可能转化为主枝的侧枝数量会很少，并且转化为主枝的可能性越来越小，主枝逐渐减少。而可以转换为侧枝的毛细枝数量也会越来越少，更多地会随着主枝和侧枝的掉落而掉落，永远不会变成树木的主枝。从而使得村庄，逐渐地成为一个临时的“挂钉共同体”，不断地有个体从挂钉上脱落。

在个体从村庄挂钉上脱落的同时，他从所出生的群体逐渐脱离，对家庭、家族、村庄群体、血缘族亲的依附性逐渐减弱，而家庭、家族、血亲族系、地域社团等共同体给他的庇护也日益丧失，村庄作为地缘共同体的凝聚力逐渐减弱，个体对村庄的认同感和归属感逐渐淡去，村庄的文化历史传承、祖先记忆不断地被消解。一个个从村庄“脱域”出来的个体变成自己历史的真正和唯一的创造者，他们必须在不断流变的世界中对生命中的所有顺境和逆境负责，成为独立的自己为自己负责的个体化社会需要的个体。

第三节　本章小结

在农民不断地通过各种路径向外流动的情况下，形成了人口越来越少，房屋空置的空壳村。而人们在外生活的不同境遇，使得他们对待村庄和村庄生活的态度不同，那些在外有稳定经济来源，能够长期生活下去的外流农民，会舍弃村庄中的住房，使其荒废；而在外打工，将来生活并无保障的农民，则会保留农村的住房，由留守在村庄里的亲戚帮忙照看，以便在将来的一天，继续能够回到村庄居住。

而随着人口的外流，村庄不再是一个温暖、舒适、有安全感可以依赖的"共同体"，村庄成了不断变动的"挂钉共同体"，不同年龄段的人和村庄的关系完全不同，老年人是在村庄居住生活的比较稳定的力量，而中年人和青年人则在不断地调整和变动中，挂钉上的枝丫在不断地掉落，个体和村庄的关系不再稳定。

共同体的"解体"或"瓦解"使得身份认同被创造出来，"身份认同是共同体的替代品，在共同体的坟墓上生根发芽"①。对外流的农民来说，他们形成了在村庄和目前生活的地方的"双向挂钉式"生活，选择回村居住还是继续在外生活，取决于两个不同地方提供的可能的保障，对在外已久的农民来说，回村实在是无奈的选择，是在目前生活的地方无法继续生活下去的一条被迫的退路。也就是说，如果村庄生活有较大的"拉力"，则他们会从目前生活的地方脱落，回到村庄，如果目前生活的地方有较好的保障，则他们会完全脱离村庄。这种"双向挂钉式"生活，更使得个体的身份与自我认同的模糊。"我是谁""我应该在何处"成了他们不断要面临和解决的问题。

---

① ［英］齐格蒙特·鲍曼：《个体化社会》，范祥涛译，上海三联书店2002年版，第63页。

第八章

系统风险的个体化与失控的生活

前几章的论述中我们看到，农民从生活的村庄脱嵌，从农民身份中脱嵌，从村民—村庄的轴线上脱嵌，从后代—祖先的轴线上脱嵌，嵌入到了个体—现代国家的轴线，个体作为自由的劳动者和消费者的轴线，个体是有限的劳动者和永不疲惫的消费者的轴线，在这些轴线上，原来可以依赖的土地、村庄、村集体、家庭、家族等传统的支持网络都不再能够依赖，村庄不再是温暖、安全的人们可以依赖的共同体，而是人们可以随时脱离的“挂钉共同体”，个体不得不“自己对自己负责”，成为追求自己“幸福人生”的永不疲倦的个体。

个体化是在一系列的制度——工业化和城市化所需要自由劳动力的有关农民流动的制度，小城镇化的城市发展制度，消费社会需要有大量消费意愿和消费能力的消费者的消费制度，现代国家管理社会的强大欲望和能力的管理制度——的共同推进和塑造推进之下完成的。农民顺利地不同程度地从村庄“脱嵌”，个体不得不满足于追求经济生活的自由，实现其渴望的生活，而避免一败涂地的生活。成功的生活是个体能力的体现，失败的生活是个体无能的表现，个体越来越认同自我对生活质量和生命的掌控作用，孤独地进行生命历程的冒险，并且直面冒险过程中的所有成功和失败。“由社会系统促进和生产的系统性的风险融入个体生命的冒险过程之中，并由个体承担所有后果，个体在自己的生命中去解决社会系统的矛盾。”①

① ［德］乌尔里希·贝克、伊丽莎白贝克—格恩斯海姆：《个体化》，李荣山等译，北京大学出版社2011年版，第32页。

个体在不断地从村庄脱嵌的过程之中,重新寻找“再嵌入”的可能性,正如贝克所揭示的,个体化、风险社会和全球化是现代社会并行不悖的三股力量,在个体不断地从村庄脱嵌出来的同时,却不可避免地“再嵌入”到一个全球化的风险社会之中。

风险是人类社会工业化以来就伴随着的问题,但在工业化的早期,这种风险问题与威胁全球的放射性核辐射是完全不同的风险问题,在第二现代性下的风险社会中,风险已经打破了阶级和民族社会模式,具有“飞去来器效应”①,使得全社会中无人可以幸免。只是风险的分配也存在阶层差异,财富在上层聚集,而风险在下层聚集,对于非熟练工人来说,失业的风险比熟练工人大得多。在以“财富分配”为主要社会问题和冲突原因的短缺社会里,社会发展的驱动力是“我饿”,而物质丰富的风险社会的驱动力是“我害怕”。更令人焦虑的是,饿是有所指的,是能够被解决的问题,而害怕却是无所指的,是一种焦虑,是个体没法解决,社会系统也无法解决的问题。

对贫困的北堡子村民来说,却是在还没有完全摆脱传统的威胁之下,即人们不得不为了“每天的牛奶面包”而辛苦的劳作,同时又不得不面对一个全球化的风险社会。

第一节 系统风险的个体化

一 就业状况、失业风险和高涨的消费支出

在齐格蒙特·鲍曼《废弃的生命》一书“秩序建构的废弃物”一章中,首先预料到的废弃物是刚踏入“就业市场的新人们”。鲍曼区分了失业和过剩,失业(unemployment)是一种非正常状态的称谓,本质上是暂时的和可以治愈的,但“过剩”却完全不同,过剩意味着是多余的,不需要的或者没有用的,被宣布为过剩的人表示已经被当作废品处理。“过剩”的人们产生“社会性无归属感”,以及伴随而来的丧失自尊和生存目

① 参见[德]乌尔里希·贝克《风险社会》,何博闻译,译林出版社2004年版。

的的感觉。① 在高度现代性下的人们，遇到的不再是暂时的“失业”而是事实上的“过剩”，这使得失业者并不是“劳动力的蓄水池”，而是没有重新就业的可能。

1. 就业状况

北堡子村的农民的就业方式基本上分为：全职农业劳动者、兼职农业劳动者、非农自雇者和职业打工者。

北堡子村全职的农业劳动者很少，村庄里只有 5 户老年空巢家庭进行全职的农业生产。因为当地气候寒冷，两年一熟的作物生产周期，使得从 10 月到来年的 4 月基本上没有农活可干。但农业生产的高投入和低收益，使得即使是老年人也不会全心全意地耕种土地，土地劳动和资金投入都在大大降低，人们宁可有更多的闲暇时间，也不愿意进行更为细致的农业劳作。老年人作为全职农业劳动者的重要原因在于他们在外打工没有人雇佣，而被迫成为全职农业劳动者。60 多岁的 XZP 就是如此：

> 我家娃娃们（指儿女）都不让我俩再种地，说是辛苦得很，又没多少收成。但我们一把年纪了，你不种地，外面打工人家又不要，在家里闲待着也不是个事儿啊！

兼职农业劳动者主要是中年人，家庭生活中的主要现金来源于打工收入，种植的粮食作物保证全家的口粮供应。但打工收入却是极不稳定的，许多人在乡镇附近和县城的建筑工地上找的临时工作，工作完工则要寻找下一个工作，即使长期在建筑工地的打工者，也有半年的时间因为气候的原因无法工作，QJG 就是这样的情况：

> 虽说我一天干活的工价是 200 元，但你看，我一个月就干二十多天，一年最多干七个月，这眼看马上天冷了，地一冻住，就再也不能干了，一直到明年开春，大半年时间没有收入，家里的两个上学的娃娃是一天没钱花都不行。

① 参见［英］齐格蒙特·鲍曼《废弃的生命——现代性及其弃儿》，谷蕾、胡欣译，江苏人民出版社 2006 年版。

当地的小城镇建设，以既能够照顾到家里的农业生产，又能有非农领域收入的优势，迅速吸引了大批外出打工的农民工回到本地就业。但农民工的职业技术水平较低，且结构单一，一般从事建筑业及其相关行业，加上当地的小城镇建设已经接近尾声，而又没有吸纳大批劳动力的劳动密集型的产业，使得劳动力市场严重过剩，农民越来越难在当地找到工作。

妇女们更难找到就业机会，有十几位女性在村庄流转掉的土地上打工，一年能够有6个月的就业时间，剩余的半年则无法就业。因为雇用方需要有限的且优良的女性劳动者，那些年龄不大，但身体状况不好的女性往往会被排斥在这样的就业之外。

兼职劳动者，依赖家庭土地收入和短期的不稳定的打工收入，艰难维持家庭生计。而那些曾是人们羡慕的“非农自雇者”的商业从业者，因为就业结构单一，也遇到了很大挑战。正如前文所述，北堡子村的商业自雇者基本上以家庭为单位，从事小商品零售业，规模小，扩大的可能性不高，加上越来越激烈的商业竞争，使他们的利润非常微薄。ZQ家就是其中之一：

> 我这生意不好做得很，你看乡政府这点地方，就有几十个小卖部，卖的东西都差不多，人家在哪里买都一样。有集的时候，情况好的话，一天还能卖出一两百元的东西，没有集的时候，有时候一天也卖不出去一件东西，我今天一天就没看到一个人来买东西，闲闲地坐了一天，要不是我腰椎间盘突出，不能出去干活，我才不愿意守着这么个小铺子。

职业打工者是指家庭已经完全放弃了农业生产，全家人在外依靠打工生存，这些人中遇到挑战最大的是全家搬到县城，依赖打工为生的人们。打工者受到劳动力数量过多、越来越少的就业岗位和单一的劳动技能三重限制，许多人只能依靠临时性的打工收入生存，而更多的人则选择到更远的地方外出打工。

孙立平等在几年前判断“农民工是否回得去”有两个可能：一是那些有农业劳动经历的农民工（基本上指第一代农民工）在城市就业机会

发生变化的情况下，他们大部分人可以回得去，其中重要的原因是，他们承包的土地还在。而另一部分即那些从中学就出去打工，根本没有务农经历的人来说（第二代农民工）很可能会回到农村但不会回到农业。在此判断之后的新变化是，随着城市化进程的加快，那些在城市发展较好的人已经在城市买了房，定居了下来，却不一定在城市有稳定的职业和收入，而在城市买房的同时意味着已经抛弃了农村房屋，许多家庭的房子已经坍塌，根本无法重新居住，当他们年老，失去打工能力，则要完全依赖孩子赡养，如果孩子们也没有较好的赡养能力，那必定意味着会成为城市里的新穷人，这部分人会成为生活在城市繁华的背后或者繁荣的阴影里的“灯下黑”，成为当地城镇化所造成的社会系统风险的最大受害者。[①]

2. 失业风险

正如贝克所说：“在为自己而活的个体化社会氛围下，大量的失业被极大地细碎化，不断增加的失业看起来会是一种长期现象，失业也具有了深远的政治影响。在个体对个体负责的社会，个体的职业活动的成功或失败的偶然性大大增加，个体社会地位随着职业变化上升和下降都是有可能的。”[②] 在为自己而活的社会情境下，由社会结构所决定的并且是显而易见的集体命运——失业，转化成个体内心的负罪感，你自己的生活，你自己要独自面对自己的贫困。在这个意义上，具有外在性与社会性的失业就变成个人自身的问题了。

贝克在《劳动的灿烂新世界》一书中讨论了大约在10年内，只有一半有工作能力的欧洲人可望得到正常的满工作量雇用，甚至这一半的人也不能享有长期的保障，而25年前，这种保障是有的。中国3亿农民工，其就业80%属于建筑行业，但中国的大兴土木的建设过去之后，大规模地雇用农民工的时代会很快成为过去。有很多人在最美好的年华学得一门建筑业的手艺，在最糟糕的年华失业，这一社会结构性后果，要让一个个具体而微的个体承受。“失业”不再意味着是“劳动力的蓄水池”或“劳

---

① 参见孙立平等《改革以来的中国社会结构的变迁》，《中国社会科学》1994年第2期。

② ［德］乌尔里希·贝克、伊丽莎白贝克—格恩斯海姆：《个体化》，李荣山等译，北京大学出版社2011年版，第43页。

动力的常备军”，失业者将被永久地被遗弃到失业者的队伍之中，没有重新整合进劳动大军的机会。同时因为这种失业导致贫困的高发，使得“穷人也成了没有价值的消费者，他们不再是一种反常的现象，等待纠正和重新归入整体之中，而是很难再进入‘社会系统’之中”。①

3. 高涨的消费支出

在个体不断离开村庄，实现个体化的过程中，他们逐渐从传统支持网络（比如家庭或邻里）中脱离，补充性收入来源消失（土地收入），而在生活领域中对工资收入和消费的依赖性却极大增加了。市场经济游戏的规则导致全民总财富的增长，然而这些规则也使得参与游戏的人与无法参与游戏的人之间的差距越来越大，无法参与游戏很难从社会总财富的增长中获利的人们被置于这样一种境地——任凭怎样努力，都很难从社会总财富的增长中获利，“他们是毫无价值的消费者，他们所需的商品几乎不能给或完全不给商人带来利润”②。即便因为农民的贫困，使得他们不是商人所需要的理想的消费者，但他们却无法摆脱不断地继续消费下去的消费需求，成为面临高涨消费支出的被动的消费者。北堡子村民的生活已经不能“自给自足”，生活中的所有方面都要依赖市场，他们必须为各种各样高涨的消费支出疲于奔命。

首先是不断高涨的教育支出。在农村义务教育阶段开始免费和农村孩子有了免费的午餐的同时，非义务教育阶段的教育支出却是越来越高。而当地把初中教育集中到县城的做法，无疑增加了农民家庭的消费支出。高中教育和大学教育高昂的支出，成为当地农民最大的生活压力。培养了三位大学生的 ZDX 对此深有体会：

> 我们家三个孩子同一年考上大学，就学费加起来都快要两万，生活费三个人得一万五，就这样，咱孩子在人家学校都是很穷的。我们两个种地的农民，哪里来的那么多钱供给娃娃啊，那几年，我们到处

① ［英］齐格蒙特·鲍曼：《个体化社会》，范祥涛译，上海三联书店 2002 年版，第 59 页。

② ［英］齐格蒙特·鲍曼：《废弃的生命——现代性及其弃儿》，谷蕾、胡欣译，江苏人民出版社 2006 年版，第 75 页。

借钱，能借的亲戚朋友都借到了，还让别人担保，在银行贷款，娃娃也在大学里自己贷款。他爸为了孩子上学，在外面干最苦最累的活，这孩子好不容易都毕业了，他爸的身体也不行了。

另一项重要的支出是医疗，高昂的医疗负担使得农民只能“小病挨，大病扛，到死才往医院抬”。农民长期的农业劳动，使得肌肉劳损、骨关节炎、腰椎间盘突出、颈椎病等成为他们常见的“职业病”。村庄里几乎所有的老人都有一种以上的慢性疾病，他们的做法是，疼的时候吃点药，不疼的时候就扛着。而大病，则会使一个小康家庭迅速陷入贫困。

住房也是农民重要的负担，越来越高涨的建筑材料价格，使更多的人只能望房兴叹，砖瓦结构的房子，农民也无法负担得起，而用彩钢板房代替。这是一种不可能持久的房屋，使用期限一般在十到二十年。在城市买房，则不仅花光家庭几代人的积蓄，甚至负债累累，还要面临城市生活无着的可能困境。

“任何个体，如果有更多的选择，则会有能力规避更多的风险”①，而北堡子村民不得不同时面对短期临时就业、高失业率、不稳定的家庭收入和不断高涨的消费支出所造成的矛盾。这是当前城市化和工业化带来的负面后果，也就是说，这是由社会系统造成的矛盾，通过个人能力无法解决，但却又是个人不得不面对的问题。

二 教育和职业获得的风险

通过接受高等教育获得稳定非农职业曾是北堡子村人实现向上流动的重要路径，也成为北堡子村孩子刻苦学习的重要动力。正如美国学者格拉诺维特在 20 世纪 70 年代研究社会网络关系在个人求职过程中的作用时发现：即使在欧美等劳动力市场制度建设较为完善的国家，人们在就业过程中还是会更多地依靠自己的社会资本和社会网络关系。职业的获得与个人和家庭所拥有的社会资本有很大关系，北堡子村所在的农村地区，在高考扩招之后，短暂的考大学的高潮已经过去，因为没有获得稳定非农职业的

① ［德］乌尔里希·贝克、伊丽莎白贝克—格恩斯海姆：《个体化》，李荣山等译，北京大学出版社 2011 年版，第 15 页。

社会资本，大学生面临着更严峻的失业，因此高考弃考率不断攀升，初中学生辍学率居高不下。

XQ 毕业于国内某著名药科大学，但非稳定的就业状态，成了他生活的常态。农民工如果在外地没法就业，可以选择回家待着，但大学生连回家待着都不能，因为村民会在后面指指点点：一个受了高等教育的大学生连个农民工都不如，这会让他自己和父母在村庄里特别没面子。

> 我大学毕业已经九年了，这九年啊，真是，一言难尽！咱喜欢个药，上大学的时候就选择了国内某著名的药科大学，学了中药学。第一次在北京的一个制药公司，上了一年多的班，后来发生了一些事情，就辞职了。后来又换了公司，也没干多久，又辞职，三年换了三个公司，谁知后来制药行业大洗牌，一大批药厂、研究所纷纷倒闭，新的毕业生不断毕业，就业、失业，失业、就业，在我的人生中成了家常便饭。

LZ 是当地重点中学的高中班主任，他说现在的学生非常不好管理，学习兴趣也不高，他也没有办法鼓励孩子好好学习，因为没有一个通过上大学跳出农门，实现向上流动的确定性。高昂的投资和预期收益不成比例，并不是说家长不愿意让孩子上学，而是作为主体的学生对上学没有了兴趣。

> 你说咱那时候，考个大学是很辛苦，但考上了，毕业了就能找到个工作。现在上个大学，出来也是给人家打工，我们学校家是农村的孩子，上大学的意愿比较低，只有那些学习特别好，能考上好大学的，还行。我这班主任，有时候都不知道咋鼓励娃娃们好好学习了。社会大环境成这样了，农村娃上个大学，花那么多钱，出来又有啥用啊？我带的前几届，有的娃娃考的大学还不错，出来也没办法考个公务员啥的，就在外地打工，你说都是打工，还不如早点出去打，花那么多钱上大学干啥？

当地的初中和小学教育也随着教育资源的调整产生了重要变化，并没有使村庄孩子们的受教育水平越来越高，而是辍学率越来越高。教育资源向乡镇和县城集中，乡镇小学四年级以上的小学生需住校，而当地小学的住校条件非常差，冬天屋子非常冷，上学是件非常苦的事情，所以家长会选择县城的小学，由家长在县城租房陪孩子上学，保证了小学较低的辍学率。但从初中开始，就有了较高的辍学率。CSC 为初二就不愿继续上学而闹着要去打工的女儿苦恼：

> 我们家女儿，初二，一点不想上学，天天在家里和我吵架，说是要出去打工。我说你再上几年，考考高中，考不上了咱再去打工。人家说，你也没上几天学，都出去打工了，我上初中了，出去打工还不如你？这快开学了，她跑同学家不回来，说是我们答应她去打工才回来。她说约了同班几个同学一起去打工。

XYZ 也为儿子辍学而苦恼：

> 我们家大儿子，从来就没好好念书。我家娃娃上小学的时候，他姨和舅上大学，把我大我妈辛苦的，到处借钱，舍不得吃舍不得穿的，到后来，他舅也没找到个稳定的工作，到处给人打工，我家儿子就说，他长大了不上大学。这好，一直就不好好学习。今年初中毕业，还想着让人家参加一下中考，能考上高中了去上，考不上了咱就出去打工，谁知道，离中考还有一个月的时候，和同学一起翻了学校的墙，被人家老师抓住，说是他带头的，非开除不可，我们找人说情，都没用。人家说快要中考了，要提高升学率，学习不好的人家学校都不想让参加中考，就用这种方式开除了。最后找人，给在职中报了名，让参加中考，可我家娃娃，人家中考的名都没报。唉，没办法，这完了就让出去打工去呗！

初中生的高辍学率来源于不喜欢上学和学校出于对升学率的考虑而不让学习不好的学生参加中考等，但最根本的原因还在于无法通过上学这条路径实现向上流动。

同时我们也可以看到，农民工有在外就业失败以后，退回农村的自由和选择，而农村生源的大学生，在就业过程中，很少能有农村家庭的资源可以依赖，甚至在失业之后也无法回到农村家庭生活，上学和更多的投资，并不意味着能获得好的工作和生活，这种意识已经在年轻人中达成共识。城市里出现的大学生“啃老”现象，在北堡子村并没出现，北堡子村更多的大学毕业者，只能辛苦地加入“蚁族”[①]式的生活。这意味着接受高等教育所面临的就业风险大于不接受高等教育的就业风险，就业的风险分配和教育程度成正比，教育程度越高，面临的就业风险越高，这也成为北堡子村的孩子越来越没有上大学的动力的原因。

风险在各阶层之间的分配是不平衡的，对处理风险能力较高的阶层来说，可以在一定程度上避免风险，尤其是在职业领域，较高的社会阶层可以通过社会资本而获得较高的职业地位，而较低阶层只能面临程度更大的职业风险。

三　养老挑战与风险

传统的以家庭为主的养老模式建立在土地作为家庭最重要的生产资料的经济基础和父权制的社会基础上，随着现代化进程，土地养老逐渐式微，父权制开始衰落，随之而来的是传统的家庭养老模式受到挑战，人们必须直面养老风险。

前文的传统分家模式中可以看到，父母在分家过程中分得一份土地，这份土地是父母养老的资本，父母跟哪个儿子一起居住、生活，这份土地则由哪个儿子耕种，并在父母的养老和送终的过程中尽主要义务，从而保障了父母最基本的生活。但随着土地价值的变迁，打工等现金收入越来越成为家庭的主要收入，土地收入成为家庭经济收入中不重要的部分，依赖土地养老的父母，则没有了资本。

在村庄调查时，笔者者偶然间发现了一份养老合同（见附录四），在村庄老人们的一次聚会中，研究者向大家征询了有关这个养老合同的问题。

---

① 参见廉思主编《蚁族——大学毕业生聚居村实录》，广西师范大学出版社2009年版。

笔者：还记得家里有这样一个合同吗？（多数老人的回忆很模糊，在研究者提示之后，有人说好像有这么回事。）

笔者：为什么要签这样一个合同？

答：咱也不知道，是乡上来人说要签这么个东西，就签了。可能是这些年你看像电视上演的，老有人不养老人，才签这么个东西。

笔者：签了有用吗？

答：有啥用？该咋地还咋地。谁还把那个东西当回事。

笔者：如果以后儿女不养老的话，可以拿着这个合同，找他要东西的。

答：人家给就给，不给就不给，老子（指父母）的脸都没用，你拿个纸有啥用。

这份由村委会作为中介人，赡养人和被赡养人都按了手印的养老合同上，详细地规定了给老年人衣食住行的照料，家庭事务的照料等。当研究者具体问到后面的签字或手印是不是由儿子或女儿签的或按的，几乎所有的老人表示，就是他们自己按的手印，很多儿女根本就不在身边，何况儿子女儿当面这么弄是啥意思吗？这份养老合同，在老年人心目中几乎没有任何价值，但也正是这一份由政府出面组织签订的合同，体现出当地养老的种种问题。

在一次对村里的婆婆们的群体访谈中，婆婆们一致表示，她们年轻的时候当媳妇，啥都得听婆婆的，80 岁的 GZZ 老人说：

我那时候回个娘家，要先问婆婆去："我想回去看看我大大（指回娘家看爸爸）"，我婆婆头都不抬，看也不看我一下，不说话，我就再不敢说。等过几天看人家高兴，再说，才让我去。还得给你限去几天回来，你是一天都不敢耽搁的。等我们当了婆婆，别说管着媳妇了，不受气就算好的。人家说多年的媳妇熬成婆，我们这婆也是个受气的婆。

GZZ 老人的受气，体现在儿子、媳妇甚至孙子、孙女在日常生活中不给她好脸色，并且经常恶语相向，用她的话说就是“受气”。但是这个受气，在村里人看来是她年轻的时候，不给儿媳妇看孩子，自己到处玩的后果。

> 人家（GZZ老人的儿子、儿媳妇）下地干活时把娃娃放在地里，那么碎（指小）的娃娃，给人家风吹日晒的，你还跑了个远（外省）。人家娃娃这个时候都长大了，你又回来了，你不受气，你还想啥好？(村里老年人的说法)

GZZ的大儿媳妇WYE说，她不愿意和老人一起居住，理由是家里太小，GZZ老人到她家没地方住。

> 我们家老太太，年轻的时候不贤惠，跑到外省老二家去，这会子老了，没人要了，要回到我家，你说我们家就这么大点地方，两个儿子都结婚了，一人住着一间小屋子，我孙女都三岁了，我们两现在住上房，她来了，住哪儿？四世同堂，那是人家大家户，家大业大的有条件，像咱这种人家，哪有条件四世同堂啊？住老三家，至少就三代人，也有地方住。

而GZZ的另外一个儿媳妇GHH妇则说：

> 自从他奶奶（GZZ）去了外省，老大家就一直种着他奶奶的地，这回来了，就不要了？说啥他们家小，没地方住？那人家一个儿子的还让老人在外面冻死去？这到最后，只好住到我家。但你说和我们家有啥关系，老太太的所有东西都在老大家，连铺盖都没有，在我们家就像转亲戚一样。现在我们基本上也不管她，吃饭啥的没办法就在一起吃，但钱我们从来不给，就她几个女儿每年给。

从这个家庭的养老矛盾中我们明显地可以看到一种“明确的责任、义务关系”，那就是婆媳关系，媳妇再也不会仅仅因为公公婆婆是丈夫的父母而“有义务”孝敬，更多的情况下则在用老年人给他们做出了多大贡献来衡量养老的程度，如果老年人给儿子的家庭做出了较大贡献，则会受到较好的养老待遇，如果做出贡献很小，则在“没有尽义务就不能享权利”的观念驱使下，儿子和媳妇不会给老人提供好的养老条件。对老年人来说，要通过不断地“尽义务”来保证有一个比较舒适的晚年生活。

父母在儿子家庭中的主要义务是参加农业生产和照料孙子，如果不参加农业生活和不照料孙辈，则会受到媳妇的记恨，也成为儿子媳妇将来不养老的重要理由。自从1981年新的养老法颁布以来，女儿也越来越成为重要的养老提供者，老年人也成为给女儿带孩子的重要力量，HYP家就是如此。

> 我家共三个孩子，老大是个女儿，老二是儿子，老三是女儿。老大出嫁得早，就在咱旁边的村子里，她家娃娃小的时候，就带过来我给带着，现在大了，不用带了。我们家儿子，到现在还没结婚。小女儿和女婿一直在外面打工，在大城市里给娃娃（指外孙）找不到学校，得回来在咱这县城里上学，女婿的父母又不能来照顾，我们老两口就到城里给小女儿家带孩子，女儿和女婿在外面打工。我们这老了，眼看指望不上儿子，还是得指望小女儿，我们得给人家把娃娃好好看着，要不老了一个也没有指望。

老年人给女儿带孩子，在给儿女提供生活的主要帮助的同时，换得可靠的养老保障，LXZ就是如此。

> 我就是几个娃娃（儿女）家的保姆，谁家忙了，需要我了我就到谁家去。我们一直和儿子家一起生活，前几年他们家搬到城里，村里的房子就我老两口住着。后来我大女儿家的娃娃在城里上学，没人给做饭，我就到城里给娃娃们做饭，等大女儿家娃娃都上大学去了，小女儿家的娃娃又要在城里上学，我又给小女儿家的孩子做饭。现在的年轻人，都忙得很，家里都顾不上，你老人不帮忙，日子都没法过了。我儿子家日子不好，我们老两口生病啥的，只能让人家出力，但不出钱，出钱都是两个女儿。现在这世道，真是儿子女儿都一样，有

时候女儿还比儿子靠得住。我们趁着还能干的时候帮人家多干点，等我们老得动不了的时候，看看有没有人管？

村庄老人有三种当“保姆”的模式：在村庄里，主要负责给孙辈做饭；随子女进城居住，照料子女一家人生活，接送孙辈上学；在县城租住房子，替儿女照料在县城上学的孩子。老年人用给儿女家做“保姆”的方式，换得一份可能的养老保障。

土地养老的式微和社会化养老模式的缺位，使得农村老年人必须面临养老风险，通过各种方式来换取可能的养老保障。而村庄的养老模式也出现了多样化势头。

在比较和谐的家庭养老中，形成了“有钱出钱，有力出力”的格局，也即是说，那些经济条件较好的子女，主要给父母提供经济上的帮助，而经济条件不好的则主要提供身体和精神照料，XHJ 家和 XCF 家就是如此。

我妈 2007 年的时候，腰椎间盘突出，疼得不行，我们带到固原去看病，总共花了 6000 多元，我一个农民没啥钱，这些钱都是我在外地的弟弟和妹妹拿的，我只能在我妈生病的时候，经常过来帮忙干干活，伺候伺候她。(XHJ)

我这几年真是，两边的老人每年都有人住院，这个出来了那个进去，把人折腾的，我娘家妈这一次又是，下雨路滑，把腰椎骨摔断了。这钱基本上是由我和我小妹掏的，我大哥负担重，两个儿子，一个刚结婚，买房，一个还要结婚，他俩就指望着一个小卖部，一般不掏钱，但他们时间多，负责照顾我妈，我小妹工作忙，没时间照顾，但她钱多，能掏钱，我属于掏钱不多，但也能照顾一点我爸妈的，而我们家老大（大姐）就基本上啥都不管了。(XCF)

和谐的家庭养老中，形成了兄弟姐妹之间“有钱出钱，有力出力”的养老模式，最重要的是女儿在养老中的作用越来越重要。许多老人表示，给钱花的都是女儿，儿子、媳妇就给饭吃，女儿同时也给老人提供重要的精神照料，这更多的是借用手机等通信工具实现的，没有女儿的老年人，则会缺少精神照料。而不和谐的家庭养老，则会出现多方推诿，谁都不愿负责任的局面。比如 GZZ 老人有一次因为严重的肠炎住院一个星期，儿子和媳妇都没到医院探望过，只有一个女儿在医院服侍了两天，而住院费则是远在外地的女儿掏的。

村庄 60 岁以上的老人，子女的平均数量是 4.3 个，这使得即使互相推诿，也总有儿女会负责老人的养老问题，但随着计划生育的实行，更年轻的父母，子女数量大大减少，中年人的平均子女数量是 2.2 个，且形成了没有儿子的纯女户家庭。

纯女户家庭，在面临女性高比例外嫁的情况下，依赖女儿养老的可能性一再降低，WYH 家就是纯女户家庭，她非常担心自己的善老问题：

> 我生了两个女儿，就被拉去结扎了，说是纯女户家庭老了给发钱，但那点钱哪够啊？虽说现在儿子都不好好养老，但毕竟有个儿子啊，这女儿，你都不知道她结婚后会到哪里？人家到那里，我们也不能跟着去啊！

而政府承诺的养老保障，却无法解决家庭的所有问题。

人口的流动和个体生活的压力，很多人甚至没有精力考虑父母的养老问题。XK 的担心带有普遍性。

> 咱这年龄，还不想养老的事，但你看看，我们已经跟我们的父母都不一样了，我父母有五个子女，不管咋地，总有人给钱，总有人管。我有三个子女，老二是女儿，嫁得远远的，几年才见一回，老大儿子在外地工作，自己结婚买房啥的压力大得很，这都得靠我们。小儿子据说瞅了个江苏还是哪里的媳妇，人家要回老家去，我们家儿子问我，他可不可以一起去，我还能挡着啊！等我们老了，指望谁啊？

LZY 的女儿就是前文中提到的“女婴流通”的结果，本来想通过收养女儿获得养老保障，结果落得一场空，LZY 在女儿外出打工，并找到外省的对象结婚之后，郁郁寡欢，不久就去世了。

> 我收养的那个女儿，等人家长大知道了她的父母是谁后，人家就

去认了亲，和那边交往得多，这些年出去打工，也没给过我一分钱，你这咋说啊，收养的时候还想着老了有个人养老。

子女数量减少，纯女户和家庭其他类型的家庭养老都将面临极大挑战，而当地的社会养老却异常滞后，全县规模较大的两所敬老院，可容纳315人，主要针对五保户等特殊对象，其他敬老院规模更小，从业人员业务水平很低，而且当地居民认为进敬老院的都是那些没人管的人，是最无奈的选择。可见社会养老的发展和老年人口所需要的现代化、社会化的养老的差距非常大。

养老的风险来自依赖土地的家庭养老模式逐渐式微，子女数量大量减少和人口大量外流，以及个体的生活压力的加大，这使得“养儿（儿女）并不能防老”的社会系统风险形成。

第二节　失控的生活

在不断个体化的过程中，个体在获得了追求自己想要的生活自由的同时，不得不独自面对凭个人能力永远无法解决的系统性社会风险，这个风险是无处不在的，使得这种个体化成为完全自反性的——个体在不断地追求自我权利，实现自我利益，成为自己生命过程中的主宰者，对自己生命负主要责任的同时，生活却失去控制，这正是自反性个体化过程中的必然悖论。

随着退耕还林等制度的实施，北堡子村所在地区降雨量明显增加，困扰人们的干旱问题有所缓解，但作为全球环境问题的间接受害者，北堡子村当地气温明显升高，气候异常状况频发。对北堡子村来说，家庭联产承包以来最重要的环境问题是土壤面源污染，即为了提高农作物的产量而大量使用农药化肥而导致的土壤污染，没有排污系统而导致的污水到处排放的污染和垃圾随意丢弃、填埋的污染，以及燃烧秸秆和煤炭取暖、做饭的生活污染。而没有工业，虽然使得北堡子村避免了工业污染，但也使得当地人口就业形势非常严峻。为了解决人口就业问题，当地政府在努力地引进工业，承接从东部而来的产业转移，但随着“东资西进”而来的是“东污西迁”，电镀厂、皮革厂、造纸厂等高耗能、高污染的产业，成为当地能够引进的重要工业。这些工业的引进，使北堡子村所在地区面临从单纯的土壤污染演化到土壤污染、水污染和大气污染并存的综合性污染，村民从环境问题的间接受害者变成直接受害者。

北堡子村农业生产的衰落，使得农村家庭的口粮完全依赖市场供应，这不可避免地增加了食物风险。粮食生产的工业化和食品的工业化加工使人类不得不面临更多的“食品不安全”的风险。这种风险不同于糟糕的收成、各种自然灾害、瘟疫等传统的自然风险，食品不安全的风险是人为的风险。虽然富裕的人们可能避免传统食物的风险，但即使他们有更多的条件选择绿色和有机食品，但面对食品不安全，“不再有任何旁观者，所有人都是受害者，同时也是必须参与的受害人，食品不安全超越了所有阶级、族群、地域的限制，全世界每个地方的人即使不是平均承担也是无一幸免，以至人们根本找不到具体的敌人和反对对象”①。但即便是全球化的食物风险，在不同阶层中的分配也是不平等的，对北堡子村民来说，较低的收入水平，使他们对粮食的数量的重视远远在质量之上，也就是说，他们只能购买市场上相对甚至最便宜的蔬菜、面粉和大米，而廉价的食品经销商也是看到了这种需求，将其大量推入农村市场，使较低收入的农民比较高收入者承担了更大的食物风险，“从而使农村的食物风险从传统上可以被感受到的明确的危险，比如食物的缺乏、不干净，味道、色泽、口感的不适等，在今天转变为一般不被感知的，或者用相反的方式呈现的，漂白的面粉、打蜡的苹果、福尔马林芒果都增加了食物的视觉效果，使食物看上去更诱人，这些只出现在物理和化学的方程式中文明的风险”②，是北堡子村民必须面对的风险。北堡子村民逐渐从至少能够保证全家口粮供给的农业生产中脱离出来，就是为了能够更自由地掌控自己和家人的生活，但却在试图掌控的过程中，连食物安全一起变得无法保证。

① ［德］乌尔里希·贝克：《风险社会》，何博闻译，译林出版社2004年版，第25页。

② 解彩霞：《工业化下失控的食物及其风险》，《福建行政学院学报》2012年第6期。

第三节　本章小结

个体化的过程是不断从村庄、原来的生活方式、地方性的束缚以及家庭、家族、群体的限制中逐渐“脱嵌”出来的过程，在“脱嵌”出来的同时，个体必须不断地寻找“再嵌入”的路径，而在高度现代性的风险社会中，个体只能不断地嵌入到全球性的风险社会之中，这使得北堡子村民不但要面临传统的风险，还要面临由社会系统在个体化过程中不断促生出来的新的社会风险，面临失业、高的消费需求、失学、养老等问题，这些系统性的风险并不是制度个体化的目标，而是其派生物，这本应由社会系统去解决，但现在却成为村民生活中必须面对的问题。

个体对自己生命历程的掌控和生活的全面失控是个体化过程中两个并行不悖的过程，这正是现代社会个体化的自反性后果。北堡子村因为封闭、落后，在很长时间内没有跟上现代性的进程，但也正是这种发展的“脱序”，使得其能够在传统生活的道路上掌控个体的命运。随着现代化进程的加快，北堡子村很快加入了这一进程，以较快的速度实现个体对自己生命的掌控，并使地方性迅速地融入全球性，与之相随的是全球性风险的到来——环境问题、食品不安全问题，北堡子村民在掌控自己生命历程的同时生活全面失控，承担了个体化的自反性后果。

结　语

社会现代化　村民个体化　村庄空壳化

空壳村是在一定的时空格局下形成的，从时间上来讲是在中国现代化进程速度最快的30多年中逐渐形成的，而从空间上来讲，空壳村主要分布在自然条件较差，土地贫瘠，交通闭塞，民风传统，除农业之外的工业和其他产业发展严重滞后的地区。本研究用一个典型空壳化了的村庄来探讨改革开放（农村家庭联产承包）以来的村庄空壳化的过程和各种力量的推动作用，已经能使人们看到一个村庄的空壳化社会变迁之路，但我们更应该把这样一个单个的空壳化村庄放到更广阔的时空背景中去考察，才能更清楚地发现中国独特的发展之路所形成的特殊社会问题。

一　现代化的不同路径

现代化一般认为是从西方社会开始，并逐渐向全世界拓展开来的一个过程，一般是指由农业社会过渡到工业社会的过程，这一过程需要高级工业技术的发展，以及维持、指导、运用这一技术的政治、文化、社会配套设施。现代化在更广阔的意义上指工业化及伴随工业化而来的经济增长、政治变迁、社会变迁、宗教变迁、教育变迁及其他体制变迁。由于各国面临着完全不同的社会历史条件、文化传统、不同的政治、经济状况，各国所进行的现代化也是完全不同的，但是“现代化的基本面向即工业化、城市化和官僚化等等都是相同的”①。

在贝克看来，现代化只有一种形式，即工业化（社会），其强迫性一

---

① ［美］史蒂文·瓦戈：《社会变迁》，王晓黎等译，北京大学出版社2007年版，第104页。

度产生了消费社会和民主的混合体。[①] 现代化的内容就是工业化、城市化和世俗化，同时也意味着全球化。工业化和城市化是现代化的重要内容。工业化是技术取代劳动力成为商品生产基础要素的过程，用来衡量一个国家的工业化水平的是一国农业生产劳动力所占的比例，一个国家的农业人口所占比例越低，该国的工业化水平应该越高（总有不同的实例）。而另外一项现代化的内容即城市化是伴随着城市经济活动日益发达，管理和政治组织的增加，交通网络的普及而不断增长的一国人口去往城市生活的过程。城市人口的快速增长，同时导致村庄人口的急剧减少，这是各国城市化过程中必然发生的问题。但是随着西方国家现代化进程的加快，城市和农村的差距逐渐缩小，人口出现了从城市向农村逆流的过程，使得城市化和农村健康发展同时并存。

西欧的现代化始于 16 世纪和 17 世纪的科学革命，英国 17 世纪和法国 18 世纪的政治革命以及 18 世纪末 19 世纪初的工业革命，使得一大批西方国家较早地实现了现代化。西欧和北美的现代化是具体技术和体制去适应经济和社会发展形式的现代化模式。而对现代化起步较晚的国家来说，现代化则是对西方的一个模仿的过程。比如日本和俄国，这两个国家"通过政治控制和协调，管理资源支持经济增长，鼓励社会相互依赖，通过研究和教育来产生和分配知识等方式"[②]，也就是说，国家用统一的政治制度进行协调、控制和动员人力物力，使得社会迅速实现了现代化。

对欠发达国家来说，现代化则是一个模仿、学习借鉴西方发达国家的体制、生产、技术的过程，一般被称为"后发外生型现代化"[③]。与发达国家工业化、城市化的发展相伴生不同，欠发达地区如拉美国家的现代化过程则是城市化和工业发展相分离的，城市化的发展没有工业化与之相伴，城市无法提供足够的就业机会，甚至维持城市人口生存所需要的基本

---

① 参见［德］乌尔里希·贝克、［英］安东尼·吉登斯、［英］斯科特·拉什：《自反性现代化：现代社会秩序中的政治、传统与美学》，赵文书译，商务印书馆 2001 年版。

② ［美］西里尔·E. 布莱克等：《日本和俄国的现代化——一份进行比较的研究报告》，周师铭等译，商务印书馆 1992 年版，第 18 页。

③ 孙立平：《后发外生型现代化模式剖析》，《中国社会科学》1991 年第 2 期。

设施，如住房、教育、医疗卫生、污水处理等公共设施都严重缺乏。而这种工业化和城市化相分离的发展模式大多是在发展中国家，“城市化是通过农村人口中未就业或未充分就业的人口转移到城市中谋求生存而形成的，人口的集中并没有和产业转型同时发生”①。

中国同现代化的接触，一般被认为始于1840年，而直到1949年以前，中国的现代化十分缓慢，没有多少建树，但后来（指1949年）以前所未有的速度发展。中国的快速现代化（指改革开放以后）是典型的“后发外生型”，其特点在于起始时间相当明确，是以某一届政府，某一个人或某一批领导人为标志②，具体来说是以改革开放为时间起点，“以当时新的国家领导集体的核心为主要设计者，在国家设计和管理的情况下发生的现代化”③，这使得中国各地的现代化跟所依据的制度支持、资源、文化传统产生了化学反应，形成了各地完全不同的村庄现代化模式。

中国快速的现代化的国际背景是在先发展国家或较早实现现代化的国家已经从第一现代化进入到第二现代化即自反性现代化的阶段。如果说简单（正统）现代化归根到底意味着由工业社会形态对传统社会形态首先进行抽离，接着进行重新嵌合，那么自反性现代化意味着由另一种现代性对工业社会形态首先进行抽离，接着进行重新嵌合。“自反性现代化，创造性地（自我）毁灭整整一个时代，这种毁灭的对象不是西方现代化的革命，也不是西方现代化的危机，而是西方现代化的胜利成果”④，这种自我毁灭的道路不可避免，唯一可以依赖的是用更现代化来克服现代化的问题，为现代化寻找重生的新沃土。中国的现代化正是在本国内部必须实现第一现代化，但却不得不面临自反性的现代化的情况下进行的。面对中国现代化引起的数量繁多、种类复杂、交织不清的社会问题，甚至有人预

---

① ［美］史蒂文·瓦戈：《社会变迁》，王晓黎等译，北京大学出版社2007年版，第154页。

② 参见孙立平《后发外生型现代化模式剖析》，《中国社会科学》1991年第2期。

③ ［美］吉尔伯特·罗兹曼主编：《中国的现代化》，陶骅、杨砾等译，上海人民出版社1989年版，第599页。

④ ［德］乌尔里希·贝克、［英］安东尼·吉登斯、［英］斯科特·拉什：《自反性现代化：现代社会秩序中的政治、传统与美学》，赵文书译，商务印书馆2001年版，第145页。

言，中国的现代化是个“陷阱”。[①] 我们应该看到，没有一个国家的现代化之路是一帆风顺的，也没有一个国家的现代化是不产生社会问题的。中国的现代化进入一个快速发展阶段的同时也进入了问题高发阶段，村庄“空壳化”及其引发的问题是“集群性”社会问题的一个方面。

二 制度变迁及其意外后果

伊壁鸠鲁说“制度毁于自己的成功”，这也是说任何制度设置，都有其预料不到的、不可控的社会后果。旨在设计和控制人们生活的制度，会产生更多的制度不可控的意外后果。

中国的现代化是一个国家发展的目标，由一系列的制度来促进和保证现代化目标的实现。最初的现代化目标为，工业、农业、国防、科技四个“现代化”。近些年，又有人提出了“六个现代化”[②]，包括经济现代化、社会现代化、政治现代化、文化现代化、生态现代化和人的现代化。为了保障这些现代化的目标的实现，各种制度相继出现并得以实行。引入注意的是，“十二五”规划用五章的篇幅来规划“三农”（农业、农村、农民）问题，以及一系列针对农村问题的具体解决措施如“新农村建设”等都显示了“三农”问题的重要性和紧迫性。这也显示出制度在此方面的努力，但制度设计和执行之间巨大的鸿沟使得许多制度的努力收效甚微。

中国现代化的独特之处在于，它是以快速发展经济总量，提高人民生活水平为目的，为了追求快速的效果，其现代化过程是在高度的国家管控和设计之下的。而为了以最快的速度促进经济的快速增长，“先后说”（允许和鼓励一部分人和一部分地区先富起来）一直是中国经济发展的独特引擎，这一制度的实施导致了区域发展的极不平衡，使得作为工业化和城市化成果集中展示的靓丽的“现代化橱窗”——“北京、上海、深圳、

---

① 参见何清涟《现代化的陷阱：当代中国的经济社会问题》，今日中国出版社1998年版。

② 参见何传启主编《中国现代化报告2012——农业现代化研究》，北京大学出版社2012年版。

广州等高度现代化的大城市和被刻意掩盖的贫穷的西部农村"① 同时并存。而优先发展的策略造成落后地区农村人口不断向发达地区移动，导致了贫困地区的村庄人口减少、文化衰落的空壳化现象。

为了发展经济而采取的人口流动、消费制度，促进了个体对自我权利的重视，经济个体化以非常快的速度发展，而政治个体化要求越来越低，同时保障个体基本安全的制度还没有健全，教育、医疗、住房、养老等社会保障还在较低的层次。尤其对于落后地区来说，个体的农民没有能力给自己提供有保障的生活，而各级地方政府也因地方经济能力不足而不能给人们"有尊严"生活的基本保障。甚至在制度实施的过程中，"缺乏长远目标和实现目标的具体手段的制度设计，使得制度的机会主义盛行"②，而没有真正和农民的需求直接相关。各地不同的发展状况，使得在中国出现了不同的现代化模式，比如先发展地区的工业化和城市化并行，而西北广阔的后发展地区的制度推进的城市化却缺少工业化与其相伴。

在中国快速的现代化过程中，部分地方政府片面追求工业化和城市化，追求经济增长的高速，却较少重视制度现代化，所以使得城乡二元结构成为社会长期存在的制度鸿沟，这是导致村庄空壳化的一个主要因素。农民即使进城生活好多年，也不愿意放弃村庄的住房和土地。同时，对农村住房买卖的严格限制，比如农村住房只能由农民购买，并且手续麻烦，使得农村住房买方市场很小，从而导致村庄形成了大量空置的房屋。

无论如何，我们要看到，"现代化的吸引力是无法抵御的，不管人们怎样评价现代化，反正它在物质生产力上的无可否认的勇猛之势，给一切有物质兴趣的人突然打开了希望之门，潘多拉的盒子再也没关上。"③ 所以，只能用更现代化的形式来克服现代化带来的问题，而只有一个"共同富裕"的社会，一个不仅仅在经济的总量上能实现现代化，也能够在经济生活方面更加平等的社会，一个社会、政治、文化上都能实现现代化

---

① 何清涟：《现代化的陷阱：当代中国的经济社会问题》，今日中国出版社 1998 年版，第 48 页。

② 同上。

③ ［美］吉尔伯特·罗兹曼主编：《中国的现代化》，陶骅、杨砾等译，上海人民出版社 1989 年版，第 26 页。

的社会，一个能够保证在社会和政治生活中人人平等，有决定自己生活和命运的能力，能够实现“人的全面现代化”的社会，才是一个真正现代化的社会。

对本研究所在地区的农民来说，生活受制度规划的痕迹非常明显，农民的向外流动，给优先发展的地区提供了大量廉价的劳动力，促进了优先发展的地区快速地发展起来，但没有完整的制度保障农民在流入地的正常生活，外流农民的生活是一种不确定的状态。在当地小城镇发展规划的设计之下，大量的商品住宅建设，农民又“被引导”，不断地向县城集中，这种仅仅通过人口向城市迁移的单方面的城市化发展模式，是一种完全不可持续的发展状况，同时导致了当地发展的“农村空壳化”和“城市农村化”并行。在村庄人口不断向外流动，主要是向各种县城集中，村庄人口难以为继，农业生产少人问津，文化传统无人传承，村庄面临空壳和解体。而涌入城镇的农民，也无法过上真正的“市民”生活，除了转化了居住地点，其衣、食、行的方式与农村生活并无二异。而没有与城市化并行的工业化，进城农民的生活会变成处于“城镇留不下”“村庄回不去”的“双向挂钉式”的极不稳定的生活状态。

对贫困的北堡子村民来说，投身到消费社会成为消费者，是一个被迫的过程，他们更多的是作为“生存者社会”中的被动消费者。一边是市场竞争愈演愈烈，一边是家庭、亲属、村庄等传统支持的日益减少，而国家制度却没能够及时建构新的支持，“制度的无理性，导致个体生活的无理性”①。而当地城市化制度的机会主义，其后果可能形成像拉美国家一样的并未完全现代化的城市。农民不得不全面面临由个体选择和社会制度所带来的双重社会风险，所有的人在各年龄阶段都承受着现代化带来的后果。

三 村民个体化及其特征

正如鲍曼所预料的第二现代性下的“个体化是命定之事，而不是选择之事”，而中国的较快速的现代化是在西方国家已经进入第二现代性的

① 沈奕斐：《个体家庭 iFamily：中国城市现代化进程中的个体、家庭与国家》，生活·读书·新知三联书店2013年版，第169页。

条件下发生的，中国的现代化过程就是一个个体化的过程。阎云翔认为“毛泽东时期，社会主义现代化之路出人意料地导致了中国社会部分的个体化”[①]。张乐天在研究江浙地区的人民公社时发现：“共产党的革命具有鲜明的反传统特征，人民公社制度的嵌入给农村发展带来种种不利影响，但也正是这一制度却最终瓦解了千百年形成的村落传统。”[②] 通过人民公社，浙北的村落超越了“循环的陷阱”，实现了从传统向现代的过渡。

集体化之后，村庄的变迁和地方资源禀赋、人口特质、文化特征产生了重要的化学反应，使得全国各地的农村，在相同的时间里走上了完全不同的现代化之路。有集体经济基础的地方和区域，利用改革开放“鼓励和允许一部分人先富起来”的有利政策条件，努力发展个体、私营、集体企业，走上了一条优先发展工业化，促进城市化发展的现代化之路，使得个体在很大程度上要依赖集体生活。而缺乏不能很快跟上改革开放步伐的“后发外生型村庄”，则被迫走上了一条通过各种途径“自己为自己而活”的个体化之路。

在城乡二元结构的区分下，即使身体在不断流动和“脱嵌”的个体，并没有实现身份的全面脱嵌。而在新的惠农政策和推进城镇化，放宽农民转为非农户口的限制双重政策之下，农民会选择“身体脱嵌”但“身份不脱嵌”的对家庭更有利的方式。比如只把个别人的户口转为非农户口的方式，以获取农业利益。这又是一种对政治制度的依附和选择性利用，体现出个体化的中国特征。

在北堡子村的个体化过程中显示出明显的代际区分，也即越年轻的个体，越强调自己的权利，甚至从父母处获得利益，而父母则心甘情愿地帮助子女，包括买房、结婚和带孩子等，体现出传统和现代交织下的个体化进程只是部分人部分地实现了“自己对自己负责”，而不是全面的个体化。个体为了寻求一个新的安全网，“被迫回到家庭和私人关系网络中寻

---

① 阎云翔：《中国社会的个体化》，陆洋等译，上海译文出版社2012年版，第353页。

② 张乐天：《告别理想——人民公社制度研究》，上海人民出版社2005年版，第6页。

求保障，等于又回到他们脱嵌伊始的地方”①。而即使这种反向“再嵌入”，也只能提供生活中很少的保障，更广阔的生活图景只能“再嵌入”到全球化和风险社会之中，这也是中国社会的个体化异常突出的自反性特征。

四 空壳化：个体化推进下的村庄现代化形式

我们从北堡子村这个小小的场域从家庭联产承包以来 30 多年的变化可以发现一个由现代化和个体化推进的“空壳村”的诞生。首先，体现在人口的大量减少，人们不断地从“身体”到“精神”全方位地从村庄脱域出去，去寻找属于个人的现代化的生活，而村庄的生活、土地可以提供的保障和家庭可以提供的安全感随着人口大量的外流逐渐丧失。其次，体现在生活的所有方面对市场的依赖，远离了一定程度上自给自足所保障的传统安全，越来越投身到消费社会的消费潮流之中。再次，体现在确定性的丧失，随着人口大量外流和生计对市场的依赖，农民不再能从传统的村庄生活中获得的祖先福佑、邻里互助。最后，形成了不同年龄的人和村庄有完全不同的关系，村庄从传统的安全、温暖、可靠的共同体转型为不断变化的“挂钉共同体”。“空壳村”成为中国高速社会变迁过程中的一种独特村庄类型。

个体在追求和实现自己利益的同时，促进了村庄的空壳化。在“城乡二元社会”和东西部发展的巨大差异之下，贫困地区的个体，为了满足日常生活中巨大的消费支出，必须不断地向外流动，才能实现个体的利益，但这种向外流动，导致了村庄从一个能够在一定程度实现自给自足的传统安全的较封闭的社区，变成了投身到消费社会中的开放社区，在农民“外向型”的生活方式推动之下，村庄实现了“空壳化”的转型。

在社会快速现代化的过程之中，为了追求较高的“城市化率”，各级政府通过各种“城镇化发展规划”，引导农民从村庄流向城市。通过在县城修建大量的价格较低的住房，吸引农民居住，通过对教育资源的集中，使农民不得不向县城流动。但是相应的就业、教育、医疗、社会保障等方

---

① 阎云翔：《中国社会的个体化》，陆洋等译，上海译文出版社 2012 年版，第 343 页。

面却远远没有跟上，这种人口的迁移是一种外力作用的结果，是一种片面追求“城市化”的非理性制度的结果，造成了一系列问题。

正如贝克所说现代化已经成为它自己的主题和问题①，必须在行进的过程中去面临和解决它自己产生的问题。在中国的现代化进程中，由于发展过程就包含着不平等，使得风险的分配更不平等，不同发展阶段和不同发展模式的不同地区，有着完全不同的社会风险。对贫困地区来说，则是在第一现代性下面临的社会问题没有得到根本解决的同时不得不面临第二现代性下的系统风险。北堡子村以“空壳”方式表现出来的现代化和个体化进程，是中国难以计数的空壳村现代化的缩影，村庄空壳甚至消亡并不可怕，可怕的是附着于村庄之上的历史和文化传统随着村庄的消亡逐渐远去，人们被迫过一种没有过去，没有未来的“现代性”生活。

正如本研究所揭示的，北堡子村的农民，在城镇化的推动之下主要流向了县城，这为“城乡一体化”创造了较好的条件。农民在当地城市的居住和生活，既可以使他们享受城市生活带来的便利，同时也不需要融入新的环境中而引起心理适应和文化适应的困难，农民很容易在当地城镇“安居”。因此，更为重要的是解决城市化先行、工业化滞后的农民进城之后的就业，即“乐业”问题。对北堡子村所在地区来说，发展劳动密集型产业是必要的，但也不是一味地引进东部发达地区已经淘汰掉的高污染产业，而是应依托当地自然条件，发展绿色农业及深加工业，促进农民就业，使得农民在就业方面形成“城乡一体化”。而当地的新农村建设及其他的农村政策应结合起来，提高农民的居住条件和农村的硬件设施，吸引农民在农村生活，使农民在村庄的生活并不远远低于城市的生活。在研究者要完成本研究的写作的时候，听到了村庄新的希望：危房改造项目的国家投资力度加大，使农民可以从官方渠道获得更多的建设住房资金，使得本来没有能力在农村修建新住房的家庭，开始修建新的住房。同时人们也逐渐认识到进城买房会引起后续生产生活的问题，有在城市购买住房意愿的农民，也在危房改造项目的推进下，重新在村庄修建住房，这可能会在一定程度上缓解人口向外流动，对快速的空壳化过程起到暂缓的作用。

---

① 参见［德］乌尔里希·贝克《风险社会》，何博闻译，译林出版社2004年版。

如果“城乡一体化”的速度推行更快，效果更明显，或许不但能够遏制目前快速的村庄空壳化过程，更能够促进人口的回流，进而使得传统文化能够继续繁荣发展下去，在现代化的进程中保留下悠久而又各具特色的文化传统。

至此，我们不得不注意的是，“国家通过制度和市场两把大手，成功地把‘奋斗个人化’‘自己为自己负责’不论成功还是失败的观念灌输给每一个个体，而同时个体的成功有时候又不依赖于个体的奋斗，不论自我呈现出何种限制，始终无法摆脱国家的限制力量。”① 而威权国家通过各项制度，对个体命运的塑造发挥了极大作用，表现在成为自由出卖劳动力的劳动者与有消费能力和消费欲望的消费者的塑造。各种土地政策和劳动力的流动促进了村庄生计方式的全面转型，一种全面“外向型”发展的农村出现，依附于土地上的传统被逐渐消弭，村庄的个体不断地独自面对现代化带来的前所未有的“自由”和个体责任，被推向“自己为自己负责”的社会。即使如此，一个高度现代化的社会并不意味着所有人口都应集中到城市居住，也不意味着农业发展的严重衰落，更不意味着作为社会大多数人口的农民过上一种“自己对自己负责”，却没有集体可以依赖，没有安全感，缺少幸福感的生活。而对“后发外生型”的国家来说，国家如果无法有效介入农村社会，农村社会就不会较好发育，就会出现类似“空壳村”这样的现代化模式，所以国家必须从各种层面的制度设计入手进一步推动农村的现代化转型和协调发展。

---

① 阎云翔：《中国社会的个体化》，陆洋等译，上海译文出版社 2012 年版，第 38 页。

附　表

受访者清单

序号	编号	性别	年龄（岁）	教育程度	访谈地点	访谈方式	访谈日期	访谈时长
1	M－80－XZX	男	80	小学	县城	面对面	2012－10－5	5 小时
2	M－55－XXJ	男	55	中专	县城	面对面	2011－8－6	4 小时
3	M－41－XQ	男	41	中专	小学	面对面	2011－8－9	3 小时
4	M－44－XT	男	44	初中	县城	面对面	2011－8－8	2 小时
5	F－35－XXR	女	35	中专	县城	面对面	2011－8－8	3 小时
6	M－57－XYQ	男	57	中专	小学	面对面	2011－8－9	2 小时
7	F—56－XCC	女	56	中专	县城	面对面	2012－10－18	2 小时
8	M－52－XXL	男	52	初中	乡镇	面对面	2012－12－3	3 小时
9	M－55－XDC	男	55	初中	县城	面对面	2012－12－7	2 小时
10	M－50－XB	男	50	文盲	县城	面对面	2011－7－23	3 小时
11	M－53－XZH	男	53	小学	工地	面对面	2012－10－4	1 小时
12	M－52－CHH	男	52	小学	村庄	面对面	2012－11－3	3 小时
13	M－31－XWW	男	31	初中	乡镇	面对面	2012－12－23	2 小时
14	M－43－FSP	男	43	文盲	县城	面对面	2013－02－6	4 小时
15	M－38－LWH	男	38	初中	村庄	面对面	2013－02－20	4 小时
16	M－54－XYH	男	54	高中	村庄	面对面	2012－12－12	5 小时
17	M－37－XQQ	男	37	初中	村庄	面对面	2013－02－15	3 小时
18	F－37－CHQ	女	37	初中	－	电话访问	2013－10－15	1 小时
19	M－67－LX	男	67	小学	工地	面对面	2013－02－13	1 小时
20	F－60－LY	女	60	文盲	工地	面对面	2012－10－3	2 小时
21	F－35－CHJ	女	35	初中	县城	面对面	2012－12－11	3 小时
22	F－37－BLL	女	37	中专	县城	面对面	2012－12－26	5 小时

续表

序号	编号	性别	年龄（岁）	教育程度	访谈地点	访谈方式	访谈日期	访谈时长
23	M－32－SZZ	男	32	初中	县城	面对面	2012－12－23	2小时
24	F－62－LGZ	女	62	小学	县城	面对面	2012－12－15	3小时
25	F－65－XCB	女	65	文盲	村庄	面对面	2012－10－07	2小时
26	F－63－GXL	女	63	文盲	村庄	面对面	2012－12－05	5小时
27	F－60－GXY	女	60	文盲	县城	面对面	2012－11－07	2小时
28	M－54－XYH	男	54	高中	村庄	面对面	2012－10－08	2小时
29	F－38－CGX	女	38	初中	县城	面对面	2012－11－07	3小时
30	F－40－QJG	男	40	文盲	工地	面对面	2012－11－05	2小时
31	M－47－XL	男	47	高中	县城	面对面	2012－11－08	2小时
32	F－63－GXF	女	63	文盲	村庄	面对面	2013－10－11	1小时
33	F－49－XZM	女	49	小学	村庄	面对面	2012－10－06	2小时
34	F－42－XHJ	女	42	小学	村庄	面对面	2012－10－07	1小时
35	F－40－XRX	女	42	小学	村庄	面对面	2012－12－09	2小时
36	F－45－XHJ	女	45	小学	村庄	面对面	2012－11－07	2小时
37	F－44－GHH	女	44	文盲	村庄	面对面	2012－12－03	2小时
38	M－43－QJL	男	43	文盲	工地	面对面	2012－10－05	1小时
39	F－36－RYZ	女	36	小学	村庄	面对面	2012－12－04	3小时
40	F－42－WXL	女	42	小学	村庄	面对面	2012－11－02	2小时
41	M－79－XZD	男	79	文盲	村庄	面对面	2012－10－26	1小时
42	F－61－GXP	女	61	文盲	村庄	面对面	2012－11－14	2小时
43	F－72－XFN	女	72	文盲	村庄	面对面	2012－11－13	2小时
44	F－63－LHZ	女	63	文盲	村庄	面对面	2011－11－17	2小时
45	M－70－XZM	男	70	小学	村庄	面对面	2012－10－25	1小时
46	F－47－WXH	女	47	文盲	县城	面对面	2012－12－17	2小时
47	M－27－MWG	男	27	初中	县城	面对面	2012－11－15	1小时
48	M－26－CQQ	男	26	初中	县城	面对面	2012－11－15	1小时
49	F－28－XW	男	28	初中	县城	面对面	2012－11－16	2小时
50	M－25－XC	男	25	初中	县城	面对面	2012－11－17	1小时
51	M－15－CTX	女	15	初中	县城	面对面	2012－12－10	1小时
52	F－40－XHJ	女	40	小学	县城	面对面	2012－12－10	2小时
53	F－15－MGM	女	15	初中	县城	面对面	2012－12－10	1小时

续表

序号	编号	性别	年龄（岁）	教育程度	访谈地点	访谈方式	访谈日期	访谈时长
54	F-42-YN	女	42	初中	县城	面对面	2012-10-24	2小时
55	F-41-GHK	女	41	文盲	村庄	面对面	2012-11-10	1小时
56	F-79-WD	女	79	文盲	村庄	面对面	2012-10-23	1小时
57	F-35-XXQ	女	35	小学	-	电话访问	2013-08-10	1小时
58	F-37-CSC	女	37	小学	县城	面对面	2012-11-13	3小时
59	F-38-CHQ	女	38	初中	—	电话访问	2013-10-17	1小时
60	F-29-XBX	女	29	硕士	—	电话访问	2013-10-19	1小时
61	M-30-MXM	男	30	本科	—	电话访问	—	—
62	M-33-QXP	男	33	本科	县城	面对面	2012-10-11	1小时
63	F-60-JWS	女	60	文盲	村庄	面对面	2012-11-17	2小时
64	M-42-CXY	男	42	初中	县城	面对面	2012-10-24	3小时
65	F-36-XYZ	女	36	初中	县城	面对面	2012-10-27	2小时
66	M-57-XRD	男	57	小学	村庄	面对面	13-01-15	1小时
67	M-55-KXS	男	55	高中	县城	面对面	2012-11-08	2小时
68	M-57-GS	男	57	小学	县城	面对面	2012-10-11	2小时
69	F-53-WYE	女	53	文盲	村庄	面对面	2012-11-15	1小时
70	F-80-GZZ	女	80	文盲	村庄	面对面	2012-12-17	3小时
71	M-56-GX	男	56	文盲	工地	面对面	2012-10-03	1小时
72	M-45-WXL	男	45	文盲	工地	面对面	2012-10-19	2小时
73	F-60-XCY	男	60	小学	工地	面对面	2012-12-17	3小时
74	M-34-XGQ	男	34	小学	工地	面对面	2012-10-15	2小时
75	F-71-XBG	男	71	小学	—	电话访问	2012-12-17	半小时
76	F-62-CJ	女	62	文盲	村庄	面对面	2012-12-27	2小时
77	F-67-ZY	男	67	小学	村庄	面对面	2012-12-23	2小时
78	M-69-XPZ	男	69	小学	村庄	面对面	2013-02-13	3小时
79	F-39-CBC	女	39	小学	县城	面对面	2012-12-19	2小时
80	M-69-LDY	男	69	文盲	村庄	面对面	2013-01-10	1小时
81	M-47-ZNZ	男	47	小学	村庄	面对面	2012-12-23	半小时
82	F-42-XYZ	女	42	文盲	县城	面对面	2012-10-15	2小时
83	M-77-LJC	男	77	文盲	村庄	面对面	2013-01-15	3小时
84	F-52-LX	女	52	小学	村庄	面对面	2011-08-03	1小时

续表

序号	编号	性别	年龄（岁）	教育程度	访谈地点	访谈方式	访谈日期	访谈时长
85	F-80-MGH	女	80	文盲	村庄	面对面	2012-11-09	2小时
86	M-52-XXY	男	52	初中	乡镇	面对面	2012-12-27	2小时
87	F-75-LXZ	女	75	小学	县城	面对面	2013-02-17	3小时
88	F-60-FSQ	女	60	文盲	村庄	面对面	2012-11-17	2小时
89	M-53-LH	男	53	小学	村庄	面对面	2012-11-15	1小时
90	F-80-GZZ	女	80	文盲	村庄	面对面	2013-10-23	3小时
91	M-38-XXF	男	38	文盲	村庄	面对面	2013-10-24	1小时
92	F-45-WSH	女	45	文盲	村庄	面对面	2012-12-26	2小时
93	M-22-LHG	男	22	初中	—	电话访问	2013-05-19	1小时
94	M-39-WZL	男	39	初中	—	电话访问	2012-12-24	1小时
95	M-31-XXC	男	31	初中	—	电话访问	2013-02-17	1小时
96	M-35-ZQ	男	35	初中	乡镇	面对面	2013-02-18	2小时
97	F-53-ZDX	女	53	小学	工地	面对面	11-08-15	1小时
98	M-36-LZ	男	36	大专	县一中	面对面	13-01-07	2小时
99	F-62-HYP	女	62	文盲	县城	面对面	2012-11-10	2小时
100	F-49-XCF	女	49	高中	县城	面对面	13-02-13	1小时
101	F-47-WYH	女	47	小学	县城	面对面	2013-02-10	1小时
102	M-62-LZY	男	62	文盲	村庄	面对面	2011-08-18	1小时

附录一

一九九八年的土地承包合同

土地承包经营权证书

说　明

1. 为了稳定和完善以家庭联产承包为主的责任制，落实中央土地承包期再延长30年不变的政策，促进农业生产和农村经济发展，特发此证。

2. 农户依法获得的土地经营权受法律保护；农村和城市郊区的土地，除法律规定属于国家所有以外，属于集体所有。

3. 农户应完成政策和法律、法规规定的农业税、农产品定购任务、村提留乡统筹、义务工和劳动积累工等任务（具体数量指标每年按规定程序确定分解到户）；不得买卖、荒芜土地，不得擅自改变土地用途，不得违反有关土地管理的其他规定。

4. 在承包期内，经发包方同意，农户对土地的承包经营权和使用权，可以自愿有偿地转包、转让、互换、入股，土地流转要签订书面合同，并报发包方和乡（镇）农业承包合同管理机关备案。

5. 发包方对农户承包的土地不得随意调整，经有关部门审批，按规定程序进行了“小调整”的，须向农业承包合同管理部门登记备案。

6. 土地承包经营发生纠纷，按有关承包合同管理办法处理。

7. 本证要妥善保管，不得涂改，如有遗失或损毁，应及时向发证单位申请补发。

承包土地基本情况登记

承包户主姓名		人口	
家庭住址			
类别	面积（亩）	承包期限	
合计		自年月日起	至年月日
川地			
山地			
其他			

发包方　　　签字　　　　　承包方　　　签字

年　月　日　　　　　　　　年　月　日

附 录 二

退耕还林合同书

退耕还林合同书

合同号（正本）

为了巩固退耕还林成果，稳定退耕地林草权属，根据《退耕还林条例》及《××县退耕还林（草）工程管理办法》，特签订合同如下：

甲方：（　）乡政府

乙方：

一、退耕还林总面积：乙方自愿将　　亩承包地进行退耕还林。

二、双方的义务

1．甲方提供造林种草所需苗木种子，按时发放退耕后的粮款补助。

2．乙方按照甲方规划，按期完成造林整地及栽植任务，做好种植及抚育管理，从第三年起，补植种苗费自理。

3．退耕后的承包地已转化为林地，受《森林法》保护，退耕户如毁坏复耕，按《森林法》有关规定处理。

三、其他

1．本合同从签订之日起生效。

2．未尽事宜，按《退耕还林条例》及《××县退耕还林（草）工程管理办法》执行。

3．县退耕还林还草领导小组办公室为本合同监督单位，村委会为本合同甲方的辅助单位。

4．本合同正本一式二份，甲乙双方各持一份，副本一份，县退耕办存档。

具体退耕地点、面积登记

序号	面积	小地名	树（草种）	四至
3045	1.7	北山	杏树	荒洼、解仓、路、本人
3046	1.9	北山	杏树	荒洼、本人、路、解彪
3047	0.6	庞家洼	杏树	解玉吉、小路、深沟、深沟

甲方：　　　　　　　　　　盖章：

辅助单位：　　　　　　　　盖章：

乙方：　　　　　　　　　　盖章：

监督单位：　　　　　　　　盖章：

隆德县退耕还林还草领导小组办公室制定

附 录 三

甜水乡永红村土地流转合同

出租方（甲方）：

承租方（乙方）：永红村委会

依据《中华人民共和国农村土地承包法》《中华人民共和国合同法》《中华人民共和国物权法》等有关法律、法规和国家有关政策的规定，本着平等、自愿、有偿的原则，甲乙双方就农村土地承包经营权出租事宜经协商一致，订立本合同。

一、出租标的

甲方坐落于三组中川等地的3.6亩承包土地的承包经营权转让给乙方从事（主营项目）育苗生产经营。

出租土地的状况及用途：

地块名称	面积（亩）	等级	地类	四至				用途
				东	西	南	北	
中川	1.2	5	69	解军	赵剑桥	大河	公路	育苗
中川	2.4	5	83	解玉山	车建	大河	公路	育苗

二、出租期限

出租期限为10年（最长不超过甲方原承包期的剩余年限），即自2010年3月10日起至2020年3月9日。

三、转让价款

出租土地的价款每亩每年350元，共计3.6亩，每年共1260元，总价为壹仟贰佰陆拾元人民币。

四、付款方式和时间

乙方选择下述方式和时间支付出租费，并按该方式所定时间，如期足额将转让款支付给甲方。每年10月21日之前一次性付清。

五、出租土地的交付时间

甲方应于2010年3月15日前将出租土地交付乙方。

六、甲方的权利和义务

1. 享有农村土地承包经营权出租的收益权。

2. 甲方有权制止乙方改变出租土地的用途及现状，并有权要求乙方赔偿由此造成的损失。

3. 甲方有权在出租期满后收回土地出租经营权。

4. 如乙方不履行本合同规定的义务，甲方有权收回土地。

5. 协助乙方办理水利、水电有关手续及完善基本设施。

6. 有权取得国家和当地政府提供的各种农用生产资料和有关政策补贴。

7. 流转土地被依法征收、征用、占有时，有权依法获得相应的土地补偿权利。

七、乙方的权利和义务

1. 乙方在出租期限内将出租合同约定共享有的部分或全部权利出租给第三者，须经甲方和发包方同意，并签订书面补充协议。

2. 依法享有流转土地的种植经营自主权、产品处置权和收益分配权。

3. 本合同规定按时缴纳土地出租款。

4. 照有关法律、法规的规定保护土地，不得掠夺性经营、随意弃荒，不得改变土地的农业用途。

八、违约责任

1. 甲、乙双方在合同生效后应本着诚信的原则严格履行合同义务。

2. 不可抗力不能履行合同时，一方当事人应及时向另一方当事人通报不能履行或不能完全履行的理由，并应在60日内提供证明，根据情况可部分或者全部免除责任，但法律另有规定的除外。

九、解决争议途径

甲乙双方在履行本合同过程中发生争议，双方应协商解决，协商不成的由村、镇调解不成的，依法向人民法院提起诉讼。

十、生效条件

本合同自双方签字或盖章之日起生效。

十一、其他约定

1. 本合同未尽事宜，可经双方协商一致签订补充协议，补充协议与本合同具有同等效力。

2. 本合同一式三份，由甲乙双方及农村土地承包管理部门各执一份。

甲方：　　（盖章）　　　　　　　　　　乙方：

附 录 四

家庭赡养协议书

家庭赡养协议书

为了维护老年人的合法权益，落实家庭成员的赡养责任，强化家庭养老功能，根据《宁夏回族自治区老年人权益保障条例》的规定，经赡养人和被赡养人共同协商，特签订如下赡养协议：

一、赡养人必须在经济上供养被赡养人。每年根据当地生活水平，为被赡养人提供不低于家庭其他成员平均水平的：

米______斤　　面______斤　　食用油______斤

衣物（四季）______套　　零用钱______元/月

其他消费品：

若赡养人无法以实物形式兑现，则将实物折合成现金共计______元。于______年______月______日前兑现。

有法定义务的赡养人共同承担被赡养人的所有费用。

二、赡养人应为被赡养人提供安全舒适的住房，并承担相关费用。被赡养人自有或租赁的住房，赡养人不得擅自改变产权关系或者租赁关系。

三、赡养人应帮助被赡养人耕种其承包的土地、林木、水塘、草场及其经营的其他副业，收益归赡养人所有。

四、被赡养人生病或住院时，赡养人应及时陪同，安排医治并精心护理，被赡养人无力承担医疗费用和新型农村合作医疗参合费时，由赡养人承担。

五、赡养人应承担被赡养人的日常生活照料和精神慰藉，保证被赡养人所住卫生整洁、身心健康。对被赡养人要做到态度和蔼，说话和气，照料周到，并为被赡养人营造和睦友好的家庭氛围，支持被赡养人参加必要的社会活动。

六、赡养人及其家庭成员，应当经常看望和问候单独居住的被赡养人。

七、赡养人不得干涉被赡养人的婚姻，不得以被赡养人离异或再婚拒绝履行赡养义务。

八、被赡养人去世之后，赡养人要妥善处理好殡葬事宜。

九、被赡养人应力所能及地承担家务，关心教育下一代，勤俭持家，帮助赡养人排忧解难。

十、被赡养人应自尊自重，公平处理家务，不干涉赡养人的正常工作和生活，积极促进家庭和睦，邻里团结。

十一、有法定义务的赡养人尽到赡养义务的，在被赡养人离世之后，依法有权多分得被赡养人的遗产，没有或少尽赡养义务的赡养人，不得或少分得遗产。

十二、本协议自签订后，双方当事人应当自觉履行，未竟事宜另行协商。

本协议一式两份，由赡养人和村（居）委员会各执一份，自签订之日起生效。

被赡养人签字（手印）　联系电话______年______月______日

赡养人签字（手印）　联系电话______年______月______日

村（居）民委员会（老年人协会）（盖章）______年______月______日

后记

博士毕业两年之后，终于决定将这篇用来获取学位的学术论文出版，之所以这么长时间没有付梓，是因为：其一：村庄的状态一直在变化，总是想填补一些新的故事进去，甚至期待有扭转村庄变迁方向的新的星星之火，但遗憾的是，村庄里每天都在上演各种故事甚至事故，但村庄“空壳”甚至“消亡”的变迁方向似乎看不到改变的迹象，所以，与村庄最终的命运相比，本研究的出入可能不大。其二，本研究运用西方理论释义中国问题，可以看到理论和社会事实之间存在的张力，尤其对本研究所使用的“个体化”理论来讲，中国的国家实践并不能完整地呈现“个体化”的特征，但村庄的变迁却又在某些侧面完美地契合了此理论，理论和事实之间柔肠百结的纠结状态导致了太多的欲说还休，成了即使通过修改，也无法完全克服的困境。结果一定伴随着遗憾，但愿以后有合适的历史契机来弥补这种遗憾。

四年前第一次有了在自己家乡安静地待段时间的冲动，而这种冲动在我整个生命成长过程中绝无仅有。“离开农村，不当农民”是村庄的家庭教育、学校教育和社会教育共同渗透的永恒旋律，如我此类“幸运儿”，当通过“高考独木桥”终于离开了农村之后，不再需要和父辈一样“面朝黄土背朝天”做“长在地里的泥腿子”，沾沾自喜占据了整个头脑。我和别人一样谈论买房、买车，讨论美食、旅游，让自己努力变成一个“城里人”，只是在和好友小酌的时候偶尔聊聊“故乡”、谈谈“乡愁”，而事实上，贫穷的“故乡”是一个我永远不想回去生活但却时不时拿出来晒一晒的“情怀套”！理所当然地觉得，故乡永远就在那里，随时都可以被我拿出来“使用”和回去“探望”。直到有一天，带着女儿回到村庄，回到了没有几个她的同龄人更没有我的同龄人的村庄，我和女儿成天地跟着她姥姥上山、下地，几天都见不到几个人。女儿待了好几个月也没有交到合适的朋友，而我则第一次严肃地问老妈："人都哪里去了?""都走了，村里没剩几个人了!"我的村庄，我的"情怀套"快"空了"？才发现，即使受十几年的社会学训练，当面临真的社会问题尤其是和自己密切相关的问题时，"选择性失明"成为一种生存策略。村庄消亡是中国三十几年来浩浩荡荡的大趋势，而我却一直掩耳盗铃地认为我的村庄必将永远存在！寂静的村庄给了我硬生生的闷棍，促使我去探索，我的村庄究竟是如何"变"空的，而其实也是去思考无数的中国村庄是如何变空的过程，就这样，我平生第一次在自己的家乡"安静地"待了一年，有了此书。

"温故"才能"流传"。此书帮助我完成了和村庄关系新的转化，自己就是那些一直在逃离村庄的研究对象中的一分子，无论逃向哪里，永远也逃不出现代化的滚滚大潮，而这大潮，卷走了太多承载着独特历史和文化的小村庄。感谢乡亲们跟我一起回忆村庄历史，给我讲述个人故事，虽然我无法把每一个人的名字都记录在这里，但我会把每一个人的名字镌刻在心里，让我们一起用这样的方式为即将消失的村庄唱响挽歌，让我们的村庄因这样的"温故"而得以"流传"吧！

本书的写作过程，使我深刻地体验了"自反性生活"的含义。成家、立业两个一直一起连用，彼此不分的词，在人生的这段岁月里，却是如此冲突，为了"立业"而努力的写作，却与"成了家""有了孩子"的身份不断地冲突，顾此失彼。在村庄研究中发现，青年人为了生存而不断剥削老年父母劳动的事实，而我，就是这样的一个典型案例。父母为了支持我，离开生活了大半辈子的村庄，来到陌生的城市，帮我洗衣、做饭、带孩子，全方位地照顾我们全家的生活，并承担了诸多的不适，忍受着生活的孤独。在村庄调查阶段，母亲则是我最好的帮手，母亲甚至熟悉我需要的所有问题，并且会根据情景调整问题，不断挖掘；而我，更多的时候只是一个记录员，我常常惊叹于我的"文盲"母亲对事物的独特视角和领悟能力。在论文的写作阶段，父母更是悄无声息地帮助我，轻手轻脚的活动，就怕弄出声响吵着我，母亲的一杯热水，一杯热牛奶，一盘洗干净的水果，一顿热饭成了我日常生活中"心安理得"的享受；而父亲，则专司其职，接送我年幼的女儿上下学，并且负责逗孩子开心。甚至很多时候，父母还要承担我的糟糕的心情造成的恶劣脾气，不断来安慰我。而我乖巧懂事的女儿，再也不缠着妈妈讲故事，再也不要妈妈陪她睡觉，最大的心愿则是妈妈写完了，就可以陪她好好玩了。乐观幽默的老公，经常用各种夸张的方式逗我开心，还经常被我一脸黑线的不领情。而我的理科出身的弟弟解强，则在我需要帮助的任何时刻，都全心全意地帮助我，尤其是做复杂的数据处理，虽然我对数据的使用方式让他失望。自己的人生，全靠身边亲人们的成全，大爱不言谢，只能深深记在心底，好好地去爱他们！

本书的写作受益于我的博士导师李明欢先生的指导。先生每次指导总能给我“解疑释惑”，给迷途中的我“拨开云雾见青天”，甚至“药到病除”，而写作过程的指导往往既细致入微而又高屋建瓴，不但指导我反复推敲写作的问题、主旨、论证逻辑、理论路线，而且让我看到滚滚洪流的社会中不断掀起自己生命“小浪花”的个体，正是因为这无数个“小浪花”造就了20世纪后二十年至21世纪前二十年独特的中国现象。

本书的写作还受益于厦门大学教授易林博士、厦门大学教授彭兆荣博士、厦门大学教授胡荣博士、厦门大学教授朱冬亮博士、江夏学院教授叶文振博士、南京大学教授范可博士、暨南大学教授陈奕华博士的中肯意见。

感谢我的同学刘红旭博士、严静博士、彭国胜博士、魏丹博士、蔡惠花博士、武艳华博士、张文馨博士、杨京东博士、林本博士、刘计峰博士，感谢诸位严厉而又苛刻的要求和切中要害的高水平建议。

感谢我的工作单位青海省委党校提供的宽松写作环境，感谢我部门同事们默默地替我分担工作。感谢中共青海省委党校、青海省行政学院、青海省社会主义学院学术著作出版资金资助出版！

文责自负！

2017年1月21日